——————————— 님의 소중한 미래를 위해
이 책을 드립니다.

처음 시작하는 심리학

처음 시작하는 심리학

심리학, 이보다 더 쉬울 수 없다! | 조영은 지음

Memory

Intelligence

Motivation

Development

Learning

Psychotherapy

Personality

초록북스

우리는 책이 독자를 위한 것임을 잊지 않는다.
우리는 독자의 꿈을 사랑하고,
그 꿈이 실현될 수 있는 도구를 세상에 내놓는다.

초록북스

처음 시작하는 심리학

초판 1쇄 발행 2015년 10월 5일 | **초판 10쇄 발행** 2024년 6월 1일 | **지은이** 조영은
펴낸곳 (주)원앤원콘텐츠그룹 | **펴낸이** 강현규·정영훈
편집 안정연·신주식·이지은 | **디자인** 최선희
마케팅 김형진·이선미·정채훈 | **경영지원** 최향숙
등록번호 제301-2006-001호 | **등록일자** 2013년 5월 24일
주소 04607 서울시 중구 다산로 139 랜더스빌딩 5층 | **전화** (02)2234-7117
팩스 (02)2234-1086 | **홈페이지** matebooks.co.kr | **이메일** khg0109@hanmail.net
값 16,000원 | **ISBN** 978-89-6060-573-2 03180

인간에게 가장 힘든 일은
자신을 알고 자신을 변화시키는 일이다.

• 알프레드 아들러(심리학자) •

전공지식과 삶의 지혜까지
얻을 수 있는 책을 꿈꾸며!

♥　　　　요즘 심리학의 인기는 대단합니다. 심리학 분야의 책들이 연일 베스트셀러 목록에서 1, 2위를 다투고 있고, TV 스크린에서는 심리학자들이 사람들의 마음을 어루만지는 상담 프로그램이 인기입니다. 그래서인지 제가 운영하는 심리학 블로그에 더 많은 분들이 방문하고 계시고, 제가 쓴 심리학 칼럼에 큰 관심을 갖고 반응해주십니다. 그런데 심리학 이론이 너무 어렵다면서 쉽게 쓰인 책을 소개해달라는 요청을 자주 받습니다.

"심리학 책이 너무 어려워요. 처음 심리학 공부를 하려는데, 좋은 책 좀 추천해주세요. 쏙쏙 이해가 되는 책으로요."

이런 말씀에 저 또한 심리학을 처음 접했을 때의 마음이 떠올랐습니다. 갓 대학에 입학한 20살, 심리학자에 대한 부푼 꿈을 안고 처음 심리학 개론서를 만났을 때의 기억이 떠오릅니다. 친구들과 함께 스터디그룹을 만들어서 공부하는데, 왜 이렇게 어려운지 전공용어의 포화에 주눅 들었던 기억이 생생합니다. 한 문장 한 문장 곱씹으면서 읽고 또 읽는데도 무슨 말인지 이해가 안 될 때 얼마나 답답한지, 스스로의 부족함을 탓하며 마음을 다잡고 다시 책을 읽어보아도 여전히 어려운 건 어려웠습니다. 그 마음을 알기 때문에 글을 쓸 때는 더 쉽게 쓰려고 하고, 학생들에게도 심리학의 개념을 어떻게 하면 더 쉽게 풀어서 설명해줄까 늘 고민합니다. 한 분야에 전문가가 되면 될수록 어렵던 전공용어가 익숙해지기 때문에, 대중들을 만날 때 너무 어려운 말을 쓰고 있지는 않은지 스스로 점검하곤 했습니다. 그러면서 '내가 직접 쉽게 읽을 수 있는 심리학 책을 써야겠다.'라고 결심했습니다. 이것이 지금 독자분이 들고 있는 이 책의 출간 배경입니다.

이 책은 심리학을 처음 접하는 분들, 혹은 심리학 개론서에 쓰인 전공용어를 더 쉽게 이해하고 싶은 분들을 위한 책입니다. 이 뿐 아니라 심리학과 진학을 고민하는 고교생, 심리학 대학원 입학을 준비하는 대학생, 취미로 심리학을 접하며 지혜를 얻고 싶은 일반인들을 위해 만들어졌습니다. 따라서 한 문장 한 문장 더 알기 쉽게, 더 쉬운 말로 심리학에 대해 설명하려고 노력했으며, 심리학을 처음 접하는 분들의 의견에 귀 기울여 최대한 반영할 수 있도록 했습니다.

또한 심리학 개론을 공부할 때 꼭 알아두어야 할 기본 개념들을 빠짐없이 담으려고 노력했을 뿐 아니라, 관심 있는 개념을 더 깊은 수준으로 알고 싶을 때 참고할 수 있는 책에 대해서도 언급했습니다. 아울러 이론을 풀어서 설명하는 것에 그치지 않고, 그 이론으로부터 우리가 배울 수 있는 인생의 지혜들도 담으려고 노력했습니다. 읽기 쉽고 재미도 있는데 내용까지 충실해서 전공지식과 삶의 지혜까지 얻을 수 있는 책! 제가 꿈꾸는 책을 만들기 위해 한 땀 한 땀 정성들여 지어보았습니다.

이 책은 심리학을 즐거운 마음으로 만나고 싶은 분들, 본격적으로 심리학도의 길로 들어서기 전에 심리학의 세계를 탐험하고 싶은 분들에게 도움을 주며, 심리학을 처음 접하는 분들을 위한 입문서이자 심리학 대중서와 전공서 사이를 잇는 가교로서, 독자분들께 충실하고 믿음직한 등대지기 역할을 해줄 것입니다.

마지막으로 이 책이 나오기까지 도움을 주신 많은 분들께 감사드립니다. 항상 제자를 믿음으로 지지해주시는 고영건 교수님, 심리학자의 길로 들어설 수 있게 석사과정에서 제자로 받아주신 권정혜 교수님, 임상가로 성장할 수 있게 든든하게 밀어주신 김근향 교수님, 심리학자의 길에서 롤모델로서 가르침 주시는 이남옥 교수님, 좋은 책을 쓰겠다며 많은 시간 뜸 들이는 작가를 오랫동안 믿음으로 기다려주신 소울메이트 임직원 여러분, 그리고 사랑하는 남편과 딸, 늘 곁에서 마음 쓰며 뒷바라지 해주시는 시어머니, 부모님께 감사한 마음을 전합니다.

조영은

차례

1 학습
일상을 지배하는 학습의 원리들

기억과 인지

인간의 기억은 왜 불완전한가?

동기와 정서

하고 싶다는 마음은 어떻게 생길까?

4 사회
나를 넘어선 사회, 우리의 심리학

5 발달
어린 시절은 왜 그토록 강렬한가?

이상심리

8 우리의 영혼이 호소하는 상처, 마음의 병을 말하다

수많은 맥주 중 하나라고 여겼던 A 브랜드의 맥주가 왜 영화배우 전지현 씨가 광고한 후부터 고급스러워 보이는 걸까? 어째서 우리는 매일매일 제시간에 출근하기 위해 노력하는 걸까? 아이들은 왜 그토록 떼를 쓰는 걸까? 심리학자들은 인간의 행동에 영향을 미치는 원리가 무언지 호기심을 품었고, 연구를 통해 일상을 지배하는 학습의 원리를 밝혀냈다. 이 장에서 만나볼 학습의 심리학은 우리의 삶에 스며들어 있으며, 우리가 어떤 행동을 하는 이유를 명쾌하게 설명해준다.

1

학습

● 일상을 지배하는 학습의 원리들 ●

일상을 지배하는 학습의 원리들

행동주의 Behaviorism

심리학을 과학으로 만들다

♥　　　심리학은 과학이고 인간의 마음은 그 속을 들여다볼 수 없는 검은 상자다? 행동주의는 심리학의 연구 대상을 관찰할 수 있는 행동에만 제한시켜야 한다고 주장한 심리학 이론의 한 흐름이다. 행동주의는 눈에 보이지 않는 인간의 심리를 연구할 때도 과학적인 방법을 활용해야 한다고 주장한다. 따라서 객관적이고 관찰 가능한 단서들, 즉 외부에서 주어지는 자극과 그로 인한 반응을 연구한다.

▲ 행동주의 이론의 기본 개념 행동주의 심리학에서는 인간의 마음은 속을 알 수 없는 검은 상자에 비유된다. 행동주의는 밖에서 객관적으로 관찰할 수 있는 자극과 반응을 연구대상으로 해야 한다고 주장한다.

눈에 보이지 않는 인간의 심리를 어떻게 연구할까?

심리학은 인간의 심리를 연구하는 학문으로 알려져 있지만, 눈에 보이지 않는 인간의 마음을 연구한다는 것은 사실 쉽지 않은 일이다. 이에 따라 심리학의 연구 대상을 눈에 보이는 행동에 국한해야 한다는 주장이 나오면서 심리학 이론의 새로운 패러다임인 '행동주의'가 등장했다.

행동주의 이론이 등장하기 전에는 사람의 마음을 연구하기 위한 방법이 자신의 의식 과정을 관찰하는 내성Introspection, 혹은 프로이트가 했던 방식으로 내담자 한 명의 심리상태를 주의 깊게 관찰하며 연구하는 것뿐이었다. 하지만 이러한 기존의 연구 방식에는 객관성이 결여되어 과학적이지 않다는 한계가 있었다.

미국의 심리학자인 존 왓슨John Watson은 심리학의 연구주제는 관찰할 수 있고 측정할 수 있는 '행동'에 국한되어야 한다고 주장했다. 심리학도 과학이라는 것이다. 왓슨의 주장은 미국에서 크게 환영받았으며, 1920년대 이후 행동주의 심리학이 미국 심리학계의 대세로 떠올랐다.

관찰 가능한 외부 '자극'과 '반응'이 관심의 대상

행동주의 심리학자들은 눈에 보이지 않는 사고나 감정과 같은 인간의 내적 현상은 객관적으로 관찰할 수 없으므로 연구 대상이 될 수 없다고 여겼다. 그래서 눈에 보이지 않는 인간의 마음을 행동주의 심리학에서 '검은 상자'에 비유한다. 인간의 마음이 투명한 상자가 아니라 검은 상자에 비유된 것은 그 속이 훤히 들여다보이지 않기 때문일 것이다.

다시 말해 행동주의 심리학자들은 검은 상자 속에 갇혀 있어 보이지 않는 인간의 마음은 직접적인 연구대상이 될 수 없지만, 검은 상자에 가해지는 자극과 그에 따른 반응은 관찰과 측정이 가능하므로 과학적인 연구 대상이 될 수 있다고 여겼다. 이에 따라 행동주의 심리학은 자극-반응 심리학Stimulus-response psychology이라는 이름으로도 불리게 되었다.

행동주의 심리학이 전제하는 인간은 '환경에 의해 만들어지는 인간'이다. 즉 인간은 환경의 자극에 의해 만들어지는 존재로, 현재의 '나'는 수많은 학습과 경험에 의해 만들어졌다는 것이다. 행동주의 심리학은 이반 파블로프Ivan Pavlov, 버러스 스키너Burrhus Skinner 같은 학자들에 의해 그 흐름이 이어졌으며, 심리학을 과학적인 학문으로 발전시키는 데 크게 기여했다.

고전적 조건형성 Classical conditioning 과
파블로프의 개 Pavlov's dog

일상을 지배하는 학습의 원리들

♥　　왜 낮 12시만 되면 배가 고플까? 유명 연예인이 광고하는 음료수는 왜 더 맛있어 보이는 걸까? 우리 강아지는 왜 내 발소리만 듣고도 침을 흘리는 걸까? 이런 현상은 고전적 조건형성으로 설명할 수 있으며 이 원리는 우리의 일상 구석구석에 스며들어 있다.

인간은 왜 돈을 좋아할까?

영화배우 전지현 씨가 섹시한 드레스를 입고 아름다운 자태를 뽐내는 맥주 광고가 있다. 이 브랜드의 맥주는 그녀가 광고하기 전에는 그저 그런 수많은 맥주 가운데 하나였지만, 그녀가 광고에 등장한 후에 그 맥주는 아름다운 여배우의 이미지를 덧입은 고급스러운 맥주가 되었다. 이렇듯 광고의 기본 원리는 유명인이 가지고 있는 이미지를 상품과 연합시키는 데 있다. 이는 고전적 조건형성의 원리를 응용한 것이다.

　돈에 대한 인간의 집착도 같은 원리로 설명할 수 있다. 필자의 동생은 어릴 때 과자와 만 원권 지폐 중 하나를 고르라고 하면 조금의 망설임도 없이 과자를 골랐다. 먹을 것 대신 돈을 주면 울기도 했다. 그랬던 동생이 어느 순간 눈앞에 보이는 음식보다 돈을 좋아하기 시작했다. 이러한 변화는 필자의 동생에게만 나타난 현상일까? 결코 그렇지 않을 것이다. 필자의 동생뿐 아니라 인간이라면 모두 어느 순간 돈을 좋아하게 된다.

그렇다면 우리는 왜 단지 종이일 뿐인 돈을 좋아하는 걸까? 돈은 수많은 보상들(맛있는 음식, 신체적인 편안함, 멋진 장소 등)과 연합되어 있다. 예를 들어 돈은 맛있는 음식을 가져다주고, 이 맛있는 음식은 만족감을 준다. 알고 보면 돈이 만족감을 주는 게 아니고 맛있는 음식 자체가 만족감을 주는 것이지만, 여러 번 돈과 맛있는 음식이 짝지어져 제시되면 '돈' 자체가 힘을 갖게 된다. 따라서 나중에는 돈 자체만으로도 만족감을 주는 자극이 되어버리는 것이다. 이렇게 반복되는 짝짓기에 의해 무언가 학습되는 것(여기서는 '돈이 좋다!'가 학습되었다)이 고전적 조건형성의 원리다.

고전적 조건형성을 실험을 통해 밝혀낸 사람은 러시아의 생리학자인 이반 파블로프다. 그는 개의 소화 과정을 연구하던 중에 심리학사에 길이 남을 위대한 발견을 하게 된다.

'여러 번 먹이를 받아먹었던 동물은 왜 입속에 음식이 들어오기도 전에 침을 흘리기 시작하는 걸까?'

파블로프는 얼핏 보면 당연하다고 생각되는 이 현상에 의문을 품었고, 이 의문을 시작으로 심리학에 비약적인 발전의 토대를 이룬 '고전적 조건 형성 이론'이 탄생하게 된다. 개는 입속에 먹이가 있을 때뿐만 아니라 먹이가 담겼던 그릇을 볼 때도, 먹이를 주는 실험자를 보거나 심지어 실험자의 발소리만 들어도 침을 흘리기 시작했다. 대체 어찌된 일일까? 실험자가 입속의 먹이처럼 느껴지기라도 한 것일까?

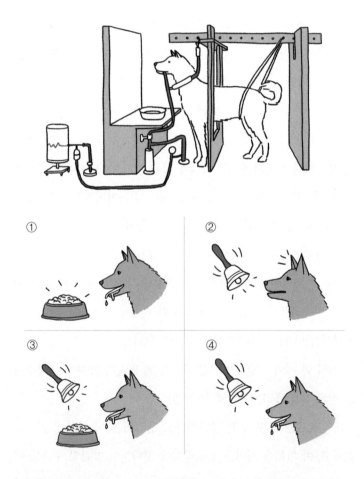

① ② ③ ④

▲ 파블로프의 개 실험장치(위)와 실험 과정(아래) 종소리를 들려주고 먹이를 주는 과정을 몇 차례 반복하자 처음에는 종소리에 반응하지 않던 개가 종소리만 듣고도 침 흘리는 반응을 보인다.

파블로프는 이런 현상을 체계적으로 연구하기 시작했다. 처음에는 종소리만 들려주고 개의 반응을 살펴보았다. 종소리는 먹이가 아니기 때문에 침 흘리는 반응은 없었다. 종소리를 들려주고 몇 초 후에 먹이를 주자 개는 먹이를 먹으면서 침을 흘렸다. 이후 파블로프는 종소리를 들려주고 몇 초 후에 먹이를 주는 과정을 수십 차례 반복했다. 그러자 나중에는 종소리만 들려주고 먹이를 주지 않았는데도 개는 침을 흘렸다. 개가 종소리와 먹이의 관계를 학습한 것이다.

이 실험은 인간을 비롯한 유기체의 학습 과정을 과학적으로 연구한 것이다. 고전적 조건형성에는 4가지의 요소들이 있는데, 학습되지 않고도 일어나는 자동적인 반응을 '무조건 반응'이라고 하고 무조건 반응을 일으키는 자극을 '무조건 자극'이라고 한다. 먹이는 개로 하여금 침을 흘리게 하므로 먹이가 무조건 자극, 침 흘리는 것이 무조건 반응이 된다. 종소리는 처음에는 아무런 반응도 일으키지 않았으나, 먹이와 짝을 지어 제시됨으로써 침을 흘리게 만드는 자극이 된다. 따라서 조건이 형성되었다는 의미로 종소리는 '조건 자극'이 되고, 종소리에 의한 침분비는 '조건 반응'이 된다.

고전적 조건형성은 우리 일상의 구석구석에 스며들어 있어, 수많은 현상들을 설명해준다. 엄마 얼굴만 보면 마음이 편안해진다든가, 냉장고만 보면 배가 고파지는 것, 짝사랑하는 사람이 살고 있는 동네에 가면 가슴이 두근거리는 것, 좋아하는 연예인이 광고하는 음료수가 더 특별해 보이고 계속 그 음료수만 찾게 되는 것은 그저 우연이 아니다.

조작적 조건형성 Operant conditioning

우리가 제시간에 출근하는 이유

♥   학생들은 왜 시험을 잘 보려고 하는 걸까? 회사원들은 왜 제시간에 출근하는 걸까? 당연한 듯 보이는 일상에 의문을 품어보면 조작적 조건형성의 원리가 우리 삶을 지배하고 있음을 알아차릴 수 있다.

당근과 채찍을 잘 써라

인간을 변화시킬 수 있는 가장 빠른 방법은 무엇일까? 조작적 조건형성의 원리를 주장하는 심리학자들은 아마 '당근과 채찍을 잘 쓰는 것'이라고 대답할 것이다. 조작적 조건형성은 학습을 설명하는 이론으로, 어떤 행동에 이어지는 결과가 그 행동의 학습 여부를 결정한다고 주장한다. 쉽게 말하면 발생하는 결과가 본인에게 이득이 되느냐 그렇지 않느냐에 따라 그 행동이 지속될지가 결정된다는 것이다.

예를 들어 동물원에서 조련사의 지시에 따라 곡예를 부리는 돌고래들은 자신이 재주를 부림으로써 물고기를 얻어먹을 수 있다는 사실을 안다. 아이들은 칭찬 스티커를 많이 받으면 자신이 원하던 선물을 받을 수 있다는 사실을 안다. 어른들도 마찬가지다. 좋은 성적을 받아 명문대학교에 입학을 하면 원하는 회사에 취직하기가 좀더 수월하다는 사실을 알며, 회사에서 한 달을 일하면 월급이 나온다는 사실을 안다. 즉 행동에 따른 보상이 유기체의 행동을 변화시킬 수 있다는 것이다.

조작적 조건형성을 연구한 주요 심리학자는 에드워드 손다이크 Edward Thorndike와 버러스 스키너다. 이들은 행동주의 심리학자로, 동물을 대상으로 눈에 보이는 행동을 관찰함으로써 학습을 연구했다.

> 고전적 조건형성 자극과 자극의 관계를 학습한다.
> 조작적 조건형성 행동과 결과 사이의 관계를 학습한다.

손다이크Thorndike와 효과의 법칙Law of effect

시행착오를 통해 배우는 문제상자 속의 고양이

♥   동물에게도 지능이 있을까? 길 잃은 개는 어떻게 혼자서 자기 집을 찾아오는 것일까? 동물은 도대체 어떻게 학습하는 것일까?

동물에게도 지능이 있을까?

19세기 후반에는 동물이 추론을 통해 학습한다고 믿는 사람들이 많았다. 개나 고양이를 키우는 이들은 자신이 기르는 동물이 어떤 문제에 대해 생각함으로써 결론에 이른다고 주장했으며, 논리적인 사고와 문제해결력을 가지고 있다고 주장하기도 했다.

　손다이크는 동물이 어떻게 학습하는지 알려면 좀더 과학적인 방법으로 연구할 필요가 있다고 생각했다. 동물의 지능을 연구하기 위해 그가 선택한 방법은 해당 동물에게 전혀 접해보지 못한 새로운 문제를 제시하는 것이었다. 그는 동물이 새롭게 직면한 문제를 해결하는 과정을 관찰하고, 또다시 그 문제를 제시해서 수행이 더 나아졌는가를 확인하는 식으로 동물이 어떻게 학습하는지에 대해 연구하고자 했다.

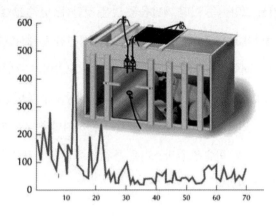

▲ 문제상자 실험장치와 학습곡선 Y축은 고양이가 탈출에 걸린 시간, X축은 시행수를 의미한다.

배고픈 고양이와 문제상자

손다이크의 실험 중 가장 유명한 실험이 고양이를 대상으로 한 것이다. 이 실험은 굶주린 고양이를 문제상자Puzzle box 속에 넣고 앞발이 닿지 않는 곳에 먹이를 놓아두는 것으로 시작한다. 상자 안에 갇힌 배고픈 고양이는 어떻게든지 빠져나가려고 시도한다. 창살을 물어뜯고 틈새로 발을 내밀어서 아무거나 닿는 대로 할퀴고, 뭔가 느슨하고 흔들거리는 것이 있으면 계속 치면서 난리를 피우는 것이다. 그러다 우연히 문제상자를 빠져나갈 수 있는 비밀열쇠인 고리를 당기게 되면 문이 열리고 고양이는 밖에 놓인 먹이를 먹을 수 있다.

여기서 고양이는 어떤 깨달음을 얻은 것일까? 만약 그렇다면 어떻게 깨달음을 얻은 것일까? 갑작스러운 통찰을 통해서였을까, 아니면 점진적인 시행착오를 통해서였을까? 고양이가 우연히 고리를 당겨보고 깨달음을 얻었다면, 다시 문제상자에 들어갔을 때는 한 번에 고리를 당겨서 나와야 할 것이다. 하지만 손다이크의 실험 결과 고양이의 학습은 갑작스러운 통찰이 아닌 점진적인 시행착오를 통한 것이었다.

시행착오 학습 그리고 효과의 법칙

우연히 고리를 당겨서 나온 고양이를 다시 문제상자 속에 넣으니 고양이는 처음과 똑같이 문제상자 속에서 나가려고 난리를 피운다. 그러다 또 우연히 고리를 당겨서 나오고 다시 문제상자 속에 넣으면 또다시 난리를 피우며 같은 과정을 반복한다. 이전에 풀었던 문제를 또다시 푸는 데 이렇게 시간이 걸리다니 고양이는 멍청한 걸까? 그렇지 않다. 시행이 거듭될수록 효과가 없는 행동은 줄어들고, 문제상자 속에서 빠져나오는 시간은 점차 줄어들었다. 손다이크는 각 시행마다 고양이가 탈출하는 데 걸린 시간을 측정해 그래프로 그렸는데, 이렇게 만들어진 그래프가 '학습곡선'이다.

손다이크는 '효과의 법칙'이란 용어로 이 현상을 설명한다. 특정 행동을 계속 할 것인지는 과거에 그 행동이 초래했던 결과가 효과적이었는가 아니었는가에 달려 있다는 것이다. 철학자들은 옛날부터 유기체는 쾌락을 추구하고 고통을 회피하는 경향성이 있다며 논쟁해왔지만, 행동이 그 결과에 의해 체계적으로 달라진다는 것을 과학적으로 증명한 첫 타자는 손다이크였다. 손다이크의 발견 이전에 사람들은 학습이란 주로 눈에 보이지 않는 내면의 어떤 과정에 의한 것이라고 막연히 생각해왔다. 하지만 행동주의 심리학자인 손다이크의 발견 이후로는 학습을 연구하는 학자들의 관심이 유기체의 내부에서 '외부 환경'으로 이동하게 되었다. 학습도 과학적으로 연구할 수 있는 주제가 된 것이다.

스키너 상자 Skinner box

지렛대를 누르는 쥐

♥　　　스키너는 조작적 조건형성을 더욱 자세히 연구함으로써 행동주의 심리학이 한층 더 발전하는 데 큰 영향을 미쳤다. 그는 손다이크의 용어들을 현재까지 사용되고 있는 더욱 정확한 언어로 대체했으며, 심리학자들이 행동에 대한 자연과학적인 접근법을 포용해야 한다고 주장했다.

　스키너는 '스키너 상자'라고 알려진 독특한 실험 상자를 고안해 오늘날 동물 연구가 훨씬 더 용이하게 만들었다. 손다이크는 고리를 움직인 고양이가 문제상자 밖으로 나오면 다시 문제상자 안에 넣어야 하는 수고를 감수해야만 했던 반면, 스키너는 상자 속에 지렛대를 두어 이를 누르면 먹이가 나오도록 설계했기 때문에 실험자의 노력을 상당 부분 절감시켰다. 쥐는 상자 안에서 지렛대를 누르는 행동을 학습하므로 실험자는 큰 수고 없이 쥐의 학습을 관찰할 수 있었다.

스키너 상자와 지렛대를 누르는 쥐

스키너 상자 안에 갇힌 쥐는 지렛대를 우연히 눌러 먹이를 얻게 되고, 이후 지렛대를 누르는 행동은 점차 늘어난다. 손다이크의 문제상자 속 고양이가 고리를 당기는 행동이 점차 늘어났듯, 쥐가 지렛대를 누르는 행동 역시 점차 늘어난 것이다. 즉 특정한 행동이 '강화Reinforcement'된 것으로, 두 실험 모두에서 먹이는 행동을 증가시키는 '강화물'로 작용했다.

쥐는 훈련이 진행됨에 따라 지렛대를 더 많이 누르게 되는데, 쥐가 지렛대를 누르는 행동은 학습의 정도로 측정된다. 쥐는 지렛대를 누름으로써 먹이를 얻을 수 있다는 사실, 즉 행동과 결과의 관계를 학습하게 되는 것이다.

스키너는 고전적 조건형성과의 차이를 동물 스스로 행동하느냐 아니냐에 두어 설명한다. 고전적 조건형성에서 파블로프의 개는 배가 고픈지 아닌지에 상관없이 종소리에 의해 침을 흘리게 되었지만, 스키너 상자 속의 쥐는 스스로 지렛대를 눌러 환경을 조작한다. 쥐가 배가 부를 때는 지렛대를 누르지 않을 수도 있는 것이다. 이처럼 유기체가 직접 환경을 조작해 학습한다는 의미에서 이런 현상을 '조작적 조건형성'이라고 부르게 되었다.

행동조형 Shaping of behavior

서커스 동물들의 놀라운 능력은 어떻게 생겨날까?

♥　　　만약에 스키너 상자 안에 쥐를 넣어두고 지렛대를 누르기만을 기다리는데, 이 녀석이 지렛대를 누를 생각이 전혀 없어 보인다면 어떻게 해야 할까? 지렛대를 누르는 행동을 어떻게 하면 일으킬 수 있을까? 이런 의문은 일상에도 적용될 수 있다. 공부 안 하는 우리 아이, 책상 근처에도 안 가는데 어떻게 하면 공부 좀 하게 만들 수 있을까? '행동조형'의 원리는 이런 의문을 해결할 수 있는 유용한 이론이다. 인간에게 적용하면 조금 더 복잡해보일 수 있으니, 먼저 상대적으로 쉬워 보이는 '쥐가 지렛대를 누르도록 유도하는 방법'부터 알아보자.

행동조형의 원리를 따르면, 쥐가 지렛대를 누를 때까지 무작정 기다리는 것이 아니라 그에 근접한 행동부터 점차적으로 강화시켜

가는 것이다. 굶주린 쥐가 지렛대와는 멀리 떨어진 한쪽 구석에 앉아 몸을 긁고 몸치장을 하고 있다고 생각해보자. 이때 잘 지켜보고 있다가 쥐가 지렛대 쪽으로 고개를 돌리면 버튼을 눌러 먹이가 몇 알갱이 떨어지게 한다. 처음에는 이런 식으로 몇 차례 강화를 주고 시간이 좀 지나면 쥐가 지렛대 근처로 움직일 때마다 먹이를 주기 시작한다. 그다음에는 쥐가 지렛대를 건드리면 먹이를 주고, 한참을 이런 식으로 강화를 주다가 이제는 지렛대를 누를 때 먹이를 준다. 이런 식으로 조금씩 어떤 행동을 만들어가는 것을 '행동조형'이라고 한다. 행동조형은 조련사들이 동물들로 하여금 복잡한 묘기를 배우게 할 때 이용하는 방법이다. 무척 어려워 보이는 묘기도 사실은 작은 행동을 하나씩 하나씩 학습시킨 결과물인 것이다.

떼쓰는 아이는 이렇게 만들어진다

사람들은 동물들을 훈련시킬 때 행동조형의 원리를 활용하기도 하지만, 자신도 모르는 사이에 행동조형의 원리를 이용해 아이의 떼쓰는 행동을 심화시키기도 한다.

예를 들어 처음에는 아이가 약간만 떼를 써도 아이의 요구를 들어주다가, 어느 날 '이제는 지지 말아야지.' 마음을 굳게 먹고 아이의 떼를 버텨 본다. 그러면 아이는 더 큰 소리로 울고 결국 부모는 소란을 피해야겠다는 생각에 아이의 요구를 들어준다. 다음에 부모는 또다시 아이에게 지지 않겠다고 굳게 결심한 후, 아이가 울거나 소리를 질러도 일단 버텨 본다. 하지만 결국 아이의 소란 앞에서 결심은 무너지고 또다시 아이의 요구를 충족시켜준다. 이런 상황이 반복되면 아이의 떼는 걷잡을 수 없이 심해지는데, 심하게 울화통을 터뜨릴수록 부모가 자신의 요구를 만족시켜준다는 것을 알게 되었기 때문이다. 이때 많은 부모들이 자신의 아이가 예민한 기질을 타고났다는 둥, 성격이 보통이 아니라는 둥 아이의 못된 행동을 성격적 결함 탓으로 돌리곤 한다. 하지만 알고 보면 행동조형의 원리에 따라 '고집불통의 못된 아이'로 만들어지고 있었던 것이다.

강화Reinforcement

도박 중독을 끊기 힘든 이유

♥　　어떤 반응이 미래에 다시 나타날 가능성을 증가시키는 사건을 강화라고 한다. 스키너 상자 속의 쥐가 지렛대를 누르는 실험과 문제상자 속의 고양이가 고리를 당겨 빠져나오는 것은 먹이라는 보상, 즉 강화물을 통한 강화를 보여준다. 우리의 일상을 자세히 들여다 보면 우리가 알게 모르게 강화의 원리에 따라 움직이고 있다는 사실을 알 수 있다. 예를 들어 PC방에 가서 게임하는 아이들의 심리를 보자. 인터넷 게임 속에서 아이들은 시간을

투자함에 따라 점차 계급이 올라가거나 멋진 아이템을 얻고 주변 사람들의 탄성을 듣는 등 좋아하는 것을 보상으로 얻게 된다. 따라서 게임하는 행동이 점차 늘어나는 것이다. 또한 어린아이들은 놀이터에 가면 신나게 그네를 탈 수 있고 또래들과 만나 즐겁게 시간을 보낼 수 있기 때문에 놀이터에 가고 싶어한다. 할머니댁에 가면 할머니한테 맛있는 걸 얻어먹을 수 있다는 걸 알고 할머니댁에 보내달라고 하는 아이들의 심리도 마찬가지다. 즉 어떤 행동을 함으로써 원하는 결과가 일어날 때 그 행동의 빈도가 늘어나는 것을 '강화'라고 한다.

강화는 2가지로 구분되는데 하나는 정적강화고 다른 하나는 부적강화다. 정적강화는 음식, 물 같은 좋아하는 대상을 보상으로 줌으로써 행동 빈도를 늘리는 것을 말한다. 반면 부적강화는 싫어하는 것을 없앰으로써 행동 빈도를 늘리는 것을 말한다. 예를 들어 아이가 바람직한 행동을 할 때마다 부모가 큰 관심을 보이며 칭찬을 해주는 경우를 보자. 관심과 칭찬을 통해 아이의 바람직한 행동이 늘어난 경우가 '정적강화'에 해당된다. 좋아하는 것을 보상으로 줌으로써 행동 빈도가 늘었기 때문이다.

반면 부모님의 폭력이 싫어서 자꾸만 가출하는 청소년의 경우는 어떨까? 이 경우 집을 나가는 행동을 함으로써 부모님의 폭력을 피할 수 있으니, 청소년 입장에서는 싫어하는 것(폭력)이 없어졌다. 결국 싫어하는 것을 피하고자 가출행동의 빈도가 늘어나는 것이므로 '부적강화'의 예로 볼 수 있다.

정적강화 유기체가 선호하는 대상을 보상으로 줌으로써 행동 빈도를 늘린다.
부적강화 유기체가 싫어하는 대상을 없앰으로써 행동 빈도를 늘린다.

강화는 시간 간격, 행동 빈도, 그리고 얼마나 자주 주어지느냐에 따라서도 구분될 수 있다. 강화가 행동에 따라 매번 주어지는 것을 연속강화, 일정한 시간 간격을 두거나 행동에 따라 가끔 강화가 주어지는 간헐적 강화라고 부른다. 실생활에서는 연속강화보다는 간헐적 강화가 더 흔하게 나타난다.

• 연속강화: 반응이 있을 때마다 매번 강화물이 주어진다.
• 간헐적 강화
  ① 고정간격계획
  일정한 시간 간격에 따라 강화가 일어난다. 월급이 대표적인 예다. 사람들은 열심히 일하든 그렇지 않든 한 달이 지나면 무조건 월급을 받는다.

  ② 변동간격계획
  일정하지 않은 시간 간격에 따라 강화가 일어난다. 즉 강화물이 주어질 때까지의 시간 간격이 매번 달라지는 것이다. 회사의 사장이 불쑥불쑥 사무실을 돌아보며 그 순간에 열심히 일하고 있는 사람에게 보너스를 주며 칭찬하는 경우를 예로 들 수 있다.

③ 고정비율계획

일정한 수의 반응을 하고 나면 강화가 주어진다. 유치원에서 칭찬스티커 10개를 모으면 선물세트를 주는 것을 예로 들 수 있다.

④ 변동비율계획

강화를 받기 위해 필요한 반응의 수가 불규칙한 경우를 말한다. 변동비율계획에 따라 강화된 행동은 가장 없애기 힘들다. 예를 들어 잭팟에 빠진 도박 중독자의 경우 언제 대박을 터뜨릴지 알 수 없기 때문에 도박행동을 지속한다.

좋은 처벌의 조건

아이에게 약이 되는 처벌은 어떤 특징이 있을까?

♥   영화 〈말죽거리 잔혹사〉에는 교사가 학생을 가차 없이 때리는 장면이 나온다. 우리나라에서 1980~1990년대에 학교를 다닌 사람이라면 처벌이라는 이름이 생소하지 않을 것이다. 처벌은 과연 필요한 것일까? 처벌도 순기능이 있을까? 도움이 되는 좋은 처벌은 어떤 특징을 가지고 있을까?

사랑의 매를 아끼면 아이를 망치는 걸까?

"매를 아끼면 아이를 망친다."라는 옛말이 있다. 아이들을 바르게 키우기 위해서는 처벌이 필요하다는 웃어른들의 가치관이 담긴 말일 것이다. 이와 더불어 '사랑의 매'라는 말도 자주 입에 오르내린다. 아이들이 그토록 싫어하는 매가 바람직하지 않은 행동을 없애기 위한 특효약이라는 것이다. 그런데 정말 그럴까?

심리학적인 용어로서 '처벌'은 특정한 행동이나 반응이 나타날 가능성을 감소시키는 사건을 의미한다. 쉽게 말해 아이가 떼를 쓸 때 떼쓰는 행동을 줄이기 위해 엉덩이를 때리거나 매를 드는 것, 혹은 아이가 좋아하는 만화를 못 보게 하는 것 등이 처벌이 된다. 이 경우 아이는 떼를 씀으로써 자신이 원하지 않는 결과가 나타난다는 사실을 깨닫고는 떼를 덜 쓰게 된다.

처벌은 아이들, 청소년, 성인 모두에게 적용된다. 학생들은 학교에 결석하면 벌점을 받아 대학입시에 불이익을 받는다. 회사원들도 정시출근하지 않으면 인사고과 점수가 깎이고 승진이 어려워진다. 음주운전을 하다 걸리면 운전면허가 취소되고, 과속을 하면 벌금을 내야 한다. 다른 사람의 물건을 훔치거나 폭력을 쓰면 구속된다.

이처럼 사회는 사람들의 바람직하지 않은 행동을 줄이기 위해 다양한 처벌시스템을 고안해 운영하고 있다. 즉 처벌에는 단순히 매를 드는 것과 같은 체벌만 있는 것이 아니며, 사람들은 처벌을 피하기 위해 특정 행동을 삼가거나 줄이는 경향이 있다.

처벌의 종류

처벌은 2가지로 구분되는데 하나는 정적처벌이고 다른 하나는 부적처벌이다. 정적처벌은 싫어하는 어떤 사건을 제시해 행동 빈도를 줄이는 것을 말하고, 부적처벌은 좋아하는 것을 빼앗는 행위를 통해 행동 빈도를 줄이는 것을 말한다.

- 정적처벌
  싫어하는 어떤 사건을 제시함으로써 반응을 감소시키는 것
  예) 체벌, 벌점, 벌금, 구속
- 부적처벌
  좋아하는 어떤 사건을 빼앗음으로써 반응을 감소시키는 것
  예) 떼쓰는 아이에게서 간식을 빼앗는 경우

좋은 처벌의 조건

처벌이 피할 수 없는 것이라면 도움이 될 수 있도록 잘 쓰는 것이 중요하다. 특히 아이들을 키우는 부모나 학생을 가르치는 교사라면 좋은 처벌의 조건을 알아둘 필요가 있다. 아이를 무턱대고 때리거나 감정적으로 공격하면 오히려 상처만 받고 더 반항적으로 되는 경우가 많기 때문이다. 한 연구 결과에 따르면 부모에게 많이 맞

은 아이들이 그렇지 않은 아이들에 비해 더 공격적인 행동을 한다고 한다. 폭력적인 처벌을 하는 부모를 둔 아이들이 가장 공격적이라는 것이다. 성숙하지 않은 어른이 아이를 잘 키우겠다는 목적으로 매를 함부로 들었다가는 또 다른 공격자를 만들어낼 수 있으므로 주의해야 한다.

좋은 처벌의 조건 6가지

1. 처벌은 짧아야 한다.
2. 처벌은 바람직하지 않은 행동이 일어난 직후 곧바로 실시하는 게 좋다.
3. 강도가 적절해야 한다.
4. 처벌은 바람직하지 않은 행동에 대한 것이어야 하며, 인격에 대한 것이어서는 안 된다.
5. 처벌은 그 상황에만 한정되어야 한다.
6. 신체적인 고통 대신 벌칙이 주어지는 게 좋다.

인지학습 Cognitive learning

눈에 보이지 않는 머릿속에서도 학습은 일어난다

♥　　　학습은 어떻게 일어나는 것일까? 그 전에 학습이란 도대체 무엇을 말하는 것일까? 손다이크의 고양이 실험이 밝혀낸 것처럼 일일이 시행착오를 겪어 효과 있는 행동이 늘어나는 것을 의

미하는 것일까? 혹은 스키너의 주장처럼 원하는 결과를 가져온 행동이 늘어나는 것을 의미하는 것일까?

급진적인 행동주의자들은 눈에 보이지 않는 인간의 내적인 사고 과정을 연구 대상으로 두지 않았다. 조건형성의 원리에 따르면 학습은 연합의 원리에 따라 기계적으로 이루어지는 수동적인 과정을 뜻한다. 즉 일정한 조건형성의 과정만 거치면 인간은 학습하기 위해 생각하거나 추론할 필요가 없는 것이다. 하지만 학습의 과정을 조건형성으로만 설명할 수는 없다. 시행착오를 거치지 않아도 갑자기 깨달음이 오거나, 혹은 다른 사람의 행동을 관찰함으로써 이루어지는 학습도 있기 때문이다. 이처럼 눈에 보이지 않는 내적인 사고 과정과 정신활동이 중요한 기여를 하는 학습을 인지학습이라고 부른다.

아하! 갑작스럽게 깨달음이 오다, '통찰학습'

문제상황에서 갑작스럽게 방법을 깨우치는 종류의 학습이 있다. '아하!'의 경험, 즉 통찰학습을 말한다. 겉으로는 아무것도 관찰되지 않았다고 하더라도 머릿속에서 어떠한 일이 일어난 것이다. 통찰학습과 관련된 연구는 볼프강 쾰러Wolfgang Köhler의 실험(1925)이 대표적이다.

쾰러는 침팬지 술탄을 우리에 가두어놓고 손이 닿지 않는 곳에 바나나를 두었다. 우리 안에는 두께가 다른 속이 빈 막대기가 2개 있었는데 둘 다 너무 짧아 바나나에 닿기에는 역부족이었다. 술탄은 우리 속에서 막대기를 이용해 바나나를 당기려고 시도했으나 실패했다. 그러던 중 막대를 곰곰이 살펴보다가 갑작스럽게 깨달음이 온 듯, 가는 막대를 두꺼운 막대의 구멍에 끼워 하나의 긴 막대를 만들었다. 술탄은 '아하! 이 두 막대기를 연결해 바나나를 끌어당겨 먹으면 되겠구나!'라고 생각한 것이다.

쾰러는 동물들이 일단 문제를 한 번 해결한 후에는 마치 해결 방법을 깨달은 듯 행동했다고 말한다. 손다이크의 고양이처럼 수많은 시행착오를 통해 점진적으로 학습하는 방식도 있지만, 이렇듯 갑자기 깨우치는 통찰학습도 있다는 것이다.

공간에 대한 정신적 지식을 획득하다, '인지도'

인지학습과 관련된 중요한 연구 가운데 하나가 에드워드 톨만 Edward Tolman의 실험(1948)이다. 톨만은 미로 연구를 통해 동물들이 공간에 대한 정신적인 지도, 즉 인지도Cognitive map를 획득한다고 주장했다. 미로에서 목표지점을 향해 가는 동물들이 특정한 반응을 시행착오적으로 학습하기보다는, 미로가 어떻게 생겼는가에 대한 전체적인 지도를 머릿속에 형성하게 된다는 것이다.

톨만은 쥐를 미로 속에 가두어놓고 먹이를 찾아가는 과정을 관

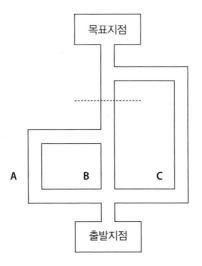

목표지점

A   B   C

출발지점

▲ 톨만이 사용한 미로 출발지점에서 목표지점까지 가는 3가지 길, A, B, C가 있다. 쥐들은 미로에 대한 정신적인 지도, 다시 말해 공간에 대한 정신적인 표상을 형성한다. 그림에 점선으로 표시된 부분, 즉 통로의 일부를 막으면 쥐들은 가장 기피하던 먼 길인 C를 선호하게 된다.

찰했다. 목표지점에 먹이를 두고, 출발지점에서 먹이상자를 향해 가는 3갈래 길을 만들었는데 각 경로의 길이가 달랐다. 목표로 하는 먹이상자가 있는 곳까지 가장 빨리 도달할 수 있는 길은 B, 그다음 짧은 길은 A, 가장 오래 걸리는 길은 C였다. 쥐들은 미로 속에서 먹이상자까지 찾아가는 훈련이 반복됨에 따라 점차 가장 짧은 길인 B를 선호하게 되었다. 이때 B의 경로를 그림(상단 그림 참고)의 점선과 같이 차단한다. 그러면 B의 길은 물론 A의 길도 막혀버린다. 이런 상황에서 과연 어떤 일이 일어나게 될까? 조작적 조건형성의 원리에 따른다면, 쥐들은 그다음으로 짧은 길인 A로 가야 한다. 하지만 쥐들은 이전까지 가장 기피하던 길이었던 C를 택하는 경향이 있었다. 이러한 결과는 동물이 미로의 전체적인 공간에 대한 지식, 인지도를 획득한다는 톨만의 주장을 지지하는 것이다.

겪어보지 않고도 배운다, '관찰학습과 보보인형 실험'

조건형성의 원리에 따라야만 학습할 수 있다면 사람들은 배우기 위해 무엇이든 직접 경험해봐야 할 것이다. 하지만 실제 삶 속에서 사람들은 직접 경험해보지 않고도 다른 사람들을 관찰함으로써 배우기도 한다. 인간뿐 아니라 동물들도 직접 경험하지 않고 다른 개체들의 반응을 관찰함으로써 학습할 수 있다. 이렇듯 직접적인 경험이 없이도 다른 개체의 행동을 보고 깨우치는 것을 관찰학습Observational learning이라고 한다.

앨버트 반두라Albert Bandura는 관찰학습과 관련된 중요한 실험 (1963)을 했다. 아이들을 3그룹으로 나누어 영화를 보여주되 영화의 결론을 달리한 후 아이들의 행동을 관찰한 것이다. 영화에 등장하는 어른이 보보 인형을 공격한다는 내용은 같으나, 첫 번째 영화에서는 보상을 얻고 두 번째 영화에서는 벌을 받는다. 세 번째 영화에서는 아무런 결과도 일어나지 않는다. 영화를 본 아이들은 이후 장난감과 보보인형이 있는 놀이방에서 시간을 보낸다. 놀이방에 있는 아이들의 행동을 관찰한 결과, 공격행동에 대해 보상을 주는 영화를 본 아이들이 가장 많은 공격행동을 드러냈고, 벌을 받는 결론의 영화를 본 아이들이 가장 적은 공격행동을 보였다. 이 아이들은 자신이 직접 행동한 후 벌을 받거나 보상을 받지 않았는데도, 단지 타인의 행동을 관찰하고 모방함으로써 학습한 것이다.

만약 관찰을 통한 배움이 불가능하다면 세상 살기가 만만치 않을 것이다. 다른 사람을 때리면 안 된다는 사실을 직접 경험해봐야 알고, 음주운전이 위험하다는 사실을 몸으로 겪어봐야 알 수 있다면 세상살이가 얼마나 고되겠는가. 다행히도 인간은 직접 해보는 수고를 겪지 않고서도 타인의 행동을 통해 배움으로써 나날이 성장할 수 있다.

학습된 무기력 Learned helplessness

거듭된 실패, 운명을 벗어날 수 없다는 착각

♥　　　"아이가 대학입시에 실패하고 나서 도통 공부할 생각을 안 해요. 우리 아이의 문제가 뭔지 좀 봐주세요."

자녀와 함께 상담실을 찾은 학부모 김 씨는 크게 한숨을 내쉬었다. 외동아들이라 각별히 신경을 써서 키웠건만 대학입시에 한 번 실패한 후로는 아무것도 할 생각을 않고 빈둥거리며 시간만 보낸다는 것이다. 유명한 입시과외 선생님도 불러보고 강남에서 제일 잘 가르친다는 재수학원도 권해봤지만 아이가 아무런 의욕이 없다고 했다. 상담 시간 내내 시무룩한 얼굴로 침묵을 지키고 있던 이 학생에게서 드러나는 대표적인 모습은 무언가를 하고자 하는 의지와 동기가 없는 상태, 즉 '무기력'이었다. 알고보니 총명하고 성실했던 그를 이처럼 무기력한 상태로 이끈 원인은 거듭된 실패의 경험이었다.

부모는 어려서부터 똑똑한 아들에게 기대하며, 늘 그가 할 수 있는 수준 이상의 기준을 제시했다. 그는 학교, 학원, 과외로 짜여진 숨이 턱턱 막히는 일정을 소화하면서도 늘 자신이 부족하다는 생각만 했다. 아무리 노력해도 부모님이 원하는 수준에 다다를 수 없었기 때문이다. 반에서 1등을 하면 그의 부모는 전교에서 1등을 하라고 요구했고, 전교에서 순위권 안에 들면 전국에서 손꼽히는 등수를 기대했다. 그는 남들이라면 성공을 경험했을 순간에도 실패를 겪을 수밖에 없었다. 매순간 부모님의 기대에 부응하는 삶, 즉 성공이 손에 잡히지 않았기 때문이다. 결국 원하는 최고 수준의 대학, 원하는 학과 입학에 실패한 후로는 "나는 할 수 없어."라는 생각에 파묻혀 아무것도 하지 않게 되었다. 왜냐하면 그 무엇을 한들 성공할 수 없을 것이라는 믿음이 뿌리깊게 자리 잡았기 때문이다. 즉 그는 '무기력'을 학습해버린 것이다.

학습된 무기력이란 심리학자인 마틴 셀리그만Martin Seligman의 연구에 의해 밝혀진 현상이다. 개에게 전기충격을 피할 수 없는 상황을 반복해서 겪게 했더니, 노력에 의해 전기충격을 벗어날 수 있는 상황이 되었는데도 아무것도 하지 않은 채 웅크려 있는 모습을 발견한 것이다. 처음에는 전기충격을 피해보려고 이리저리 노력해보지만 몸이 묶인 채 아무것도 할 수 없는 개는 거듭되는 실패 속에서 무기력을 학습하게 된다. 다시 말해 이미 무기력해져버린 개는 고통스러운 상황을 피하려는 노력을 하지 않은 채 전기충격을 운명으로 받아들이게 된 것이다.

이 같은 현상은 반복되는 실패의 경험 속에서 무기력해지는 인간의 모습을 떠올리게 한다. 이를 이해하면 이력서를 100번 이상 썼는데도 서류전형에 한 번도 통과하지 못해 방구석을 굴러다니는 옆집 20대 청년에게 무턱대고 게으르다거나 무능하다며 손가락질할 수 없을 것이다. 어쩌면 그는 지금까지 성공의 경험이 지나치게 부족했던 것일 수 있기 때문이다. 열정으로 가득 찬 20대가 이력서를 아무리 쓴다고 해도 '당신은 정말 괜찮은 사람이다.'라며 받아줄 곳 없는 이 사회가 젊은이들에게 무기력을 학습시키고 있는지도 모를 일이다.

학습된 무기력은 인간의 우울증을 설명하는 이론으로도 잘 알려져 있으며, 아이들을 대하는 상담자와 교육자, 그리고 부모에게 한 번쯤 멈추어 서서 깊은 고민을 하게끔 경종을 울리는 이론이기도 하다. 자신의 능력을 믿지 않은 채 아무것도 하지 않으려는 누군가의 모습을 보면서 상담자와 교육자는 거듭된 실패의 경험 속에서 성공의 가능성을 깨달을 수 없었던 그의 과거를 알아주어야 한다는 것이다.

피할 수 없는 실패, 극복할 수 없는 버거운 좌절 경험이 반복되면, 사람들은 자신의 능력으로 피하거나 극복할 수 있는 상황이 되어도 자포자기를 한다. 자기 힘으로 상황을 벗어나려는 모든 노력을 포기하게 되는 것이다. 따라서 부모와 교사는 아이들에게 '성취의 경험'을 줄 수 있어야 한다.

높은 꿈을 향해 노력하고 있는 자기 자신을 대할 때도 마찬가지다. 지나치게 높은 저 하늘의 별을 따려고 하기 전에 가까이에 있는 성공의 경험을 먼저 음미해보며 스스로를 독려하는 것이 성공의 비결인 것이다.

첫사랑의 기억은 왜 그토록 강렬할까? 어떻게 하면 기억을 더 잘할 수 있을까? 목격자의 기억은 얼마나 정확할까? 기억상실증은 왜 걸리는 걸까? 인지심리학자들은 이런 의문에 답하기 위해 오늘도 연구에 매진하고 있다. 인지심리학은 인간의 마음이 어떻게 작용하는지 연구하는 학문이다. 인간의 마음이 환경과 자신을 어떻게 인식하는지, 지식이 어떤 방식으로 기억되고 활용되는지, 인식과 주의, 기억과 학습을 비롯해 언어까지, '앎'과 관련된 모든 것이 인지심리학의 연구 주제가 된다.

2

기억과 인지

● 인간의 기억은 왜 불완전한가? ●

인간의 기억은
왜 불완전한가?

중다기억모형Multi-store model 과
마법의 수Magical number

기억이란 무엇일까?

♥　　　기억Memory이 없다면 어떻게 될까? 아마 우리는 위기
에 처하게 될 것이다. 내가 누구인지, 내가 있는 이곳은 어디인지,
내 앞에 있는 사람은 누구인지 아무것도 알지 못하기 때문에 기억
이 없다면 자아정체성의 위기뿐 아니라 온 세상에 카오스가 올지
도 모를 일이다.

　　그런데 기억이란 정확히 무엇을 말하는 걸까? 기억은 우리의 뇌

가 정보를 받아들여 저장하고 인출하는 것을 말하지만, 저장한 것을 재생하는 단순한 복사 과정을 의미하지는 않는다. 예를 들어 책의 한 챕터를 읽은 후 책의 내용을 기억해보자. 한 글자도 빠짐없이 문자 그대로 떠올렸는가? 아마도 자신이 이해한 부분이나 요점을 다시 재구성해서 떠올렸을 것이다. 이렇듯 기억은 적극적이고 능동적인 정보처리 과정이다. 기억의 과정을 컴퓨터에 비유해보면 다음과 같다.

1단계
부호화: 기억 부호를 형성한다.
키보드를 통해 자료를 입력한다.

↓

2단계
저장: 기억 부호를 기억 속에 유지한다.
하드디스크에 파일로 저장한다.

↓

3단계
인출: 기억저장고에서 정보를 재생시킨다.
파일을 불러와서 화면에 표시한다.

리처드 앳킨스Richard Atkinson과 리처드 쉬프린Richard Shiffrin은 기억이 3개의 정보 저장고로 구성되어 있다는 중다기억모형을 제안했다. 3가지 기억 저장고는 각각 감각기억, 단기기억, 장기기억으로 구분되는데, 각 저장고의 특징을 자세히 살펴보자.

감각기억

정보를 매우 짧은 시간 동안 저장하는 곳으로 감각정보를 인지체계에 처음으로 등록하는 곳이다. 시각이나 청각, 촉각 등의 감각적 내용이 1~2초 정도 짧게 유지된다.

단기기억

감각기억은 금방 사라지나, 일부 내용에 주의를 집중하면 단기기억으로 넘어간다. 단기기억에서는 정보가 약 20~30초 정도 유지된다. 예를 들어 누가 전화번호를 불러주었을 때 잠깐 기억하는 것이나 방금 소개받은 사람의 이름을 기억하는 것이 단기기억에 해당된다.

단기기억은 어느 정도의 내용을 담을 수 있을까? 조지 밀러George Miller는 자신의 논문(1965)에서 단기기억의 용량을 마법의 수라고 해 7±2개 정도된다고 했다. 즉 단기기억의 용량이 5~9개 정도된다는 것인데, 전화번호가 ○○○-○○○○ 식으로 평균 7개 정도인 것은 우연이 아니다. 생각해보면 우리가 알아두어야 할 번호들은 마법의 수 내외인 경우가 많다. 예를 들면 현관문의 비밀번호나 휴대폰 번호(앞자리 010은 모두 같으니 외울 필요 없다)를 떠올려보자.

그런데 여기서 7±2개라고 할 때 한 단위는 정보의 묶음, 즉 덩어리를 뜻하는 청크Chunk를 의미한다. 따라서 외워야 할 항목이 9개를 넘어서면 분류를 해서 한 덩어리로 묶어주는 것이 좋다. 프로 바둑선수들은 바둑을 둘 때 상대선수와 자신이 어떤 순서로 어떻게 두

▲ 정보가 기억되는 과정 중다기억모형에 따르면 기억은 3개의 정보 저장고로 구성된다. 감각기억에 일시적으로 저장된 기억이 일부만 단기기억으로 넘어가고, 이 정보를 되뇌면 장기기억으로 넘어간다.

었는지 전부 기억해내는 놀라운 기억력을 가졌다고 알려져 있는데, 이는 사실 단기기억의 청크를 잘 활용한 결과다. 바둑에 대한 풍부한 기본 지식을 바탕으로 바둑돌을 의미가 있는 묶음으로 잘 분류할 수 있기 때문이다.

장기기억

장기기억은 시간 제한이 없이 영구적이며 그 용량 또한 무한하다고 한다. 너무 많이 공부한다고 해서 머리가 터질 일은 없는 것이다. 다만 단기기억 속에 담겼던 기억을 장기기억으로 옮기려면 어느 정도의 노력이 필요하다. 예를 들어 영어단어를 공부하던 시절을 생각해보자. 수차례 외우고 외워도 다음 날이면 잊어버리니, 이거 해서 뭐하나 하는 회의를 한 번쯤 품어봤을 것이다. 이때 필요한 것이 반복학습과 시연을 통해 공부한 내용을 장기기억으로 옮기는 것이다.

기억 Memory

기억나는 기억, 기억 안 나는 기억

♥   "지난 주말에 뭐했니?"

"글쎄, 기억력이 나빠서 뭘 했는지 생각이 안 나네."

여기서 기억력이란 무엇을 의미하는 걸까? 또 기억력이 좋다는 것은 무슨 뜻일까? 지난 주말에 뭘 했는지 자세하게 떠올릴 수 있거나 친구들의 전화번호를 휴대폰에 저장해놓지 않아도 줄줄이 외우는 것일까? 아니면 시험공부할 때 필기해둔 내용을 잘 떠올리거나 어린 시절에 배웠던 악기를 아직까지 연주할 줄 아는 것일까? 이처럼 이전의 경험을 전부 생각해낼 수 있고, 모든 것을 외울 수 있는 능력이 우리가 흔히 말하는 기억력인 걸까?

기억이란 무엇일까?

우리는 일상에서 기억력을 발휘해야 하는 순간들을 자주 맞닥뜨린다. 꼭 시험공부 때문이 아니라도 학번이나 계좌번호를 외워서 써야 할 때도 있고, 마트에서 장을 볼 때 사야 할 생필품 목록을 기억해야 할 때도 있다. 십수 년 전 졸업한 초등학교 동창회에 나가 옛 친구들의 이름을 떠올려야 할 때도 있으며, 연인이 사달라고 한 향수의 브랜드 이름을 외워야 할 때도 있다. 또 테니스나 수영 같은 운동을 배울 때도 마찬가지로 익힌 기술을 기억해야 하며, 새로운 학교나 직장에 갈 때도 낯선 길을 익혀야 한다. 이처럼 우리는 기억 없이는 일상을 단 하루도 제대로 영위하기 힘들다. 기억이 있기 때문에 우리는 하루하루 연속성 있는 삶을 살아갈 수 있다. 어제의 '나'와 오늘의 '나'가 다르지 않다는 것, 과거의 경험을 통해 존재하는 내가 오늘의 '나'라는 것을 알게끔 해주는 것이 바로 기억이다.

기억의 종류

그렇다면 기억에는 어떤 유형이 있을까? 기억의 유형 중에서도 장기기억은 여러 가지 방식으로 구분된다. 다음에 나열된 기억들에는 어떤 차이점이 있을까?

- 사과를 영어로 무엇이라고 하는가?
- 어릴 때 배운 운동 한 가지를 기억할 수 있겠는가?
- 초등학교 졸업식 날에는 무엇을 했는가?
- 돌 이전의 사건들이 기억나는가?

위의 질문들은 모두 다양한 기억과 관련되어 있다. 장기기억의 분류를 익히면서 각 질문이 어떤 기억과 관련되는지 생각해보자.

일화기억과 의미기억

일화기억Episodic memory이란 개인이 가진 에피소드, 즉 개인의 경험에 관한 기억으로 언제, 어디서, 무엇을 했는지에 대한 내용을 포함한다. 예를 들어 연인과 함께 데이트했던 기억, 지난 주말에 친구와 무엇을 했는지에 대한 기억, 어제 저녁에 무엇을 먹었는지에 대한 기억들은 일화기억에 속한다.

반면 의미기억Semantic memory은 일반적인 지식이나 단어의 의미와 관련된 지식을 말하며, 과거의 특정 경험과 연관되지 않기 때문에 구체적인 시간이나 공간의 제약을 받지 않는다. 예를 들어 사람들은 '자전거는 탈것인가?' '커피는 음료수인가?' 등 이러한 질문에 답해야 할 때 의미기억을 참조한다.

서술기억과 절차기억

서술기억Declarative memory은 사실에 대한 지식으로 의도적으로 떠올릴 수 있는 기억을 의미한다. 앞서 다룬 일화기억과 의미기억은 크게 서술기억에 해당된다. 예를 들어 다음 질문에 대해 생각할 때 서술기억을 참조한다.

- 새는 다리가 몇 개인가?
- 광복절은 몇 월 며칠인가?
- 지난 어버이날에 무엇을 했는가?

반면 절차기억Procedural memory은 행위나 기술, 조작에 관한 기억으로 몸으로 행할 수 있으나 말로는 표현할 수 없는 지식을 말한다. 예를 들어 영어 문법에 대해서는 완벽하게 설명할 수 없지만 유창하게 영어를 구사할 수 있는 사람, 자전거 타는 방법을 말로 설명할 수는 없지만 자전거를 능숙하게 타는 아이는 절차기억을 참조하고 있는 것이다.

암묵기억과 외현기억

암묵기억Implicit memory이란 의식적인 수준에서 자각되지 않는 기억을 말한다. 쉽게 말해 무의식Unconsciousness 속에 담겨 있는 기억이다. 암묵기억이 있기 때문에 사람들은 이전의 기억을 떠올리려는 의식적인 노력 없이도 경험이 쌓이면서 능력이 향상되는 것이다. 또한 특정한 경험 때문에 일상에서 그 내용이 의식적으로 떠오르지 않는데도 태도나 느낌, 행동이 달라질 수 있다. 암묵기억의 대표적인 예로는 어디서 본 것 같은 친숙함, 데자뷔로 알려진 기지감이 있다. 기지감은 과거에 어떤 경험을 했거나 어떤 장소에 있었던 것 같은 느낌이 들지만 어떤 경험 때문인지는 떠오르지 않는 심리 상태를 일컫는 말이다. 즉 기지감의 핵심에 암묵기억이 있는 것이다.

반면 외현기억Explicit memory이란 의도적으로 떠올릴 수 있는 기억으로, 의식적으로 저장되어 있는 정보에 접근하는 것이 가능하다.

기억술<small>Mnemonics</small>

기억을 잘하는 비법

♥   어떻게 하면 기억을 잘할 수 있을까? 기억력이 좋다는 것은 높은 성적과 직결되기 때문에 학생이라면 '기억 잘하는 비법'에 귀가 솔깃해질 것이다. 인지심리학자들은 기본적인 기억의 기제들을 이용해 기억을 잘하는 방법을 연구해왔다. 기억 잘하는 비법을 익혀보자.

반복해서 익히기

반복학습의 중요성은 말할 필요가 없다. 가장 단순하면서도 기본적인 기억술이다. 단기기억에 저장된 정보가 장기기억으로 넘어가려면 반복해서 익힐 필요가 있다.

깊이 있게 처리하기

기억해야 할 내용을 더 깊이 있게 처리할수록 기억이 잘된다. 예를 들어 한자를 외울 때는 여러 차례 기계적으로 받아쓰는 공부 방식보다 단어가 그런 모양과 뜻을 가지게 된 이유를 깊게 생각해보는 방식이 더 좋다는 것이다. 따라서 기억을 잘하기 위해서는 공부할 때 얕은 수준에서 여러 차례 반복하기보다는 깊이 있게 생각해볼 필요가 있다.

다른 것과 연관시켜서 생각하기

기억해야 할 내용을 다른 내용과 관련지어 외우면 기억이 더 잘된다. 특히 자신과 연관 지어 공부하면 더 좋다. 예를 들어 사회심리학 이론 가운데 '동조Conformity'에 대해 배웠으면 책에 나온 내용을 그대로 받아쓰거나 피상적으로 되뇌기보다는 자신의 사례에 대입해 생각해보는 것이다. '나는 언제 동조했더라? 맞아, 지난번에 교수님이 학생들에게 기말고사를 언제 보는 게 좋겠냐고 물었을 때 나도 눈치를 보면서 대세에 따라갔었지. 이런 게 동조구나!' 하며 자신의 삶과 배운 내용을 연관시키면 기억하기도 쉽고 기억도 더 오래 간다.

심상법: 이미지 떠올리기

다음 항목들을 기억해보자.

피아노, 담배, 기타, 오리, 모자, 수영장, 컴퓨터

항목을 하나하나 단순히 되뇌거나 깜지를 써서 외우려고 하면 복잡해진다. 이때 단어와 단어를 연결해 이미지를 떠올리면 기억하기에 좋다. 예를 들면 피아노가 담배를 피우고 있는 장면, 모자를 쓴 오리가 기타를 치는 장면, 수영장에 빠진 컴퓨터와 같이 단어와 연관된 어떤 장면을 심상으로 떠올려 암기해보는 것이다.

장소법: 장소의 이미지와 연결 짓기

장소법은 고대 그리스 로마 사람들이 긴 연설문을 외우기 위해 사용한 기억술로 장소에 대한 심상을 이용한다. 우선 익숙한 장소를 마음속에서 이미지로 떠올린다. 장소는 자기 방이나 사무실, 동네나 집주변 등 어디든 가능하나, 규칙적인 구조의 도서관이나 바둑판 배열의 대형할인매장처럼 구석구석의 구조가 비슷한 장소는 피하는 것이 좋다. 장소를 떠올렸다면 이제 다음 항목들을 보자.

참외, 수박, 수건, 두루마리 휴지, 우산, 바구니, 쿠션

마트에서 사야 할 것들이다. 메모가 필요 없을 만큼 뛰어난 기억력을 가지고 있다고 자랑하고 싶다면 장소법을 이용해 기억해보자. 이 방법은 기억해야 할 내용을 마음속에 떠올린 장소와 연결시켜 외우는 것이다. 다시 말해 자기 방을 시각적으로 떠올린 후, 각각의 물건들을 마음속의 이미지에 배치하는 것이다. 방문을 열고 들어가면 정면에 책상이 보인다. 책상 위에 두루마리 휴지를 올려두고 책상 옆에 우산을 세워둔다. 바구니에 참외와 수박을 담아 책상 위에 올려두고, 의자 위에는 쿠션을, 침대 위에는 수건을 올려둔다. 이렇듯 친숙한 장소와 기억해야 할 내용을 연결 지어 생생하게 상상하면 복잡한 내용도 기억하기 한결 수월해진다.

이야기 만들기

어린 시절 재미나게 들었던 옛날 이야기는 쉽게 기억나지 않는가? 이야기 만들기는 외워야 할 항목들을 이용해 이야기를 만드는 기억술의 한 방법이다. 예를 들어 다음 단어 목록을 보자.

케이크, 질병, 음악, 행복, 죽음, 모자, 토끼, 책, 의미, 여행, 꽃, 강

위에 제시된 단어들은 서로 관련이 없어 보이지만, 외우기 쉽도록 이야기를 만듦으로써 연관성을 만들 수 있다.

질병에 걸린 남자가 케이크를 먹으면서 음악을 듣고 있었다. 케이크와 좋아하는 음악 때문에 행복하기도 했지만 한편으로는 죽음에 대한 두려움이 느껴졌다. 그런데 옆에서 모자를 쓴 토끼가 귀를 쫑긋하더니 자신을 따라오라고 하는 것이 아닌가. 토끼는 한 권의 책을 남기고는 재빨리 사라졌다. 책을 들추어보니 '의미'를 찾으라고 쓰여 있었다. 남자는 토끼를 찾아 여행을 떠났다. 여행 길에 남자는 꽃을 보기도 하고 강을 건너기도 했다.

이처럼 해당 단어들로 이야기를 만들면서 이야기 속에 등장하는 장면을 생생하게 떠올려본다면 금상첨화다.

약어법: 약어 이용하기

약어법은 기억해야 할 내용의 일부만을 따서 외우는 방법을 말한다. 가장 대표적인 방법이 외워야 할 내용의 앞글자만 따는 방법이다. 예를 들어 조선시대 왕 이름을 순서대로 다 어떻게 기억할 것인가? 학창시절 국사 선생님이 알려주었던 방법 가운데 앞글자만 따서 외웠던 다음의 방법을 떠올려보자.

"태정태세 문단세 예성연중 인명선…"

주기에 따라 각기 다른 달의 이름을 순서대로 외울 때도 이 약어법을 이용하면 쉽게 외울 수 있다.

"초상보하그"

초승달 → 상현달 → 보름달 → 하현달 → 그믐달

운율법: 노래에 외워야 할 내용을 넣어 부르기

아무리 기억력이 빵점인 사람이라도 노래 가사는 쉽게 외우곤 한다. 리듬감이 있는 운율이라 쉽게 기억되는 것이다. 따라서 노래 가사 외우듯 외워야 할 내용을 노래에 넣어 외울 수 있다. 24절기를 다 어떻게 외울 것인가? 노래 '구슬비'의 운율에 맞추어서 24절기를 외워보자.

"송알송알 싸리잎에 은구슬~"

"입춘우수 춘분청명 곡우입하~"

24절기 입춘, 우수, 경칩, 춘분, 청명, 곡우, 입하, 소만, 망종, 하지, 소서, 대서, 입추, 처서, 백로, 추분, 한로, 상강, 입동, 소설, 대설, 동지, 소한, 대한

PQ4R 학습법

PQ4R 학습법은 훑어보기Preview, 질문하기Question, 읽기Read, 숙고하기Reflect, 암송하기Recite, 복습하기Review의 6단계로 이루어진 기억술로, 교과서를 공부할 때 좋은 방법으로 알려져 있다. 각각의 단계를 구체적으로 살펴보자.

① 훑어보기

공부할 내용을 전체적으로 훑어보는 과정이다. 즉 전체 내용에 대한 지도를 그리는 작업으로, 마치 숲을 볼 때 각각의 나무를 세세히 보는 것이 아니라 전체적인 숲이 어떻게 생겼는지 보는 것과 같다. 예를 들어 인지심리학 교과서의 한 챕터를 공부한다고 했을 때, 구체적인 내용을 살펴보기 전에 대주제, 소주제, 굵은 글씨로 강조된 부분 등을 먼저 보면서 전체적인 구성의 흐름을 파악해보는 것이 바로 훑어보기다.

② 질문하기

공부할 내용을 미리 훑어보면서 마음속에 생기는 질문을 떠올려본다. "기억술이라고? 어떻게 하면 기억을 잘할 수 있을까?" "우리는 왜 공부했던 것도 잊어버리는 걸까?" 이런 식으로 호기심을 품고 궁금한 내용을 염두에 두는 것이다. 그러면 본격적인 학습 단계에서 이 궁금증을 해결하기 위해 보다 능동적이고 적극적인 태도로 공부에 임하게 되므로 학습 효율이 올라간다.

③ 읽기

본격적으로 공부할 내용을 꼼꼼하게 읽는 과정이다. 이 과정에서는 의문을 품었던 부분에 대한 답을 찾아가면서 읽는 것이 좋다. 또한 주요 개념과 이를 뒷받침하는 세부적인 내용을 구분하며 책을 읽는다.

④ 숙고하기

공부할 내용을 숙고하며 적극적으로 머릿속에 넣는 과정이다. 기계적으로 따라 읽거나 옮겨 적는 방법보다는 내용에 대해 깊은 수준에서 생각해보는 것이 좋다. 학습한 내용을 자신에게 적용시켜 생각하거나 실제 생활에서 일어나는 일들과 연관 지어 기억하는 방법, 외워야 할 내용을 이미지로 떠올려보는 방법 등의 기억술을 활용하면 좋다.

⑤ 암송하기

책을 보지 않고 읽은 내용을 정리해 떠올려본다. 공부한 내용을 스스로 점검하는 것이다. 공부했던 내용을 토대로 질문을 만들어보고 그 질문에 답해본다. 머릿속에 개념을 형성하고 말로 표현하면 학습한 내용이 더욱 깊이 처리된다.

⑥ 복습하기

복습단계다. 이 과정을 통해 학습한 내용이 장기기억으로 넘어가기 때문에 복습하지 않으면 아무리 열심히 공부했다고 해도 자연스럽게 잊기 쉽다. 따라서 공부했던 내용을 확실하게 기억하기 위해서는 전체 내용을 다시 한 번 점검해야 한다.

기억상실증 Amnesia
매일이 새로운 사람

♥　　　영화 〈메멘토〉를 기억하는가? 영화 속 주인공 레너드는 전직 보험수사관으로 아내가 강간당한 후 살해되자 그 충격으로 인해 기억상실증을 앓는다. 그의 기억은 사고가 났던 날에 멈추어져 있고 10분 이상 기억이 지속되지 않는다. 즉 새로운 기억이 생기지 않는 것이다. 그는 자신의 가정을 파탄 낸 범인을 찾기 위해 메

모와 문신을 사용한다. 묵고 있는 호텔, 방문했던 장소, 만났던 사람과 그에 대한 정보를 폴라로이드 사진으로 남기고, 항상 메모를 해두며, 심지어 자신의 몸에 문신을 새겨 기억을 더듬는다.

암묵기억은 OK, 하지만 새로운 외현기억은 NO

이 영화의 원작자는 시나리오를 쓰기 위해 역사 속에 실재했던 인물, H.M.이라는 기억상실증 환자의 사례를 참고했을 것이라고 짐작된다. H.M.은 간질발작을 앓던 환자로 심각한 발작이 지속되면서 뇌수술을 받았다. 그는 27세가 되던 해인 1952년에 양반구의 내측두엽을 절제하는 수술을 받았는데, 이 수술로 인해 좌우반구의 편도체, 해마 전측과 이 구조들을 둘러싸고 있던 피질이 사라져버렸다. 수술 이후에 발작은 줄어들었지만 그는 특이한 기억상실증상을 보였다. 수술 이전의 기억들은 살아 있었지만 수술 이후에 일어난 사건에 대해 전혀 기억하지 못하는 것이었다. 그는 새로운 정보를 학습하지 못했을 뿐 아니라 자신이 경험한 것도 기억하지 못했으며, 자신을 늘 돌봐주는 간호사와 의사조차 기억하지 못했다.

이처럼 H.M.은 외현기억에 장애를 가지게 되었지만 암묵기억은 정상적이었다. 그의 상태를 연구하기 위해 의사는 그에게 '거울추적과제'를 매일같이 반복해서 시켰다. 거울추적과제는 제시된 별 모양 그림을 거울을 보며 따라 그리는 연구 방법으로, 거울은 실제

▲ 거울추적과제

상을 거꾸로 비추기에 처음 하는 사람들에게는 만만치 않은 과제

다. 그런데 H.M.에게 이 과제를 매일 연습하게 했더니 실력이 나날

이 향상되어 갔다. 정작 본인은 이 과제를 수차례 연습했다는 사실

조차 기억하지 못했는데도 말이다. 즉 연구를 거듭하는 동안 거울

추적과제에 대한 그의 암묵기억이 쌓였던 것이다.

　H.M.의 사례를 통해 기억의 본질에 대해 어떤 깨달음을 얻을 수

있을까? 가장 중요한 것은 암묵기억과 외현기억이 겉으로 볼 때는

분명하게 구분되지 않지만, 사실상 뇌의 서로 다른 부위와 관련되

어 있다는 사실이다. 또한 해마 영역의 손상이 장기기억의 손상을

가져온다는 사실도 알 수 있었다.

　H.M. 개인에게는 기억상실장애가 비극적인 일이었지만 그의 존

재는 뇌과학 연구에 크게 기여했다. 물론 그는 자신을 찾아오는 과

학자들을 매일같이 잊어버리고 새로워했다지만, '어딘지 친숙한 느낌'이 그의 암묵기억에 쌓였을지도 모를 일이다.

망각Forgetting
기억이 사라지다

♥　　기억에 관해 최초로 과학적인 실험 연구를 한 사람은 독일의 심리학자인 헤르만 에빙하우스Hermann Ebbinghaus다. 그는 '기억은 무엇인가?' '어떤 조건에서 기억이 잘되는가?' '기억이 망각되는 이유는 무엇 때문인가?' 등 다양한 의문을 품고 기억에 대해 연구하기 시작했다.

에빙하우스의 망각곡선, 망각을 측정하다

에빙하우스는 의미가 없는 철자의 나열, 즉 무의미 철자를 2천 개이상 만들어 그 중 몇 가지 단어들을 선별해 피험자들로 하여금 그단어들을 외우게 했다. 이어서 무의미 철자 목록을 틀리지 않게 순서대로 기억해낼 수 있을 때까지의 시간을 측정했다. 그는 일정한 시간이 지난 후 다시 앞서 학습한 목록을 복습하도록 했고, 또다시 모두 정확하게 기억해낼 수 있을 때까지의 시간을 측정했다. 에빙하우스는 '초반의 학습에 비해서 재학습을 할 때 얼마나 시간이 줄어들었는가?'에 관심을 두었다.

예를 들어 10개의 철자를 처음 학습하는 데 1000초, 일정한 시간이 지난 후 재학습하는 데는 600초가 걸렸다고 해보자. 재학습할 때는 1000−600=400이므로 400초가 절약되었다. 이어서 절약된 시간을 처음에 학습하는 데 걸렸던 시간과 비교해 백분율로 계산하면 (400초/1000초)×100=40이 되므로 40%가 절약점수다. 여기서 절약점수는 망각의 크기를 반영한다.

절약점수: 재학습을 위해 필요한 시간이 절약되는 정도
재학습까지의 기간이 길어질수록 절약점수가 줄어든다. 즉 그만큼 많이 까먹는 것이다. 다만 곡선이 가파르기 때문에 재학습까지의 시간이 1시간이든, 6일이든 망각된 양은 크게 차이가 없다. 중요한 것은 학습한 지 얼마 되지 않았을 때 많은 내용이 사실상 망각된다는 것이다.

에빙하우스는 이런 실험 과정을 거쳐 재학습까지의 지연시간에 따른 절약점수를 그래프로 나타낸 망각곡선Forgetting curves을 만들었다. 그래프에서 Y축은 절약점수를, X축은 지연시간을 나타낸다. 73쪽의 그래프에서 보듯, 곡선은 초반에 가파르다가 점차 완만해진다. 학습한 후 얼마 되지 않았을 때 많은 내용들이 급격히 망각된다는 것이다.

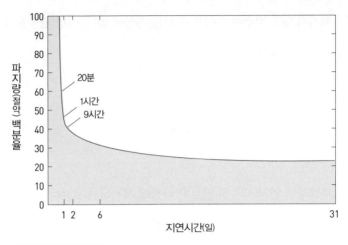

파지량(절약) 백분율

▲ 에빙하우스의 망각곡선

　이처럼 공부한 내용이 기억의 저편으로 급격히 사라진다면 매우 허무할 것이다. 하지만 다행인 것은 잦은 반복학습에 의해 공부한 내용을 생생하게 보유할 수 있다고 한다. 마스터하고 싶은 내용이 있다면 앞에서 공부한 기억술을 발휘해 반복하고 또 반복하자.

초두효과 Primacy effect 와 최신효과 Recency effect

잊을 수 없는 첫사랑의 추억, 마지막 사랑의 강렬함

♥　　　첫사랑의 기억은 왜 그토록 강렬할까? 첫인상은 어째서 잘 지워지지 않는 것일까? 무엇이든 처음이었던 것은 기억에서 잘

지워지지 않고 강렬한 인상으로 남는 경향이 있다. 이런 현상을 초두효과라고 한다.

잊을 수 없는 첫사랑의 추억

초두효과는 먼저 제시된 정보가 나중에 제시된 정보보다 더 큰 영향력을 행사하는 현상을 뜻한다. 초두효과와 관련된 가장 고전적인 연구는 솔로몬 애쉬Solomon Asch의 실험(1945)이다. 다음을 읽고 A와 B라는 사람에 대한 인상을 적어보자. 이들은 각각 어떤 사람인 것 같은가?

> A: 똑똑하고 근면하다. 하지만 충동적이며 비판적이고 고집이 세고 질투심이 강하다.
> B: 질투심이 강하고 고집이 세며 비판적이고 충동적이다. 하지만 근면하고 똑똑하다.

눈치 챘겠지만 A와 B에 제시된 형용사는 순서만 바뀌었을 뿐 전부 똑같다. 하지만 어떤 형용사가 가장 먼저 제시되느냐에 따라 느껴지는 인상은 크게 달라진다. A는 작은 결점이 있는 모범생의 이미지를 주지만 B는 결점이 많은 사람인 것처럼 느껴진다.

애쉬는 이처럼 피험자들에게 가상 인물의 성격을 묘사하는 형용사들을 제시하고, 그 인물에게서 느껴지는 인상을 쓰게 했다. 연구 결과 형용사들을 순서만 바꾸어서 제시했음에도 긍정적인 형용사가 먼저 제시되었을 때 상대에 대한 호의적인 인상을 형성하는 경향이 있었다. 즉 첫인상이 중요한 것이다.

그렇다면 초두효과는 왜 생기는 것일까? 우리의 뇌가 가진 한계 때문이다. 수많은 정보를 처리해야 하는 뇌는 가능한 경제적으로 정보를 처리하고자 한다. 따라서 처음 들어오는 정보를 통해 전반적인 인상을 형성하고 이후에 들어오는 정보는 그에 맞추어 해석하는 경향이 있다. 또한 우리가 초반에 주어지는 정보에 더 주의를 기울인다는 것도 하나의 이유가 될 수 있겠다. 학창 시절 영어 공부를 하던 때를 떠올려보자. 영어 단어장 한 권을 외울 적에 다른 단원에 비해 첫 단원은 더욱 주의 깊게 읽지 않았는가? 또 두 번째, 세 번째 연인보다 첫사랑이었던 그녀에게 더 관심을 쏟지는 않았는가? 단지 처음이라는 이유 때문에 그토록 기억이 강렬하다면, 누군가를 처음 만나는 자리에서는 좋은 첫인상을 만들기 위해 더욱 신경 써야 할 필요가 있겠다.

최신효과, 가장 최근의 정보가 더욱 생생하다

연인의 첫사랑이 되지 못해 아쉬운 사람들에게 기쁜 소식이 있다. 초두효과뿐만이 아니라 최신효과도 있기 때문이다. 최신효과는 나

중에 제시된 정보, 즉 가장 최근에 제시된 정보가 잘 기억되며 인상 형성에 큰 영향을 미치는 현상을 의미한다. 대체로 초두효과가 최신효과보다 더 강렬하다고 하지만, 최신효과가 초두효과를 능가하는 경우도 있다고 하니 다음을 잘 알아두자.

- 초기 정보가 너무 일찍 제시되어 망각되었을 때
- 최근의 정보가 현저하게 지각될 때
- 인상 형성을 위해 충분히 고려할 시간이 주어졌을 때

당신이 더 강렬한 매력으로 상대에게 다가가고 충분한 시간을 상대와 함께 보낸다면 연인의 첫사랑, 그 고리타분한 옛사랑은 기억의 저편으로 날려버릴 수 있다.

칵테일파티 효과 Cocktail party effect

선택적 주의, 듣고 싶은 말만 듣는다

♥　　　대학 시절을 떠올려 보면 그 시끄러운 젊은이들의 축제 와중에서도 저 멀리서 필자를 부르는 연인의 감미로운 목소리는 또렷하게 들렸던 것으로 기억한다. 이처럼 시끌벅적한 와중에도 자신과 관련된 정보, 혹은 자신에게 의미 있는 정보만 잘 들리는

현상을 칵테일파티 효과라고 한다. 칵테일파티처럼 붐비는 곳에서도 자신이 듣고자 하는 소리에 집중할 수 있다는 것이다. 이런 현상은 왜 일어나는 것일까?

인간의 뇌는 한꺼번에 처리할 수 있는 용량에 한계가 있어 주변의 수많은 정보들을 모두 받아들일 수 없다. 그래서 필요한 정보만 골라서 취하는 선택적인 주의가 필요한 것이다. 즉 인간의 주의력은 제한된 두뇌의 용량을 감안해 주변의 정보를 취사선택한다.

아무리 머리가 좋은 사람이라고 해도, 주변에서 주어지는 모든 정보를 다 받아들인다면, 과도한 정보량 때문에 일상생활을 잘 해낼 수가 없을 것이다. 따라서 자신과 관련되어 있거나 필요한 것, 중요하다고 생각되는 것에 선택적으로 주의가 가고, 주변 환경에서 의미 있는 정보만 선택해서 받아들이게 된다. 이처럼 주변 환경에 가득 차 있는 많은 정보 중에 자신에게 의미 있는 정보만을 선택적으로 받아들이는 것을 '선택적 지각selective perception' 또는 '선택적 주의'라고 한다. 우리의 인지는 칵테일파티 효과에서 드러난 '선택적 지각과 주의'의 기능을 갖고 있기 때문에, 시끄러운 공간에서도 대화할 수 있는 것이다. 그렇다면 칵테일파티 효과는 꼭 소리에만 국한되는 것일까? 그렇지는 않다. 예를 들어 다이어트중인 사람에게는 음식과 관련된 다양한 정보가 상대적으로 더 강렬하게 들어온다. 텔레비전 광고에 등장하는 음식이 평소보다 더 먹음직스러워 보이고, 옆집에서 시켜 먹는 치킨 냄새가 보다 자극적으로 느껴진다. 음식이 중요한 정보가 된 것이다.

부정적인 시각이 더욱 확연하게 나타나는 이유

자신에 대한 열등감이 강한 사람이라면, 자신을 향한 사람들의 부정적인 단서만 주로 보일 것이다. 예를 들어 수업시간에 발표를 하는데, 청중 10명 중에 7~8명은 눈빛을 반짝이면서 재미있게 듣고, 1~2명은 하품은 하거나 스마트폰을 들여다보고, 혹은 얼굴을 찡그리면서 지루한 표정을 하고 있다고 해보자. 이때 발표자가 스스로에 대해 '나는 매력이 없고 말을 잘 못한다'고 믿어 의심치 않는다면 어떤 일이 벌어질까? 밝은 표정의 사람들은 눈에 들어오지 않을 것이다. 반면 하품을 하거나 지루한 표정을 짓는 소수의 1~2명이 더욱 강렬하게 눈에 들어올 것이다. 그들의 어두운 표정이 더욱 두드러지게 보이고 발표에 대해 불평하는 말이 더욱 잘 들리며 기억에 남을 것이다. 결국 자신이 갖고 있던 신념에 들어맞는 정보에만 선택적으로 주의가 가는 것이다.

이처럼 칵테일파티 효과는 부정적인 것에 더욱 강렬하게 작용한다고 한다. 당신의 눈과 귀에는 어떤 정보가 주로 들어오는가? 긍정과 부정, 중립을 골고루 바라보기 보다는, 혹 부정적인 단서에만 주로 눈과 귀가 향하지는 않는가? 그래서 스스로를 학대하며 괴롭히고 있지는 않은가. 물론 인간은 위험한 환경 속에서도 잘 살아남기 위해 부정적인 것에 더 민감하도록 진화했다고 한다. 하지만 때로는 나를 행복하게 하는 것들, 잘 되고 있는 것들, 괜찮은 것에도 의식적인 주의를 기울여보면 어떨까.

분리뇌|Split brain

좌뇌와 우뇌는 하는 일이 다를까?

♥   우리의 뇌는 크게 좌뇌와 우뇌로 이루어져 있다. 뇌는
왜 2개로 나뉘어져 있는 것일까? 각각의 뇌는 하는 일이 다른 것일
까? 이 질문에 답할 수 있는 연구가 바로 분리뇌 연구다.

분리뇌란 좌뇌와 우뇌를 연결하는 다리의 역할을 하는 뇌량이
끊어져 좌뇌와 우뇌의 신호가 서로 전달되지 않는 상태를 말한다.
미국의 신경생물학자인 로저 스페리Roger Sperry는 뇌량 절단환자, 다
시 말해 뇌량이 끊어진 상태의 사람을 연구해 두 대뇌반구가 서로
다른 전문영역을 가진다는 것을 밝혀냈다.

2개로 쪼개진 뇌를 연구하다

그런데 스페리는 어떻게 뇌량이 절단된 환자의 사례를 연구했을
까? 실험을 위해 일부러 뇌량을 절단했을 리는 없다. 스페리는 심
각한 간질발작으로 고통받는 사람들, 약물로도 호전이 되지 않은
사람들에게 뇌량 절단수술을 했다. 뇌량 절단수술은 간질발작을 호
전시켰지만, 연결되지 않은 2개의 대뇌반구를 가진 사람들은 실험
에서 특이한 현상을 보였다. 분리뇌와 관련된 실험 하나를 살펴보

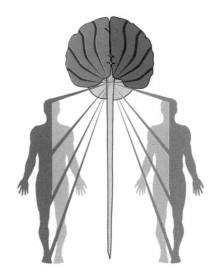

▲ 좌반구─신체의 우측, 우반구─신체의 좌측 통제 오른쪽 눈으로 들어온 시각자극은 좌반구로, 왼쪽 눈으로 들어온 시각자극은 우반구로 들어간다. 마찬가지로 오른쪽 팔다리를 움직이는 것은 좌반구, 왼쪽 팔다리를 움직이는 것은 우반구다.

기 전에, 상단의 그림에 나타난 원리를 기억해두자.

스페리는 이런 질문을 품고 다음 연구를 시작했다.

"언어는 좌반구와 관련되는 것일까?"

이 물음에 답하기 위해 그는 물체를 가려놓은 상태에서 환자에게 한쪽 손으로 그 물체를 만지도록 했다. 물체를 볼 수 없었기 때문에 유일한 정보는 촉각뿐이었다. 실험 결과 오른손으로 물체를 만지느냐, 왼손으로 물체를 만지느냐에 따라 결과가 다르게 나왔다. 환자가 물체를 오른손으로 만졌을 때에만 무엇을 만졌는지 답할 수 있었던 것이다. 이 실험 결과는 좌반구가 언어 산출과 관련된 역할을 담당한다는 사실을 알려주었다.

상황 1
오른손으로 물체를 만짐 → 좌반구가 지각 → "이것은 OO입니다."(언어로 답변 가능)

상황 2
왼손으로 물체를 만짐 → 우반구가 지각 → "…"(언어로 답변 불가능)

결론: 좌반구가 언어 산출에 관여한다.

우반구의 역할은 무엇인가

그렇다면 우반구의 역할을 대체 무엇인가? 좌반구가 제 역할을 못할 때 쓰려고 둔 예비 타이어 같은 것일까? 이후의 연구들은 우반구가 언어의 미묘한 뉘앙스를 이해하는 데 기여하고, 정서 반응에도 큰 역할을 한다는 사실을 밝혀냈다. 예를 들어 많은 사람들이 사진을 찍을 때 왼쪽 얼굴을 보이는 것을 선호하는 데, 우반구와 직결되는 왼쪽 얼굴에 감정이 더욱 생생하게 드러나기 때문이다. 또한 우반구는 시공간적·비언어적인 과제에서 능력을 발휘하며, 특히 얼굴 인식 능력이 우수하다.

스페리와 그의 동료들이 진행한 연구(1972)를 보자(상단 그림 참고). 2개의 서로 다른 얼굴을 반반 합해서 하나의 얼굴을 만들었다. 이 얼굴을 짧은 시간 동안 제시한 후 피험자에게 어떤 얼굴을 보았는지 택하도록 한다. 즉 양반구의 얼굴 인식 능력을 테스트한 것

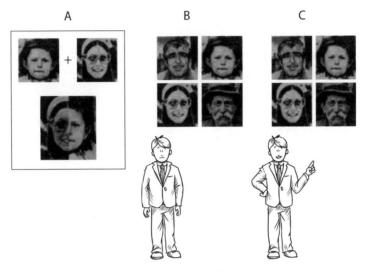

▲ 얼굴 인식 실험 2개의 얼굴을 합성한 사진이 실험에 사용되었다.
  A: 분리뇌 증후군을 겪는 환자에게 합성된 사진을 보여준다.
  B: "당신이 본 얼굴은 다음 중 어느 것인가요?" 하고 물으면 "어린아이를 봤다."라
     고 대답한다.
  C: "당신이 본 얼굴을 가리키세요." 하면 왼쪽 시야에 제시된 얼굴을 지적한다.

* 출처: Perception of bilateral chimeric figures following hemispheric deconnexion Brain 95, 61–78. ARTICLE in BRAIN FEBRUARY,1972

이다.

이처럼 좌반구와 우반구는 하는 일이 다를 뿐 아니라 특히 전문 영역이 다르다. 좌우반구가 각자 잘하는 게 있는 것이다. 정리하자 면 좌반구는 언어 영역에서의 우수한 능력을, 우반구는 시공간적 과제와 얼굴 인식에서의 우수한 능력을 가지는 것이다.

두 대뇌반구는 비슷하게 생긴 것 같지만 엄밀히 보면 모양새도 조금씩 다르다고 한다. 각자 개성 있는 존재로 존재의 이유가 있었

A: (좌반구) 답변을 말로 하게 했을 때 → "어린아이를 봤어요."
B: (우반구) 손가락으로 방금 본 얼굴을 가리키도록 했을 때 → 안경을 쓴 여자를 가리킴

A보다 B의 정확도가 높았다. 즉 우반구의 얼굴 인식 능력이 더 탁월했던 것이다.

던 것이다. 좌뇌와 우뇌가 균형 있게 발달하면, 언어적이고 논리적인 과제뿐 아니라 사람들의 표정에서 드러나는 감정도 빨리 알아채고 블록 같은 시공간 과제도 잘한다고 한다.

공부는 잘하지만 눈치가 너무 없는 사람이 있는가? 혹은 시공간 과제에 능하고 사람들과는 잘 어울리는데, 언어능력은 꽝인 사람이 있는가? 그런 사람들은 대개 좌우반구가 균형을 이루지 못하고 있을 가능성이 있다. 당신은 좌뇌형 인간인가, 우뇌형 인간인가? 아니면 두 뇌를 골고루 균형 있게 잘 쓰는 전뇌형 인간인가?

실어증 Aphasia

말을 못하는 병, 들어도 무슨 말인지 모르는 병

♥　　　우리의 삶에서 말이 사라진다면 어떤 일이 벌어질까? 인간에게 텔레파시 같은 초능력이 생기지 않는 한, 말이 없어진다

면 살기가 아주 불편해질 것이다. 우리는 다른 이들과 말을 통해 소통하고 글이나 편지를 써서 의견을 전하며 신문이나 책을 읽어 세상에 대한 정보를 얻는다.

말을 잃어버린다면?

이처럼 언어는 개인과 세상을 매개하는 중요한 역할을 한다. 그런데 이 언어기능에 문제가 생겨 발생하는 병이 있다. 실어증失語症으로 알려진 이 병은 뇌에서 언어를 담당하는 기능이 손상됨으로써 언어를 이해하거나 표현하는 능력에 문제가 생긴 상태를 말한다. 입으로 소리를 내는 것 자체는 가능하나, 말을 이해하고 표현하는 것과 관련된 고차적인 기능이 망가진 것이다.

  뇌가 손상되는 이유에는 여러 가지가 있는데 뇌졸중으로 알려진 뇌혈관장애, 뇌종양, 교통사고 등에 의한 두부외상 등 다양한 원인이 있을 수 있다. 그렇다면 실어증에도 종류가 있을까?

말을 못하는 병, 실어증의 종류

브로카 실어증: 운동성 실어증

프랑스의 의사였던 폴 브로카Paul Broca는 약 20년간 간질을 앓았던

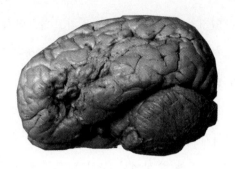

▲ 브로카의 환자였던 탄의 실제 뇌 탄의 뇌는 파리 해부학 박물관Anatomy Museum in Paris에 보관되어 있다.

환자가 사망한 후 그의 뇌를 해부했다. 환자는 브로카의 논문에서 '탄'이라는 이름으로 불렸는데 그가 말할 수 있는 몇 개 안 되는 단어 중 하나가 아무런 의미도 없는 '탄'이었기 때문이다. 탄의 뇌는 좌반구의 전두회를 따라 일부 영역이 달걀 크기 정도 손상된 상태였다. 브로카는 이 사례 이후 연구를 지속해 언어를 담당하는 부위가 뇌의 좌반구이며, 특히 좌반구의 앞쪽, 즉 전두엽이 언어 산출을 담당한다고 주장했다. 이 부위가 오늘날 브로카 영역으로 불리는 부분이다.

브로카 영역이 손상되어 생긴 실어증을 브로카 실어증Broca's aphasia 혹은 운동성 실어증이라고도 하며, 언어 표현에 어려움이 생긴다고 해서 표현성 실어증이라고도 한다. 브로카 실어증 환자는 말을 이해할 수는 있으나 하고자 하는 말을 유창하게 하지는 못한다. 예를 들어 환자에게 "고개를 숙여보세요."라고 말하면 말뜻을 이해하고 그대로 할 수 있지만, "생일이 언제예요?"라고 물으면 질문은 이해하나 답을 하지 못한다. 즉 언어이해능력은 양호하나 언어표현능력에 문제가 생긴 것이다.

이들은 하고 싶은 말의 일부 음절만 더듬더듬 말하거나 의미 없는 음절을 말하기도 한다. 브로카 영역이 손상되면 왜 언어표현능력이 망가지는 것일까? 외부에서 온 감각자극은 언어이해와 관련된 영역을 통과해 브로카 영역에 전달되는데, 여기서 말을 할 수 있게끔 1차운동피질로 명령을 내린다. 그렇기 때문에 브로카 영역이 손상되면 언어를 표현하는 데 문제가 생기는 것이다.

베르니케 실어증: 감각실어증

이후 독일의 정신과 의사이자 뇌신경학자였던 칼 베르니케Carl Wernicke는 브로카의 환자와는 다른 유형의 실어증 환자들을 발견한다. 이들은 말을 유창하게 하지만 이해하는 데는 심각한 문제를 가지고 있었다.

또한 의미가 통하지 않는 단어들을 연결하거나 무의미한 단어들을 늘어놓는 경향을 보였다. 말을 잘하지 못하지만 이해를 잘하는 브로카 실어증 환자와는 대조적이었다. 이들의 뇌를 해부해 보니 브로카 영역이 아닌 좌측 측두엽 뒤쪽이 손상되어 있었다. 베르니케는 이 영역이 단어의 청각적 기억을 담당하는 부분이라고 보았다. 베르니케가 발견한 뇌 영역을 '베르니케 영역'이라고 하며, 이 영역이 손상되었을 때 생기는 실어증을 베르니케 실어증Wernicke's

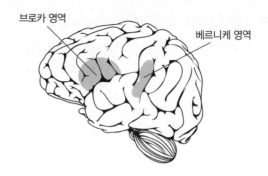

▲ 브로카 영역과 베르니케 영역

aphasia, 감각실어증, 혹은 언어이해에 문제가 생긴다고 해 수용성 실어증이라고 한다.

목격자 기억 Eyewitness memory

목격자의 기억을 전적으로 믿을 수 있을까?

♥　　　"그때 엄마가 나한테 못생겼다고 해서 내가 얼마나 상처받았는지 알아?"

"엄마가 언제 못생겼다고 했니?"

"엄마가 그랬잖아! 내가 분명히 기억하는데 왜 오리발이야!"

과거에 벌어졌던 일들을 두고 부모와 자식 간에, 연인 간에, 친구 간에 일어나는 싸움은 끝이 없다. 서로 "내 기억에서는 말이지…"

하며 자신의 입장을 주장하는데, 같은 일을 겪은 사람들이 맞는 건지 의심스러울 정도로 서로의 기억이 너무 다르다. 대체 진실은 무엇일까?

당신의 기억은 믿을 만한가?

저녁 뉴스의 헤드라인을 장식했던 한 연예인 부부의 폭행 사건을 보자. 이혼소송을 두고 법정에 선 아내와 남편, 각자의 입장에서 떠올린 이야기는 너무도 다르다. 부부는 각자 "나는 가만히 있었는데 저 사람이 나를 때렸다!"라고 주장하는데, 실제로 무슨 일이 있었던 것일까? 어느 한쪽이 거짓말을 한다고 보기에는 두 사람 다 너무 진실해 보였고, 결국 사실을 확인할 유일한 길은 그날 있었던 폭행 사건을 그대로 녹화한 CCTV를 확인해보는 방법뿐이었다.

이처럼 사람들의 기억은 완전하지 않다. 최근의 사건에 대해서도 어설프게 기억하고 기억의 빈틈을 가상의 이야기로 채워 넣은 후 '완전한 기억'이라 생각하는 것이 인간이다. 최근에 대한 기억도 이러한데 하물며 과거는 어떠할까? 더욱이 프로이트가 말하는 억압된 기억, 무의식에 묻혀서 잘 떠오르지 않는 기억이라면 더욱더 불완전하지 않을까?

미국에서는 잘못된 기억에 의한 소송 사건이 한때 사회적으로 이슈가 된 적이 있다. 최면치료를 통해 어린 시절 아버지에게 성폭행당했던 기억을 떠올린 한 여인은 아버지가 자신에게 못할 짓을 저질렀다며 부모를 고소하기에 이르렀다. 하지만 그녀의 기억은 잘못된 기억으로 실제로 일어난 적이 없는 환상이었음이 밝혀졌다. 만들어진 기억이 부모 자식 사이를 갈라놓고 생사람 잡는 상황을 만든 것이다.

잘못된 기억이 생사람 잡는다

이처럼 인간의 기억은 불완전하며, 만들어진 기억을 진짜 있었던 것처럼 믿기까지 한다. 심리학자 엘리자베스 로프터스Elizabeth Loftus는 만들어진 기억, 잘못된 기억에 대한 다수의 논문을 발표했는데, 목격자의 기억이 불완전할 수 있음을 실험을 통해 밝혀냈다. 즉 목격자가 무엇을 보았는지에 대한 기억은 이후 제시되는 질문에 의해 왜곡될 수 있다는 것이다.

예를 들어 실험 참가자들에게 자동차 사고에 관한 영화를 보여준 후 차가 어느 정도의 속도로 달린 것 같은지 묻는다. 이때 질문을 어떻게 하느냐에 따라 답변이 달라지는 경향을 보였다.

A: "자동차가 충돌했을 때 어느 정도의 속도로 달렸을까요?"
B: "자동차가 접촉했을 때 어느 정도의 속도로 달렸을까요?"

A 질문을 받은 이들이 B 질문을 받은 이들보다 자동차의 속도를 더 높게 추정했다. 1주일 후 참석자들은 또다시 "영화에서 부서진 유리를 보았습니까?"라는 질문에 답하게 된다. 이때 A 질문을 받았던 이들의 1/3이 부서진 유리를 봤다고 답변한 반면, B 질문을 받았던 이들은 14%만이 부서진 유리를 봤다고 답변했다. 진실은 무엇이었을까? 영화 속에는 부서진 유리가 등장하지 않았다. 즉 질문에 들어간 단서에 의해 다수의 기억이 왜곡된 것이다.

로프터스의 연구는 우리에게 인간의 불완전성을 한 번 더 일깨워준다. 자신의 기억 속에 있다는 이유로 진실이라고 믿는가? 만약 과거에 일어난 일로 누군가에게 앙심을 품고 있다면, 다시 한 번 정신을 차리고 자신을 돌아볼 일이다. 기억은 얼마든지 왜곡될 수 있으며, 심지어는 없던 기억이 만들어질 수도 있기 때문이다.

칵테일파티처럼 붐비는 곳에서도
자신이 듣고자 하는 소리에 집중할 수 있다는 것이다.
이런 현상은 왜 일어나는 것일까?

우리가 어떤 행동을 하게 되는 것은 무엇 때문일까? 왜 굳이 그걸 하고 싶어 하며, 무엇 때문에 그 행동을 계속 하게 되는 것일까? 심리학자들은 '동기'가 어디서 비롯되는 것인지, 어떻게 하면 하고 싶다는 마음이 지속되는지 연구해왔다. 우리가 어떤 행동을 하게끔 하는 이유, 동기에 대해 알아보자.

3

동기와 정서

● 하고 싶다는 마음은 어떻게 생길까? ●

하고 싶다는 마음은
어떻게 생길까?

내재적 동기 Intrinsic motivation

공부 잘하는 아이의 비결

♥　　　　공부 잘하는 아이들에게는 어떤 공통점이 있을까? 성공
하는 사람들은 어떤 특징을 가지고 있을까? 반드시 그런 것은 아니
지만 대체로 성공하는 이들은 어떠한 공통점을 가지고 있다. 다시
말해 꼭 성취에 목매달지 않더라도, 행복하게 배우며 살아가는 사
람들은 특별한 심리적 속성을 가지고 있다는 것이다. 심리학에서는
이 심리적 속성이 내재적 동기와 관련있다고 말한다.

이야기 한 토막

어느 마을에 한 노인이 홀로 살고 있었다. 조용한 성격의 노인은 주로 좋아하는 책을 읽으며 집에서 한가로이 시간을 즐기곤 했다. 그런데 어느 날부터인지 동네 아이들 몇몇이 노인의 집 앞마당에 놀러와 시끄럽게 떠들기 시작했다. 날이 갈수록 놀러오는 아이들의 수는 점점 늘어만 갔고 떠들썩함도 더해졌다. 독서에 집중할 수 없었던 노인은 아이들을 일부러 쫓아내거나 야단치고 싶지 않아 곰곰이 생각한 끝에 아이들을 모아놓고 이렇게 말했다.

"얘들아, 너희들이 재밌게 노는 모습을 보니까 참 좋구나. 이제부터 우리집 마당에 놀러와서 큰소리로 놀아준다면 하루에 100원씩 주마. 날마다 와줄 수 있겠니?"

아이들은 신이 나서 펄쩍펄쩍 뛰어다녔다.

"물론이죠! 꼭 주세요!"

아이들은 날마다 놀러와 시끌벅적 떠들며 놀았고 해가 질 무렵에는 노인에게 100원씩 받아 헤벌쭉한 얼굴로 집에 돌아가곤 했다. 그런데 시간이 지나자 아이들 사이에서 이상한 기미가 보이기 시작했다. 넓은 노인의 집 앞마당에서 뛰노는 것이 마냥 좋았던 아이들이 이제는 지루함을 느끼기 시작한 것이다.

"야, 넌 어때? 매일 여기 와서 큰소리로 떠들며 노는 거 말이야. 난 이상하게 재미가 없어졌어."

그날 저녁에도 한참을 떠들고 난 아이들은 노인에게 돈을 받으려고 기다리고 있었다. 노인은 아이들에게 100원씩 나누어주며 말했다.

"애들아, 이젠 내가 돈이 다 떨어졌구나. 내일부터는 돈을 줄 수가 없단다."

아이들은 눈이 휘둥그레져서 말했다.

"네? 놀아도 돈을 안 준다고요? 에이, 그럼 난 내일부터 여기 놀러 안 올 거야!"

아이들은 씩씩거리며 우르르 집으로 돌아갔고 다음 날부터 다시는 그곳에 놀러오지 않았다.

왜 하고 싶어할까?

우리가 어떤 행동을 하게 되는 것은 무엇 때문일까? 왜 굳이 그걸 하고 싶어하며, 무엇 때문에 그 행동을 계속 하게 되는 것일까? 동기는 어디서 비롯되는 것인지, 또 동기란 무엇인지에 대해 설명하는 심리학 이론은 많다. 그 중에서도 '내재적 동기'와 '외재적 동기'라는 개념은 행복한 아이를 키우고 싶은 부모와 교사들이 꼭 알아두어야 할 개념이다.

한때 심리학자들은 스키너 상자로 불리는 실험실 우리를 들여다보며, 배고픈 쥐가 특정 행동을 학습하고 지속하는 이유를 밝혀냈다. 쥐가 지렛대를 누르면 먹이가 나온다는 사실을 깨닫고 계속 지렛대를 누르듯, 인간의 행동도 보상에 달려 있다고 설명한 것이다. 따라서 인간이 무언가를 하게 만들려면 외부에서 오는 보상을 확실히 해야 된다고 생각했다. 즉 '당근'을 잘 사용하는 것이 관건이었던 셈이다. 하지만 인간이란 그보다 훨씬 더 복잡했다. 연구가 거듭되면서 모든 행동이 외부에서 오는 보상 때문이 아니었음이 증명되었으며, 결국 내재적 동기라는 개념이 등장했다.

내재적 동기란 과제 자체에 대한 흥미와 즐거움으로 인해 하고자 하는 의욕이 생기는 것을 말한다. 내재적 동기가 살아 있는 아이들은 누가 칭찬을 해주거나 상을 주기 때문에 공부하지 않는다. 공부 자체가 주는 즐거움, 앎의 즐거움을 느끼며 스스로 책을 찾아 읽고 수학 문제를 풀며 몰입한다. 공부하는 과정 자체가 보상이기에 다른 사람의 인정이나 물질적인 보상 같은 외적인 유인물이 필요하지 않다. 자발적으로 하겠다는 마음이 살아 있기 때문에 과제를 경험하는 과정 자체가 즐거운 것이다. 따라서 내재적 동기에 의해 공부하는 아이들은 부모님이 스마트폰을 사주지 않는다는 이유로 공부를 하지 않겠다고 선언하지 않는다.

반면 외재적 동기 Extrinsic motivation란 과제를 경험하는 과정을 즐기기보다는 과제를 해결하고 난 후 생기는 결과물에 관심을 갖는 것을 말한다. 예를 들어 오직 좋은 성적을 받기 위해 공부하는 학생, 단지 월급을 받기 위해 일하는 회사원 등이 그렇다. 과제 자체보다는 다른 결과물에 관심이 있기에 외적인 유인물이 존재하지 않으면 과제에 대한 의욕도 생기지 않는다.

내재적 동기와 외재적 동기를 비교해보면 당연히 내재적 동기의 힘이 강하다. 진정으로 사람을 움직이는 것은 타인이 주는 채찍과 당근이 아닌 자발적인 욕구가 가진 힘이기 때문이다. 과정에서 느끼는 즐거움 때문에 스스로 하고 싶다는 마음이 생길 때 사람은 마르지 않는 의욕을 가질 수 있다. 원하는 대학에 입학하지 못했다거나 다른 사람들이 인정해주지 않는다는 이유로 배움에 대한 의욕이 꺾인다면 그것은 학습에 대한 내재적 동기가 부족한 것이다.

"열심히 하는 사람은 즐기는 사람을 이기지 못한다."

우리의 옛말은 내재적 동기가 가진 힘을 역설한다. 결국 애쓰지 않고도 성공을 향해 가는 행복한 삶의 비결은 그 과정을 즐기는 데 있다는 것이다.

자기효능감 Self-efficacy
할 수 있다는 마음이 만드는 마법

♥　　　눈물 젖은 빵을 먹으며 긴 시간의 혹독한 훈련을 감당해내는 연예인 지망생들을 떠올려보자. 연예인이 되기 위해 수년간 이름도 없는 연습생 시절을 꿋꿋이 버텨 내는 이들에게는 무엇이 있을까? 가혹한 다이어트와 체력훈련, 발성훈련을 견뎌내고 수십 차례 오디션에 떨어지면서도 자신의 미래를 향해 열정을 바치는 이

들에게는 아마도 특별한 내적 요소가 있을 것이며, 그것은 '내가 열심히 한다면 언젠가는 연예인으로서 성공할 것이다.'라는 믿음일 것이다. 잇따른 시련 속에서도 연습을 통해 유명 연예인이 될 수 있다는 믿음, 자신이 도전한 분야에서 제대로 해낼 수 있다는 판단과 신념은 힘든 연습생 생활에 매진할 수 있는 동력이 된다.

이처럼 특정 분야에 대해 자신이 할 수 있다는 판단과 신념을 심리학에서는 '자기효능감'이라고 한다. 다시 말해 자기효능감이란 어떤 일을 해낼 수 있다는 자신의 능력에 대한 판단과 신념을 뜻한다.

수많은 심리학 연구들은 자기효능감이 높은 사람들이 더욱 높은 동기를 가지며 어려운 과제에 대해서도 잘 인내한다는 것을 밝혀냈다. 또한 자기효능감이 높으면 성취지향적인 활동을 지속하고 어려운 과제에도 꾸준히 도전하며 실패해도 크게 낙담하지 않는다고 한다. 삶의 과제에 맞닥뜨렸을 때 자기효능감이 높은 사람들은 대개 적극적이고 활력적인 자세를 유지하는 경향이 있는데, 이는 결국 높은 성과와 성공 경험으로 이어진다는 것이다. 따라서 아이들과 함께 하는 교사, 부모는 아이들의 자기효능감을 높여 주기 위해 노력해야 한다. 물론 교육자 역시 '나는 아이들의 자기효능감을 높여줄 수 있어.'라는 높은 자기효능감을 가지고 교육에 임해야 할 것이다.

그렇다면 자기효능감을 키우려면 어떻게 해야 할까? 다이어트에 도전하는 사람의 상황을 상상하면서 다음을 읽어보자.

1. 작은 성공 경험 쌓기

   목표를 너무 원대하게 잡기보다는 단기간에 다다를 수 있는 현실적인 목
   표를 잡는다. 목표를 잘게 쪼개서 차근차근 단계적으로 성취함으로써 작
   은 성공 경험을 쌓는다. 작은 성공 경험이 쌓이면 자신이 할 수 있다는
   믿음이 생겨난다. 예를 들어 체중을 한꺼번에 20kg 감량하겠다는 목표
   를 세우는 게 아니라, 일주일에 0.5kg씩 감량하는 걸 목표로 한다.

2. 역할모델 찾기

   주변에서 성공한 역할모델을 찾아본다. 체중을 줄이는 데 성공한 주변의
   사례를 찾아보고, 그들은 살을 빼기 위해 어떤 노력을 기울였는지 확인
   해본다.

3. 주변 사람들에게 격려와 지지받기

   주변에 나를 지지해줄 수 있는 든든한 응원군을 둔다. 따뜻한 마음가짐
   으로 "넌 할 수 있어!"라고 응원해줄 수 있는 든든한 친구가 있다면 좋다.
   혹시 어렵다면 다이어트를 함께하는 사람들과 모임을 만들어 목표를 공
   유하고 힘든 마음을 나눈다.

제임스-랑게 이론 James-Lange theory

슬프니까 우는 게 아니라 우니까 슬프다

♥　　　한때 웃음치료가 한창 유행했던 적이 있다. 지금도 평
생교육원이나 민간협회 등 여러 기관에서 웃음치료자격증 과정을
운영하고 있다. 레크리에이션이나 개그와 크게 달라 보이지 않는
데 왜 웃음 '치료'라고 하는 걸까? 어떻게 웃는 것이 치료가 되는 걸
까? '제임스-랑게 이론'을 알고 있는 사람이라면 기분이 나쁠 때 마

냥 웃는 것도 치료가 된다고 주장할 수 있다.

오랜 세월 사랑을 나누었던 연인이 "다른 사람을 사랑하게 되었어."라며 이별을 고하고 눈앞에서 사라져 간다. 냉정하게 뒤돌아 멀어져 가는 그의 뒷모습을 보면서 가슴은 쿵쾅거리고 얼굴은 벌게지며 호흡이 가빠진다. 눈에서는 눈물이 나온다. 지금 당신은 어떤 감정을 느끼고 있는가? 화가 나는가? 슬픈가? 슬프고 화가 나기 때문에 호흡이 가빠진다고 생각하는가, 아니면 호흡이 가빠지기 때문에 화가 났다고 생각하는가?

미국의 심리학자인 윌리엄 제임스William James와 덴마크의 생리학자인 칼 랑게Carl Lange가 감정에 대한 학설을 발표하기 전까지 사람들은 감정이 먼저며, 신체적이고 생리적인 반응은 그에 뒤따른다고 생각했다. 상식적으로 생각할 때 슬프기 때문에 눈물이 나고, 무섭기 때문에 가슴이 두근거리는 것이 당연해 보인다. 하지만 제임스와 랑게는 비슷한 시기에 논문을 발표해 "자극에 따라 신체적 변화가 있을 때, 그 신체적·생리적 변화를 자각한 것이 정서다."라고 주장했다.

예를 들어 등산을 하다 곰이 나타났을 때 곰을 보는 순간 가슴이 뛰고 근육이 긴장되며 입이 타들어가는 등 신체적 변화가 생기는데, 이 반응들을 지각하면 '두려움'이라는 정서가 생긴다는 것이다. 또 제임스와 랑게의 이론에 따르면 차에 아슬아슬하게 치일 뻔 했을 때 가슴이 두근거리기 때문에 두렵다고 느끼는 것이며, 누군가에게 뺨을 맞았을 때는 호흡이 가빠지기 때문에 화가 난다고 보는 것이다. 제임스와 랑게가 주장한 정서 이론은 두 학자의 이름을 따서 제임스-랑게 이론으로 불린다.

제임스와 랑게의 이론은 19세기 말 발표된 이후 현재까지 많은 비판을 받았지만, 실없이 잘 웃는 친구를 따라 웃을 때 기분이 좋아지는 것을 보면 일견 타당해 보이기도 한다. 웃을 일이 없는 우울한 일상이 지속되고 있다면 제임스-랑게 이론을 떠올려 시도해보자. 얼굴을 찌푸리고 있지만 말고 활짝 웃어보기를!

사람들은 왜 사랑에 빠지는가? 왜 사람들은 위험에 빠진 타인을 돕지 않는가? 똑똑한 사람들이 모여서 엉뚱한 판단을 하는 이유는 무엇일까? 이런 의문에 답하는 심리학의 한 분야가 사회심리학이다. 사회심리학자들은 개인이 '나'를 넘어서 '우리'가 될 때, 어떤 심리적인 특성을 드러내는지 연구하고자 한다.

4

사회

● 나를 넘어선 사회, 우리의 심리학 ●

사랑의 삼각형 이론 Triangular theory of love

사랑이란 무엇인가?

♥   사랑의 심리학적인 정의에 대해 알아보자. 심리학자들
은 사랑을 누군가에게 폭 빠지는 단순한 열정, 뜨거운 감정 그 이
상의 것으로 정의한다.

　누구나 열정적인 로맨티스트의 환상 속에서 완전한 사랑을 꿈꾼
다. 뜨거운 사랑 속에서 사는 삶, 가슴에 불을 일으키는 상대로 인
해 하루하루가 설레는 나날을 보내고 싶지 않은 사람이 어디 있을
까? 인류 역사 속에 전해져 내려오는 고전들은 하나같이 사랑을 말

했고, 위대한 화가들은 사랑하는 사람을 화폭에 담았다. 현대 유행가의 가사도 하나같이 사랑을 말하며, 드라마와 영화는 사랑에 울고 웃는 인간사를 그린다. 사람들은 그렇게 사랑을 목 놓아 부르며 갈망한다.

이렇듯 사랑이 인간에게 중요할진데, 사랑이 무엇이냐고 물으면 우리는 어떻게 답할 수 있을까? 사랑이란 무엇일까? 이 물음에 사람들은 제각각 자신만의 사랑을 정의한다.

- "가슴이 뜨거운 거야."
- "그 사람이 보고 싶어서 잠시도 참을 수가 없는 거지."
- "하루 종일 상대방 생각으로 머릿속이 가득 차 있는 거 아닐까?"
- "평생을 함께 하겠다고 약속하는 거지. 바람 안 피우는 것도 포함해서."
- "가장 친한 친구처럼 편안한 거 아닐까?"
- "무슨 이야기든 편하게 믿고 터놓을 수 있는 거지."

사랑이란 주제는 인간에게 미치는 영향이 큰 만큼, 단연 심리학자들에게 구미가 당기는 주제가 아닐 수 없다. 그런 이유로 사랑에 대한 다양한 연구가 있지만, 그 중에서도 심리학자 로버트 스턴버그Robert Sternberg의 사랑 연구가 가장 유명하다. 스턴버그는 사랑이 3가지 요소로 구성된다고 설명하며 '사랑의 삼각형 이론'을 주장했다.

사랑의 삼각형 이론

스턴버그에 따르면 사랑은 짜릿한 열정, 절절한 감정 이상의 것이다. 사랑에는 심장박동수를 높이고 감각을 흥분시키는 생리적인 요소, 우리의 마음을 설레게 하는 감정적인 요소도 있지만 누군가를 사랑하겠다고 결심하는 인지적인 요소, 상대에 대한 책임감을 가지고 헌신하는 행동적인 요소도 포함된다. 스턴버그의 구분에 따라 사랑의 3요소를 구체적으로 살펴보자.

친밀감

친밀감Intimacy은 누군가와의 사이가 가깝게 느껴지는 상태, 즉 결속과 유대감을 느끼는 것을 말한다. 친밀감을 나누는 사람들은 서로에게 의지하며 진심을 숨김없이 터놓곤 한다. 친밀감은 다음과 같은 요소들을 포함한다.

- 사랑하는 사람의 복지가 나아지기를 바라는 것
- 사랑하는 사람과 함께 행복을 느끼는 것
- 사랑하는 사람을 존경하는 것
- 필요할 때 사랑하는 사람에게 의지할 수 있는 것
- 사랑하는 사람끼리 서로를 이해할 수 있는 것
- 사랑하는 사람과 자신의 소유물을 나누는 것
- 사랑하는 사람에게서 정서적인 도움을 받는 것

- 사랑하는 사람에게 정서적인 도움을 주는 것
- 사랑하는 사람과 친하게 의사소통하는 것
- 사랑하는 사람을 중요하게 여기는 것

열정

열정 Passion은 다른 사람과 하나가 되고 싶은 강렬한 욕망 상태를 뜻한다. 사람들은 상대에게 강렬하게 끌리며 흥분과 성적인 욕구를 느끼기도 한다. 특히 육체적인 매력은 열정에 불을 지피는 큰 요인으로 작용한다. 첫눈에 반하는 사랑은 열정이 대부분이며, 우리가 흔히 말하는 사랑은 열정의 모습과 가장 닮아 있다.

결정과 헌신

스턴버그에 따르면 완전한 사랑이 되기 위해서는 친밀감과 열정만으로는 부족하다. 열정이 활활 타오르는 불꽃이라면, 친밀감은 불꽃이 전해주는 온기에 비유할 수 있다. 결정 Decision과 헌신 Commitment은 그 불꽃을 유지하겠다는 약속이자 불꽃을 온전하게 보호하기 위한 책임감 있는 행동을 의미한다. 열정이 넘쳐 불꽃이 활활 타오르더라도 순식간에 꺼져버린다면 완전한 사랑이 되기는 힘들 것이다.

실제로 사랑하는 사람들은 약혼식이나 결혼식 같은 의식 Ritual에 의미를 부여하며 사랑을 다지곤 한다. 이렇듯 사랑하는 관계임을 선언하는 공식적인 의식은 사랑의 결정과 헌신이란 측면을 잘 보여준다. 상대를 사랑하겠다는 결심을 공표하고 오랜 기간 책임감

있게 사랑하겠다고 선언하는 행동이기 때문이다. 사랑은 소중한 관계를 유지하기 위한 책임감과 노력에 의해 성숙하게 무르익는다.

당신의 사랑은 어떤 삼각형인가?

심리학자들은 눈에 보이지 않는 심리학적인 개념을 측정하고 싶어한다. 스턴버그는 심리학자답게 사랑을 측정하고자 시도했고, 결국 자신의 이름을 딴 '스턴버그의 삼각형 사랑 척도'를 만들었다. 원래는 총 45문항이지만 여기에서는 일부분만 살펴보도록 하자.

친밀감
나는 상대로부터 정서적으로 많은 힘을 얻고 있다.
나는 상대와 의사소통이 잘 이루어지고 있다.
나는 상대를 정말로 이해한다고 생각한다.

열정
나는 상대를 보면 설렌다.
나는 하루에도 몇 번씩 상대를 생각한다.
나는 상대를 이상형으로 생각한다.

헌신
나는 상대와의 관계를 유지하기 위해 전념하고 있다.
나는 남은 인생을 상대와 사랑하며 지내기를 바란다.
나는 상대와의 관계가 영원할 것이라고 생각한다.
상대가 어려울 때도 나는 우리의 관계를 유지할 것이다.

* 출처: 『사랑은 어떻게 시작하여 사라지는가(Cupid's Arrow: The Course of Love Through Time)』(로버트 스턴버그 지음, 사군자, 2002)

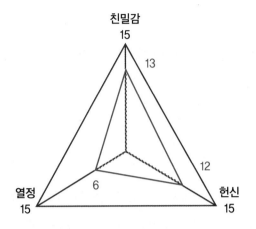

친밀감
15

13

12

6

열정
15

헌신
15

▲ 삼각형 사랑 척도로 그려본 사랑의 삼각형 삼각형 사랑 척도의 문항에 1~9점까지 점수를 매긴 후 평균점수를 내어 삼각형을 그리면 그림과 같이 삼각형이 나타난다. 각 요인별로 최고점은 15가 되는데, 모두 15가 나와 정삼각형을 이루면 균형 잡힌 사랑이라 할 수 있다.

위의 문항에 1점부터 9점까지 점수를 줄 수 있는데, 1점은 '전혀 아님'을, 5점은 '적당함'을, 9점은 '아주 많음'을 뜻한다. 모든 문항에 점수를 주고 각 요인별로 평균점수를 계산하고, 평균점수가 나오면 그 수치를 이용해 삼각형을 그린다(상단 그림 참고). 그러면 당신이 상대에게 느끼는 사랑이 눈에 볼 수 있는 그림으로 그려질 것이다.

삼각형이 클수록 사랑이 풍부한 것이고, 삼각형의 세 변 길이가 비슷해 정삼각형에 가까워질수록 균형 잡힌 사랑을 의미한다. 당신의 사랑은 어떠한가? 커다란가, 아니면 아주 작은가? 혹은 한쪽으로 기울어져 있는가?

사랑도 종류가 있다, 7가지 색깔의 사랑

사랑의 3요소가 어떻게 어우러지느냐에 따라 사랑의 형태는 7가지로 나뉜다. 당신은 어떤 사랑에 빠져 있는가? 열정만 가득한 사랑 혹은 진한 우정과 같은 사랑을 하고 있는가? 아니면 성숙한 사랑이 주는 기쁨에 빠져 있는가? 각각의 사랑의 특색에 대해 알아보자.

좋아함: 친밀감

열정이나 결정, 헌신의 요소는 없지만 친밀감을 가진 관계를 말한다. 불타는 관계도 아니고 앞날에 대한 약속이나 장기간의 헌신이 보장된 관계도 아니지만, 특별히 가깝게 느끼거나 일체감을 느끼는 관계를 말한다.

도취적 사랑: 열정

흔히 말하는 '첫눈에 반한 사랑'이 도취적 사랑에 가깝다. 오직 열정뿐인 관계를 말하며, 친밀감이나 결정, 헌신의 요소가 없기 때문에 한순간 나타났다가 구름처럼 사라져버린다. 정신생리학적인 측면과 밀접한 관계가 있어서 도취적 사랑에 빠지면 가슴이 두근거리고 성적으로 흥분이 되며 상대방에게 육체적인 욕망을 느끼지만 오래 지속되지는 않는다.

공허한 사랑: 결정과 헌신

친밀함을 느끼는 관계, 열정을 느끼는 관계가 아닌 결정과 헌신의 요소만 살아 있는 침체된 관계를 의미한다. 더이상 사랑이라 부를 수 있는 것이 남아 있지 않지만 '자식 때문에' 혹은 '경제적 문제 때문에' 이혼하지 못하고 결혼생활을 지속하고 있는, 껍데기만 남아 있는 부부들의 관계에서 잘 드러난다.

낭만적 사랑: 친밀감, 열정

상대에 대한 열정과 친밀감이 살아 있어서 낭만적이지만, 장기간의 헌신은 약속할 수 없는 관계를 의미한다. 앞날이 불확실한 젊은이들의 사랑에서 많이 나타나는 유형이다. 젊은이들은 연인과 함께 있으면 가깝게 느끼고 불타는 열정도 느끼지만, 앞으로 둘의 관계가 어떻게 될지 장담하지 못한다. 누군가는 지금 사는 곳을 떠나 멀리 유학을 가게 될 수도 있고, 부모님의 뜻에 따라 선을 봐서 중매결혼을 하게 될지도 모르는 불확실성이 관계 사이에 놓여 있기 때문이다.

우애적 사랑: 친밀감, 결정과 헌신

둘 사이에 스파크가 일어난 것처럼 불타는 열정이 있다거나 혹은 상대에 대한 성적인 욕망이 들끓지는 않지만, 친밀감과 결정 및 헌신의 요소가 살아 있는 관계를 말한다. 이 유형의 사랑은 수십 년간 결혼생활을 하며 서로에게 너무 익숙해져 열정은 사그라들었지만, 여전히 서로를 가장 가깝게 느끼고 상대를 소중하게 여기며 헌신하는 오래된 부부관계에서 잘 드러난다.

얼빠진 사랑: 열정, 결정과 헌신

친밀감이 빠져 버린 채 열정과 결정, 헌신의 요소만 있는 사랑을 의미한다. 처음 만난 그 순간 첫눈에 사랑에 빠지고 결혼을 약속하는 영화 속 커플의 이야기가 얼빠진 사랑을 잘 보여준다. 둘 사이에 친밀감이 만들어지는 데는 시간과 노력이 필요하기 때문에 이런 유형의 사랑은 오래 지속되기가 어렵다.

성숙한 사랑: 친밀감, 열정, 결정과 헌신

성숙한 사랑은 사랑의 3가지 요소가 모두 어우러진 가장 완전한 모습의 사랑을 의미한다. 수십 년간 결혼생활을 지속하면서 서로의 가장 가까운 친구이자 성생활 또한 만족스럽게 하고 있는 잉꼬부부를 예로 들 수 있다. 성숙한 사랑은 누구나 꿈꾸는 이상적인 사랑이지만, 지켜나가는 것이 쉽지 않기 때문에 상당한 노력을 필요로 한다.

사랑의 종류		친밀감	열정	결정과 헌신
0	사랑이 아님			
1	좋아함	○		
2	도취적 사랑		○	
3	공허한 사랑			○
4	낭만적 사랑	○	○	
5	우애적 사랑	○		○
6	얼빠진 사랑		○	○
7	성숙한 사랑	○	○	○

▲ 사랑의 7가지 형태

매력의 조건

우리가 사랑에 빠지는 이유

♥　　　우리는 무슨 이유로 사랑에 빠지는 걸까? 옆에 있는 연인을 처음 만났을 때, 혹은 짝사랑중인 상대를 처음 만났을 때를 떠올려보자. 당신은 어떻게 그를 사랑하게 되었는가?

매력의 조건은 무엇일까? 어떻게 하면 관심 있는 사람의 마음을 얻어낼 수 있을까? 심리학 이론을 잘 활용한다면 상대의 마음을 홀리는 건 그다지 어렵지 않다. 짝사랑에 빠진 사람이라면 눈과 귀를 크게 열고 다음에 소개되는 심리학자들이 밝혀낸 매력의 조건들을 명심하라.

가까운 사람과 사랑에 빠지다: 근접성

첫 번째 원칙은 '가까운 곳에' 법칙이다. 일단 상대와 가까운 곳에 살거나 가까운 위치에 있어야 사랑에 빠질 확률이 높아진다는 것이다. 사랑과 지리적 근접성 사이의 관계를 밝힌 가장 고전적인 연구는 미국의 사회학자 제임스 보사드James Bossard에 의한 연구다. 그는 5천 명의 사람들을 대상으로 한 연구에서 무려 34%나 되는 사람들이 5블록 이내에 사는 사람과 결혼했다는 사실을 밝혀냈으며, 두 사람 사이의 거리가 멀수록 결혼 성공률도 낮아진다는 점도 발견했다. 이처럼 큐피트의 화살은 멀리 날아가지 못한다. 영혼의 반쪽을 찾고 있는 외로운 솔로들이여, 어디 있는지 모를 당신의 연인을 찾아 목을 빼고 기다리고 있는가? 그렇다면 당신의 학교·직장·교회·학원·이웃 등 주변을 돌아보라. 상대는 그리 멀지 않은 곳에 있을 것이다.

그렇다면 가까운 곳에 있다는 것이 사랑에 빠지는 데 왜 그토록 중요한 걸까? "몸이 멀어지면 마음도 멀어진다."라는 속담이 말하듯, 사랑에 빠지기 위해서는 자주 보는 것이 중요하다. 가까운 곳에 있으면 자주 보게 되고, 자주 보면 볼수록 상대에 대한 호감이 커진다. 이와 같은 효과를 설명하는 이론이 '단순노출효과Mere-exposure effect'다. 자꾸 보는 것만으로도 그 대상에 대한 호감이 커진다는 것이다. '왜 저 대상이 좋지?' 하며 인지적인 수준의 의문을 가지는 것이 아니라 자연스럽게 감정적으로 친숙해지기에 효과가 좋다고 한다. 논리적 이유보다는 감정이 앞서는 것이다. 마음을 빼앗고 싶은 사람이 있다면 가까운 곳에서 자주 모습을 비추어 보라.

비슷한 사람과 사랑에 빠지다: 유사성

두 번째 원칙은 '비슷한 게 좋다' 법칙이다. 사람들은 자신과 비슷한 점이 많은 사람에게 더 쉽게 끌린다. 주변의 연인들을 둘러보면 연인들에게는 분명 무언가 공통점이 있을 것이다. 예를 들어 같은 종교를 가졌다거나 같은 학교 출신이라거나 같은 직장에서 일을 한다거나, 혹은 비슷한 집안 배경을 가졌을 수 있다. 즉 사람과 사람의 공통점은 관계를 매끄럽게 해주는 윤활유로 작용하며, 유사하다는 것은 사랑에 빠지는 결정적인 조건이 될 수 있다. 서로 비슷한 점이 많으니 화젯거리를 쉽게 찾을 수 있을 뿐 아니라 경험을 해석하는 방식도, 경험을 통해 느끼는 감정도 비슷하다. 서로 공유할 수 있는 감정이 많으니 관계는 더욱 친밀해지기 마련이다.

아름다운 사람과 사랑에 빠지다: 신체적 매력

사람들은 미녀 탤런트에게 열광하고 꽃미남 가수에게 환호한다. 그들이 가진 성품이나 지성, 재능보다는 타의 추종을 불허하는 압도적인 신체적 매력이 우리에게 깊은 인상을 남겼기 때문이다. 사람들은 이렇듯 예쁘고 잘생긴 사람에게 끌리며, 신체적 매력, 즉 외적인 아름다움을 가진 사람에게 빠져든다. 다시 말해 겉으로 보기에 아름다운 면을 가진 사람, 외모가 제법 괜찮은 사람에게 호감을 가지고 매력을 느낀다는 것이다. 그래서일까? 우리 사회에는 몸짱 열풍이 불어 남녀노소 불문하고 몸 가꾸기에 열중하며, 성형외과는 계절을 가리지 않고 손님들로 들끓는다. 신체적 매력이 사랑하는 상대를 찾는 데도 중요하다고 하니 외면 가꾸기를 소홀히 할 수 없는 것이다.

그렇다면 신체적 매력이 왜 사랑의 조건이 되는 것일까? 우리의 뇌가 선천적으로 아름다운 것을 좋아하기 때문인 것도 있지만 '후광효과 Halo effect'로 불리는 심리적인 효과 또한 원인이 된다. 후광효과란 개인에 대한 평가가 하나의 두드러진 특성으로 인해 영향을 받는 현상을 말한다. 즉 사람들은 외모가 뛰어난 사람을 보고 별다른 근거 없이 성격도 좋고 지적이며 성실하리라 예상한다는 것이다.

하지만 신체적인 매력이 뛰어나지 않다고 해서 낙담할 필요는 없다. 사람들이 예쁘고 잘생긴 사람만 좋아한다면 못생긴 이들은 사랑을 할 수 없어야 할 텐데 실제로는 그렇지 않기 때문이다. 사람들은 자신과 어느 정도 유사한가를 중요하게 여긴다. 매력과 관련해서도 마찬가지다. 사람들은 자신보다 지나치게 매력적인 사람보다는 비슷한 정도의 매력을 가진 사람에게 마음을 여는 경향이 있다. 따라서 예쁘거나 잘생기지 않은 이들 모두 사랑의 가능성을 지니고 있음을 기억하자.

나를 좋아하는 사람에게 끌린다: 호의의 상호성

"저 사람이 너한테 관심 있는 것 같아." 누군가 건넨 이 한마디에 이제까지는 관심 없던 상대방에게 눈길이 가고 왠지 신경이 쓰인다. '정말로 나한테 관심이 있나?' 하는 생각에 평소에는 아무 생각 없이 지나쳐버렸던 상대의 눈빛·태도·말투가 달라보이고, 나한테 잘해주는 사소한 모습들이 하나하나 눈에 들어오면서 상대방에게 관심이 생기기 시작한다. 나를 좋아해주는 사람에게 마음이 더 많이 가는 것이다.

이렇듯 자신에게 호의를 가진 사람에게 끌리는 현상을 '호의의 상호성'이라고 한다. 사람들은 대개 자신이 받은 만큼 돌려주어야 한다고 생각한다. 서로 주고받는 것이 비슷해야 한다는 사람들 사이의 규칙, 상호성의 규범Norms of reciprocity 때문이다. 따라서 상대방이 호의를 보이면 자연스럽게 상대방에게 호감이 생긴다. 또한 상대방이 나를 좋아해준다면 자신감이 생길뿐더러 거절당할지도 모른다는 두려움이 줄어든다. 그래서 내게 먼저 호의를 표현하는 상대방에게 마음이 더 쉽게 열리기 마련이며 이성적으로 더 끌리는 것이다.

아찔한 흔들다리 위에서 사랑이 시작되다: 생리적 각성

사람들은 낯선 여행지에서 만난 이와 쉽게 사랑에 빠지곤 한다. 일상에서 벗어난 낯선 여행지에서 사람들은 생리적으로 흥분되어 있는데, 이 때문에 각성 상태를 상대방에 대한 설렘으로 해석한다. 생리적 각성에 대한 이유를 찾는 과정에서 '사랑'이라는 답안을 찾게 되는 것이다.

소개팅한 후 마음에 드는 여성과 함께 놀이공원에서 롤러코스터를 타자고 제안하는 남성의 경우도 생리적 각성의 효과를 노리는 사례라고 볼 수 있다. 롤러코스터를 타느라 가슴이 두근거리고 호흡이 가빠진 것인데도, "내가 왜 이렇게 흥분되지? 아, 이 사람에게 호감이 있구나!"라고 해석하는 것이다. 이처럼 상대방과 생리적인 각성 상태를 함께할 경우 사랑에 빠질 확률이 높아진다고 한다.

생리적 각성이 사랑에 미치는 효과를 알아낸 실험이 그 유명한 도널드 더튼Donald Dutton의 사회심리학 실험이다. 캐나다 밴쿠버에는 캐필라노 협곡을 가로지르는 유명한 흔들다리가 있다. 실험이 이루어질 당시에 이 다리는 무려 75m 상공에 케이블로 연결되어 있었으며, 밑바닥은 나무판자로 되어 있어 아래로 푸른 강물이 내려다 보였다고 한다. 총 길이가 136m나 되는 흔들다리를 건넌다는 것은 생각만 해도 아찔한 일이며, 이는 생리적인 각성을 일으키기에 충분한 조건이었다.

실험은 다음과 같이 이루어졌다. 실험 대상인 젊은 남성이 다리를 건너고 나면 예쁜 여성이 다가가 심리학 연구를 하고 있다며 협조를 요청한다. 그림을 보여주며 이야기를 꾸며달라고 하고 몇 가지 질문도 하며 설문을 작성해달라고 한다. 그런 후에 실험 결과에 대해 알고 싶으면 연락하라며 전화번호를 알려준다. 이 상황과 비교를 하기 위해 지상 3m 위에 있는 안전한 다리 위에서 똑같은 절차를 반복했다. 결과는 어떠했을까? 무시무시한 흔들다리 위를 건 넌 남성들은 무려 50%가 여성에게 전화를 했고, 안전한 다리 위를 건넌 남성들은 12.5%만이 전화를 했다. 그림을 보고 꾸며낸 이야 기에서도 차이가 드러났다. 흔들다리 위에서 만들어진 이야기들은 성적인 뉘앙스를 풍기는 경우가 많았던 반면, 안정된 다리 위에서 만들어진 이야기들은 대개 평탄한 내용들이었다. 흔들다리 위에서 느꼈던 흥분이 연애의 시작으로 이어진 것이다.

이처럼 생리적 각성이 사랑의 불씨로 작용하기도 한다. 짝사랑 하는 상대의 마음을 훔칠 방법을 모색하는 중이라면 '흥분되고 스 릴이 있을 만한' 무언가를 찾아보기를 권한다.

사회적 촉진 Social facilitation
도서관에서 책을 읽는 이유, 헬스장에서 운동을 하는 이유

♥　　　사회적 촉진은 다른 사람의 존재가 수행을 촉진시키는 것을 말한다. 사회적 촉진 이론을 잘 알고 있다면, 공부 계획을 짜 거나 운동 계획을 짤 때 도움을 얻을 수 있다. 다른 사람의 존재가 어떻게 수행에 영향을 미치는 것일까?

공부하려고 도서관을 찾는 이유

대학 도서관은 언제나 시험 대비와 취직 준비에 열중인 학생들로 넘쳐난다. 사람들은 왜 공부하기 위해 도서관을 찾는 것일까? 단지 조용한 장소가 필요하다면 방문을 꼭 닫은 채 귀마개를 하고 혼자 공부해도 될 텐데 말이다. 도서관 자리를 맡겠다고 아침 일찍부터 줄을 선 젊은이들을 보면, 저리도 치열한 도서관 자리 쟁탈전에는 분명 이유가 있지 않을까 싶다.

심리학 이론을 몰라도 사람들은 직감적으로 알고 있는 것이다. 혼자 방 안에서 문을 꼭 닫고 공부하는 것보다는 다른 사람들 사이에 둘러싸여서 공부할 때 더 효율이 오른다는 사실을 말이다. 아무도 없는 곳에서 혼자 공부하려 했다가 낭패를 본 경험은 누구나 한 번쯤은 있을 것이다. "진짜 공부 열심히 할 거야!" 하며 굳게 결심하고 책상에 앉았는데 어느새 컴퓨터를 켜 웹툰에 빠져 있거나 혹은 침대에서 뒹굴거리다 잠이 들어버린 경험 말이다. 사람들은 도서관의 차분한 분위기와 다른 이들이 뿜어내는 공부의 열기 속에서 능률이 더 오르는 현상을 경험한다. 즉 다른 사람들의 존재가 수행을 촉진시킨 것이다.

이와 비슷한 현상은 헬스장에서도 발견할 수 있다. 집에 최신형 러닝머신을 사두고도 굳이 헬스장을 찾아 운동하는 사람들이 있다. 집에서 혼자 운동하려 하면 작심삼일로 끝난다면서 말이다. 대체 그 이유는 무엇일까? 타인의 시선을 일부러 찾아나서는 사람들의 심리는 무엇 때문일까? 그건 바로 타인의 존재가 수행을 촉진한다는 사실을 경험을 통해 알고 있기 때문이다. 타인이 곁에 있으면 혼자 할 때보다 능률이 오르는 현상, 다른 사람이 곁에 있어서 수행이 촉진되는 현상을 '사회적 촉진' 현상이라고 부른다.

사회적 촉진 VS 사회적 억제

1898년에 미국의 스포츠심리학자인 노먼 트리플렛Norman Triplett은 사이클 선수들의 수행과 관련된 연구를 하다가 사회적 촉진 현상을 처음 밝혀냈다. 그는 사이클 선수들이 혼자 훈련할 때보다 여럿이 모여 훈련할 때 훨씬 더 기록이 좋아진다는 사실을 발견하고는 경쟁관계인 타인의 존재가 수행을 촉진시키는 현상에 주목했다. 이후 1924년, 미국의 사회심리학자인 플로이트 올포트Floyd Allport 는 수행을 함께하는 경쟁관계가 아니더라도 다른 이들의 존재에서 비롯되는 시각적·청각적인 자극 때문에 능률이 향상될 수 있음에 주목한다.

1965년 미국의 사회심리학자인 로버트 자이언스Robert Zajonc는 사회적 촉진 이론을 좀더 발전시킨다. 그는 타인의 존재가 단지 수행을 촉진시키는 것만은 아니라는 사실을 조명하며, 그 이유를 설명한다. 타인의 존재는 각성 수준을 높이는 원인이 되고, 이러한 각성은 결국 익숙하거나 잘하는 과제를 더 잘하게끔 하는 동력이 된다는 것이다. 따라서 익숙한 과제를 할 때 타인이 곁에 있으면 적당히 긴장하므로 더 잘하게 된다는 결론에 도달한다. 이것이 지금까지 여러 학자들에 의해 밝혀진 사회적 촉진 현상이다.

반면 타인의 존재를 각성과 연관 지어 생각해본다면 익숙하지 않은 과제를 할 때는 오히려 능률이 떨어지리라 예상해볼 수 있다. 예를 들어 어설프게 연습한 피아노곡을 다른 사람들 앞에서 연주하게 되면 긴장해서 안 하던 실수까지 하게 되는 것처럼 말이다. 이와 같은 현상은 사회적 촉진 현상과 대비되는 '사회적 억제' 현상이라 불린다. 즉 사회적 억제는 능숙하지 않거나 좀더 도전이 필요한 복잡한 과제를 할 때 타인의 존재가 능률을 떨어트리는 현상을 의미한다.

현명한 심리학도는 이렇게 한다!

사회적 촉진과 사회적 억제를 알고 있다면 일상생활에 적용해 유용하게 활용해볼 수 있다. 이를테면 연주회나 중요한 발표를 앞두고 있어 걱정이 많다면, 가장 좋은 처방전은 아주 익숙해질 때까지 연습을 반복하는 것이다. 어떤 과제가 능숙한 것이 되어버리면 다른 사람들 앞에서 실패하기보다는 더 잘할 가능성이 높기 때문이다. 또한 비교적 쉬운 취미생활이나 큰 노력을 들일 필요가 없는 과제의 경우에는 집에서 혼자 하는 것보다는 커피숍이나 도서관에서

하는 것이 더 효율적일 수 있다. 평소 친숙하고 좋아하던 과목이라면 스터디그룹을 만들어서 다른 사람들과 함께 공부하는 것도 좋은 방법이다. 반면 지나치게 어렵거나 도전적인 과제일 경우에는 충분한 연습을 통해 익숙해질 때까지 당분간 차분하게 혼자 집중하는 시간을 가지는 것이 좋다.

책임감의 분산Diffusion of responsibility
위험에 빠진 사람을 돕지 않는 사람들

♥   1964년 미국 뉴욕에서 경악할 만한 살인사건이 일어났다. 키티 제노비스Kitty Genovese라는 28세의 꽃다운 여인이 주택가에서 잔인하게 살해당하는 동안 이를 목격한 사람들 중 어느 누구도 그녀의 죽음을 막지 못한 사건이다. 살인범이 여인을 살해하는 동안 무슨 일이 있었을까? 살려달라고 외치는 여인의 목소리에 아파트 주민들은 집 안의 불을 켜서 창밖을 내다보기도 하고 그만두라고 소리치기도 했다. 하지만 정작 살인범의 행동을 적극적으로 막으려고 하거나 신고한 사람은 아무도 없었다. 목격자가 38명이나 있었음에도 여인은 3차례나 칼에 찔려 생을 마감했다. 대체 어찌된 일일까?

목격자가 많으면 신고가 빨라질까?

많은 목격자가 있었음에도 불구하고 아무도 죽어가는 여인을 돕지 않았다. 왜 그런 것일까? 뉴욕시 주민들의 인간성이 사라져버린 것일까? 혹은 그 아파트에는 남 일에는 손톱만큼도 관심 없는 사람들만 살고 있었던 것일까? 이 사건이 언론에 보도되자 많은 사람들이 목격자들의 인간성 상실, 타인에 대한 무관심과 비정함 등을 질타했다. 하지만 정말로 그들이 냉정했던 것일까? 사실 38명의 목격자들은 여인이 살해당하는 것을 창문을 통해 지켜보며 겁에 질려 두려움에 떨었다. 단지 행동하지 않은 게 문제였던 것이다. 따라서 뉴욕시민의 냉혹함이나 비정함만으로는 이 현상을 충분히 설명할 수 없었다.

책임감이 여러 사람들 사이에 스며들 때

심리학에서는 이 사건을 '책임감의 분산'이라는 현상으로 설명한다. 사람들의 머릿수가 많으면 일이 잘 굴러갈 것 같지만, 정작 책임감이 분산되어 한 사람이 맡을 때보다도 못한 상황이 벌어진다는 것이다. 즉 책임감의 분산은 "내가 아니어도 누군가 할 거야."라는 생각 때문에 서로에게 책임을 미룸으로써 벌어지는 현상이다.

　책임감의 분산과 관련된 존 달리John Darley와 빕 라타네Bibb Latane

의 실험(1968)을 살펴보자. 이 실험에서 대학생들은 각각 밀실에 한 명씩 들어가 마이크를 이용해 대화에 참여하게 된다. 상대방을 볼 수는 없지만 목소리만 들리는 환경에서 대학생활의 개인적인 문제에 대해 이야기하는 시간을 갖는 것이다. 대화집단은 각각 2명, 3명, 6명 집단으로 나뉘었기에 상대방과 일대일로 이야기하는 그룹도 있었고, 일대다수로 이야기하는 그룹도 있었다. 학생들의 대화가 한창 진행되고 있을 때 실험자들은 "아파요. 도와주세요."라는 소리가 들리도록 해, 마치 한 명의 참가자가 심각한 간질발작을 일으키며 쓰러진 것 같은 상황을 만들었다. 물론 실제 위급상황은 아니었지만 대화에 참여한 학생들은 자신과 대화하던 누군가가 쓰러졌다고 생각할 수밖에 없다.

이 상황에서 다수의 대화집단에 들어갔던 학생들과 일대일 대화집단에 들어갔던 학생들 중 누가 더 부지런하게 사고를 보고했을까? 예상했겠지만 일대일로 대화하던 학생들이 집단으로 대화한 학생들보다 더 부지런했다. 일대일로 대화를 한 경우에는 85%가 즉시 달려 나와 사고를 알렸고, 3명이 있던 경우는 62%만, 6명이 대화하던 경우에는 31%만 사고를 알렸다. 사람들이 많다고 해서 비극적인 사건에 대한 대처가 빠르게 이루어지는 것은 아님을 단적으로 보여준 실험이었다.

책임감의 분산은 우리의 일상 속에서도 찾아볼 수 있다. 길거리에 쓰러진 사람을 보고도 많은 사람들이 지나쳐 간다거나 그룹활동을 해야 할 때 수동적으로 머무르며 남에게 일을 미루는 것도 한 예가 될 수 있다. 또 나라를 이끌어갈 국회의원이나 대통령을 뽑는 선거일에 투표를 하지 않고 놀러 간다거나, 다수가 함께 힘을 합쳐 해결해야 할 사회적인 문제에 대해 나 몰라라 하는 경우도 잦다. 책임감의 분산은 많은 사람들 사이에서 자연스럽게 일어나는 사회심리적인 현상이지만, 분명 우리가 경계할 그 무엇임은 확실하다. 아무것도 하지 않는 방관자가 됨으로써 자신도 모르는 사이에 악인이 될 수 있기 때문이다.

동조 Conformity

모두가 "예."라고 할 때, "아니오."라고 말하기가 어려운 이유

♥　　점심을 먹기 위해 동료들과 중국집에 갔다고 가정해보자. 같이 온 동료들이 모두 짜장면을 먹겠다고 하면 당신은 어떻게 할 것인가? 아마 당신 역시 짜장면을 주문할 것이다. 이런 상황에서 혼자만 탕수육을 먹겠다고 하기는 힘들다. 또 어떠한 의견에 대해 모두가 "예."라고 답할 때 혼자만 "아니오."라고 말하기 어려우며, 모두가 미니스커트를 고집할 때 혼자만 힙합바지를 입기는 사실상 힘들다.

이처럼 집단에 소속된 우리는 대세에 따르고자 하며 다른 사람들의 태도에 동조하고자 하는 경향이 있다. 집단의 압력에 개인의

의견보다는 집단의 기대를 따라가곤 하는 것이다. 이와 같이 집단의 압력에 의해 집단이 기대하는 대로 개인의 생각이나 행동을 바꾸는 현상을 '동조'라고 한다.

마음으로는 "아니오.", 입으로는 "예."를 외친다

동조와 관련된 가장 대표적인 연구로 솔로몬 애쉬의 실험(1952)이 있다. 일단 그림을 보고 다음 질문에 답해보자.

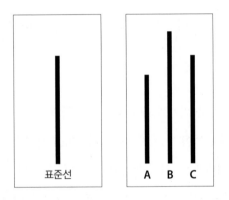

표준선과 길이가 같은 선은 A, B, C 중 무엇인가? 정답은 C다. 너무 간단하고 쉬운 문제다. 하지만 이렇게 답이 명확한 문제에 대해서도 사람들은 집단의 압력에 따라 엉뚱한 답을 택하기도 한다.

애쉬는 해당 실험을 위해 피험자 6명을 모집하는데 그 중 진짜 피험자는 1명이었고 나머지 5명은 실험을 위해 고용된 가짜 피험자들이었다. 실험 상황에서 진짜 피험자 1명을 둘러싼 5명의 가짜 피험자들은 만장일치로 틀린 답을 불렀다. 그러자 진짜 피험자는 당황해하면서 마지못해 자기도 틀린 답을 따라 불렀다. 이게 어찌된 일일까? 진짜 답을 알고 있으면서도 자기 생각대로 답을 말하지 못하고 집단의 의견을 따라간 것이다. 실험 결과 혼자 있는 상황에서는 99% 이상이 답을 맞추었으나 집단 상황에서는 정답률이 현저히 떨어졌다. 집단의 압력에 따라 정답률이 떨어진 것이다.

동조의 영향력은 중국집에서 메뉴를 고를 때만 나타나는 것은 아니다. 스키니바지가 유행할 때는 너도나도 꽉 조이는 바지를 입고, 미니스커트가 유행할 때는 너도나도 짧은치마를 입는 유행도 동조의 한 예다. 대다수의 의견에 따라 만들어지는 집단 따돌림 역시 같은 맥락에서 일어나는 현상이다.

사람들이 동조하는 이유

사람들은 왜 동조하는 것일까? 첫 번째로는 다른 사람들에게 수용되고 싶은 바람, 배척당하고 싶지 않은 소속감의 욕구가 원인이 된다. 혼자만 다른 사람으로 비추어짐으로써 고립되고 싶지 않은 것이다. 두 번째로는 다른 사람들의 의견을 정보원으로 사용하기 때문이다. 애쉬의 실험처럼 정답이 명확한 상황에서도 사람들은 다른 사람의 의견에 영향을 받는다. 그러니 답이 명확하지 않은 모호한 상황에서는 타인의 의견을 더 많이 참고하는 경향이 있다. 불확실한 상황에서 타인의 의견이 정보가 되기 때문에 서로의 의견이 더욱 엇비슷해지는 것이다.

사람들이 동조하지 않을 때

인간이 이토록 남의 눈치를 보는 존재라면 눈치를 보지 않고 자기 의견을 표현할 수 있는 방법도 있을까? 어떻게 하면 사람들이 다수의 의견을 따라 동조하는 경향을 줄일 수 있을까? 애쉬가 수행한 이후 연구들은 다수의 사람들 가운데 한 명이라도 동조하지 않으면 동조율이 확연히 떨어진다는 것을 보여주었다. 소수의 의견이 큰 흐름을 만들어낼 수도 있는 것이다.

다만 소수가 다수의 의견에 영향을 미치려면 몇 가지 조건이 필요하다. 일단 소수가 유능하고 진실해보여야 하며, 일관성 있는 입장을 견지해야 한다. 또한 자신의 의견을 힘 있게 주장해야 하며, 객관적인 논리와 합리적인 이성으로 다수가 가진 논지를 반박할 수 있어야 한다. 소수의 주장이 당시의 사회적 흐름과 맞아 떨어져야 함은 물론이다. 이 세상에는 자신만의 신선한 견해를 표현함으로써 잔잔한 파문을 일으키는 소수의 사람들이 있다. 그들은 작지만 강한 힘으로 세상을 바꾸는 사람들이다.

복종 Obedience

권위에 복종하는 인간

> 정치적 자유가 있는 곳에서라면 누구나 생각할 수 있고 흔히 그렇
> 게들 한다. 하지만 저명한 학자들이 흔히 말하는 것과는 달리 '생각
> 하도록' 하는 힘은 인간의 다른 능력에 비해 가장 약하다. 폭정 아
> 래에서는 생각하는 것보다 '생각하지 않고' 행동하는 게 훨씬 쉽다.
> ―한나 아렌트, 『인간의 조건(The Human Condition)』

우리는 하루에도 몇 번씩 권위를 가진 인물을 마주한다. 소위 금
수저나 다이아몬드 수저를 타고난 황실 직계 후손이 아닌 이상 자
신보다 더 큰 힘과 지위, 권력을 가진 존재를 늘 마주하게 되는 것
은 인간의 숙명인 셈이다. 그런데 인간은 권위 앞에서 어떻게 행
동하는가? 많은 사람들이 생각하기를 멈추고 복종한다. 권위자의
명령에 굴복하는 것이다. 그렇다면 인간은 왜 권위에 복종하는 것
일까? 파괴적인 명령에 굴복하는 것이 과연 개인이 가진 '악' 때문
인 걸까?

정치철학자인 한나 아렌트Hannah Arendt는 아돌프 아이히만Adolf
Eichmann의 전범재판에 참석했다가 수백만 명의 유대인 학살을 지
휘한 그의 선한 웃음에 전율했다. 생각지도 못했던 악의 평범성이
그녀의 뒷통수를 때린 것이다. 아이히만은 뿔 달린 악마도, 흉측한

괴물도, 꿈에 나올 것 같이 무서운 도깨비도 아니었다. 그저 윗사람의 명령에 '생각 없이' 복종하는 평범한 인간이었을 뿐이다.

밀그램의 연구, 권위에 복종하는 인간

권위에 대한 복종과 관련된 사회심리학 연구를 살펴보자. 미국의 사회심리학자인 스탠리 밀그램Stanley Milgram은 권위와 인간의 관계를 연구(1963)했다. 권위 앞에서 복종하는 인간에 대해 호기심을 가진 것이다. 그는 진짜 연구 목적을 숨기고 처벌의 강도가 학습에 어떤 영향을 미치는지에 대한 연구를 한다며 피험자를 모았다. 밀그램은 피험자들에게 선생과 학생의 역할은 추첨을 통해 정해지며, 선생 역할을 맡은 사람은 학생 역할을 맡은 사람에게 외워야 할 단어를 알려준 후 단어를 제대로 외우지 못하면 전기쇼크를 주면 된다고 설명했다. 그러나 사실 학생 역할을 한 사람들은 실험조교였고, 피험자는 모두 선생 역할을 하게 되어 있었다.

전기충격, 줄 것인가 말 것인가

이 실험은 선생과 학생 역의 두 사람이 서로 얼굴을 볼 수 없는 방안에 앉아 있는 상태에서 진행되었다. 학생 역을 맡은 실험조교는 미리 계획한 대로 계속 틀린 답을 말했다. 그때마다 선생 역의 피험자는 전기충격을 주어야 하는데, 전기충격은 강도가 매번 높아지게끔 되어 있어 시간이 갈수록 학생의 고통은 커졌다. 선생 역의 피험자는 학생을 눈으로 볼 수는 없지만, 상대가 고통스러워하는 소리는 충분히 들을 수 있었다(물론 이때 나는 소리는 녹음된 소리며, 전기충격 또한 가짜다). 전기충격이 강해질수록 비명, 신음소리, 고통에 울부짖는 소리가 강해졌다. 75볼트에는 신음소리가, 150볼트에서는 "시험을 그만할래요."라는 고통을 호소하는 소리가, 300볼트에는 말 없이 비명만 울려 퍼졌다. 선생 역의 피험자들은 상대의 고통 앞에서 더이상 진행하기를 망설이는데 이때 흰 가운을 입은 연구자가 버티고 서서 이렇게 부추겼다.

"괜찮아요. 만일의 경우가 생겨도 선생이 책임질 필요는 없습니다. 모두 실험자 책임이니까요."

당신이라면 이 상황에서 어떻게 하겠는가? 실험실 문을 박차고 나가겠는가, 아니면 '난 몰라.' 하며 계속 전기충격을 주겠는가? 놀랍게도 선생 역을 맡은 40명의 피험자 모두가 300볼트까지 전기충격을 주었고, 무려 63%가 최고치인 450볼트까지 전기충격을 주었다. 피험자들은 모두 평범한 대학생들이었을 뿐 악인이나 범죄자가 아니었는데도 그러한 결과가 나온 것이다. 이 실험은 상황의 압력에서 권위에 복종하게 되는 인간의 단면을 적나라하게 보여주었으며, 이후 이어진 많은 사회심리학 연구의 원형이 되었다. 하지만 자기도 모르게 '권위에 복종'함으로써 잠재적 가해자가 된 실험 참가자들로서는 여간한 충격이 아니었을 것이다. 이에 밀그램은 실험 윤리에 대해 수많은 비판을 받았고 학회에서 자격 정지를 당하는 등 불이익을 받았다.

불합리한 명령에 복종하는 이유

그렇다면 인간은 왜 복종하는 것일까? 학생에게 전기충격을 주라는 황당한 명령을 받은 사람들은 나름대로 저항하고 망설이며 고민했다. 하지만 실제로 실험을 그만둔 사람은 많지 않았다. 지시에 그대로 따른 이유는 이것이다. 밀그램의 실험에서 사람들은 자신의 행동임에도 그에 따른 책임을 윗사람에게 돌릴 수 있었다.

또한 지시하는 이는 명확한 신분을 가진 사회적으로 인정받는 존재, 즉 권위가 있는 사람으로 보였다. 전기충격을 처음부터 강하게 한 게 아니라 점차적으로 올렸다는 점도 하나의 이유다. 이처럼 특정한 상황이 만들어지면서 합리적인 이성과 양심을 가진 사람도 마치 생각이 없는 부품처럼 되는 것이 인간이니, "생각하지 않아 악인이 될 수 있다."라는 한나 아렌트의 통찰이 경종을 울리지 않는가.

스탠퍼드 모의 감옥실험 Stanford prison experiment

희대의 사기극인가, 세기의 실험인가

♥　　　한때 '악인을 만드는 환경의 힘'을 고발한 세기의 연구로 알려진 실험이 있다. '스탠퍼드 모의 감옥실험'이다. 사회심리학 교재에는 반드시 실리고, 다큐멘터리로 만들어져 수차례 방송될 만큼 사람들 사이에서 많이 회자된 바 있다. 하지만 최근 이 실험이 조작되었다는 폭로가 일어 큰 파문이 일었다.

비록 문제가 있는 실험이었다고는 하나, '조작된 연구의 위험성'에 대한 경종을 울리는 사건이므로, 심리학도들은 꼭 알아두어야 하는 연구에 해당된다. 연구를 진행한 필립 짐바르도 박사의 주장을 들어보자. 악마는 타고나는 것일까? 악인이 되는 사람은 무엇 때문에 그리 되는 것일까? 사회심리학자들은 악인이라고 불리는 사람들의 타고난 기질이나 성향, 성격보다는 그들이 탄생하게 되는 배경과 상황에 더 관심이 많다. 개인을 둘러싼 '사회'라는 배경이 선량한 사람을 악인이 되도록 몰고 갈 수 있다는 것이다.

1971년 스탠퍼드대학에선 인간의 본성, 악의 본질에 대해 의문을 품은 새로운 연구가 탄생했다. 필립 짐바르도Philip Zimbardo 박사는 모의 감옥에서 교도관과 수감자 역할을 맡은 이들이 어떻게 변화되는지 연구했다.

수십 년 전, 스탠퍼드대학에 만들어진 모의 감옥에서 도대체 어떤 일이 벌어진 걸까? 짐바르도는 『루시퍼 이펙트(The Lucifer Effect)』라는 책에서 선량한 사람을 악인이 되도록 이끄는 '시스템의 보이지 않는 힘'을 강조했다. 멀쩡하던 사과를 썩은 사과로 만드는 '썩은 상자'를 고발하고자 한 것이다.

> 내가 악의 심리학을 연구하는 데 몰두한 이유는, 나 자신에게 영향을 미친 상황의 힘 때문일 것이다. 나는 사람의 인격과 행동을 만드는 데 기여하는 상황의 힘을 고려하지 않을 수 없었다. 뉴욕의 도시 빈민가에서 성장한 내 경험은 인생관과 가치관에 큰 영향을 주었다.
>
> ─ 필립 짐바르도, 『루시퍼 이펙트』

짐바르도 박사의 주장, 모의 감옥에서 벌어진 일

"선량한 사람을 나쁜 환경에 집어넣으면 누가 이길까? 선량한 사람이 이길까, 아니면 환경이 이길까?" 짐바르도는 이런 의문으로 실험을 시작한다. 진짜 교도소에는 폭력이 난무하는데, 과연 그 모든 것이 수감자들의 문제인지에 대해 호기심을 가진 것이다. 그는 중산층 학생들이 모의 감옥에서 교도관과 죄수의 역할을 맡게 되면 어떤 변화가 일어나는지 관찰하고자 했다.

짐바르도는 그 당시로서는 괜찮은 조건인 하루에 15달러를 받고 2주간 실험에 참여할 사람을 모집했다. 지원자 중 너무 괴짜거나 법적·의학적·정신적 문제를 가진 사람들을 가려내자 24명이 남았다. 24명의 참가자는 무작위로 각각 교도관과 죄수의 역할을 맡게 되었고, 죄수 역할을 맡는 이들은 자신이 있던 곳에서 실제로 '체포'되었다. 체포 역시 실험의 일부였지만, 그 순간은 현실과 환상이 뒤얽히며 역할놀이의 배역이 정체성과 겹쳐지는 지점이었다.

모의 감옥에 갇힌 죄수들은 어떻게 되었을까? 교도관들은 역할을 잘해냈을까? 선량한 시민인 그들이 과연 교도관과 죄수라는 자신의 역할을 어떻게 받아들였을까? 모의 감옥이고 실험 상황이었기에 진짜 감옥과는 달랐지만, 교도소의 본질적인 특성은 반영되었다. 자유와 개성을 없애는 것이었다. 수감자들은 자유가 없으므로 사생활을 빼앗긴 채 감시받았고, 제복을 입고 생활했으며, 이름 대신 번호로 불렸다. 그리고 교도관들은 법과 질서를 유지해야 하며, 수감자들이 도망치지 못하도록 막아야 하지만 육체적으로 학대하면 안 된다는 지침을 전달받았다.

첫날 밤이 지나고 둘째 날부터 모의 감옥에서는 심상치 않은 기류가 흘렀다. 교도관의 지시에 따라 여러 규칙을 숙지하고 군대식으로 침대를 반듯하게 정리해야 하는 수감자들은 점차 기분이 나빠지기 시작했다. 결국 수감자가 교도관의 멱살을 잡고 뒹구는 사건이 벌어졌고, 교도관은 말을 안 듣는 반항적인 수감자들을 독방에 가두거나 조롱하고 옷을 벗겨버리는 등 보복을 가했다. 또 교도관은 수감자를 위협하기 위해 곤봉으로 쇠창살을 내리치고, 소화기를 감방에 뿌리며 "입 다물어!"라고 외치기까지 했다고 한다.

3일째가 되자 수감자들은 점차 멍한 눈빛에 덥수룩하고 꾀죄죄한 몰골로 변해갔고 교도관들은 더욱 고압적인 태도를 드러냈다. 몇 시간 못 잔 피로한 수감자들에게 팔굽혀펴기와 앉았다 일어났다를 시켰으며, 자신이 시킨 것을 할 때까지 침대에 눕지도 못하게 했다. 교도관들의 말투는 더욱 거칠어졌고, 진짜 적대감을 느끼는 것으로 보였다. 그 다음 날은 어떤 일이 벌어졌을까? 짐바르도는 통제 불능의 상태였다고 회상했다. 짐바르도의 말을 들어보자.

"존 랜드리가 소화기를 가지고 와서 이산화탄소를 2번 감방 안에 뿌려댔다. 랜드리와 마커스는 수감자들이 문에서 떨어지도록 쇠창살 사이로 곤봉을 찔러 넣었다. 그런데 2번 감방의 수감자 하나가 그 곤봉을 빼앗아 달아났다. 수감자들은 모두 교도관을 조롱하기 시작했다. 수감자들이 무기를 가지게 되면서 교도소는 아수라장이 되었다."

819번 역할을 한 수감자는 정신 쇠약 상태에까지 빠졌다. 모의 감옥 생활이 준 충격에 웅크리고 앉아 부들부들 떨고 있던 이 학생은 눈물을 흘리면서 감옥을 떠날 수 없다고 고집했다. 짐바르도는 이 학생을 부여잡고 현실을 상기시켰다고 한다.

"너는 819번이 아니야. 너는 스튜어트고 나는 짐바르도 박사야. 나는 교도소 감독관이 아니고 심리학자야. 그리고 여긴 진짜 교도소가 아니고 이건 단지 실험일 뿐이야. 이 안에 있는 사람들은 너와 똑같은 학생들이야. 이제 집에 가자."

실험이 진행됨에 따라 교도관 역의 학생들은 점차 자신의 인격을 잃고 악랄한 '간수'가 되어갔고, 수감자들은 탈출을 상상하며 교도관을 상대로 폭력 사건을 벌이는 진짜 '죄수'가 되어가는 것으로 보였다고 한다. 실험이 시작된 지 4일째에는 성적인 학대까지 벌어졌다. 교도관들이 수감자들에게 "수컷과 암컷 낙타가 되어 성교하는 동작을 해봐라." 하고 주문한 것이다. 짐바르도는 지난 밤의 악몽이 현실이 되었다며 이렇게 말했다.

"일부 교도관들은 악의 창조자로, 또 다른 일부 교도관들은 아무런 행동을 하지 않음으로써 악이 마구 번성하는 것을 방조했다. 한편 정상적이고 건강한 젊은이들 중 일부는 죄수 역할을 하면서 정신적으로 완전히 무너져버렸고, 남은 생존자들은 좀비 같은 추종자가 되었다."

시스템을 고발하고자 하는 의도

더이상 모의 감옥을 그대로 둘 수 없다고 판단한 짐바르도는 다음 날 연구가 끝났다고 선언하며 모의 감옥을 폐쇄한다. 그는 학생들의 환호가 울려퍼지던 그 순간이 자신의 일생에서 기억에 남는 순간 중 하나였다고 회상한다. 그러면서 인간을 가두는 시스템이라는 감옥에 대항해야겠다고 결심한다. 짐바르도는 자신이 실험을 주도하는 연구자로서 모의감옥의 권력자가 되었고 그 과정에서 겪었던 힘있는 자의 느낌을 알게 되었다고 고백한다. 높은 지위를 가진 권위적인 인물, 거만한 독재자를 그토록 혐오했으면서 결국에는 자신이 그 장본인이 되었다면서 말이다.

스탠퍼드 모의 감옥실험은 '세기의 실험'으로 불리며 40년 이상 전 세계에서 회자되었다. 열악한 환경의 영향으로 범죄자, 혹은 악인이 될 수밖에 없는 나약하고 무력한 인간의 손을 들어주었기 때문이다. 우리가 정작 문제시하며 겨냥해야 할 것은 '나쁜 환경'이라며, 시스템을 고발한 짐바르도 박사의 의도는 분명 사람들에게 전해졌을 것이다. 하지만 실험 과정에 연구자의 의도에 따른 조작이 포함되었고, 결과가 과장되었다는 관계자의 폭로는 심리학계 뿐 아니라 심리학을 사랑하는 전 세계 사람들을 실망시키기에 충분했다.

짐바르도는 책에서 "만일 당신이 강력한 시스템 안에서 끔찍한 상황에 놓인다면, 그 인간 본성의 시험장에서 나올 때와 들어갈 때 전혀 다른 사람이 될 수 있다."라고 말했다. 당신은 어떤 시스템 속에서 살고 있는가? 당신이 썩은 상자 안에 있을 때 썩은 상자를 볼 수 있겠는가? 하지만 사람들은 짐바르도에게 이렇게 되물을 것이다. "자신이 원하는 결과를 위해, 실험을 조작하고 결과를 과장하는 것이 옳은가? 옳다고 생각하는 것을 주장하기 위해, 옳지 않은 과정을 기반으로 하는 것이 옳은가? 연구자의 윤리는 무엇인가?"

세기의 실험이냐, 희대의 사기극이냐, 어디까지가 진실인가, 아직 논란이 분분하지만 이 사건이 우리에게 던져주는 화두는 뚜렷해 보인다. 연구자의 윤리, 실험윤리의 중요성에 대해 경종을 울리면서 말이다.

죄수의 딜레마 Prisoner's dilemma

지구별 위험 탈출 딜레마

♥ 은행을 털었다는 혐의로 검사에게 붙잡힌 두 사람이 있다. 검사는 이들의 유죄를 입증하기 위해 자백이 필요한 상황이다. 검사는 고심하다 묘안을 내놓는다. 검사는 2명의 죄수를 따로 떼어 놓고 이렇게 제안한다.

"당신에게는 묵비권을 행사할 권리가 있습니다. 하지만 순순히 죄를 자백할 수도 있겠지요. 둘 중에 하나를 선택하시지요."

이 상황에서 용의자가 알아서 죄를 자백할 리는 만무하다. 다만 이 제안에 이어 검사는 이렇게 덧붙인다.

"당신의 선택에 따라 어떤 결과가 나올지는 저쪽 방에 수감된 파트너의 행동에 달려 있습니다. 당신의 파트너도 똑같은 제안을 받게 됩니다. 둘 다 묵비권을 행사한다면 둘 다 1년 형을 받겠지만, 당신만 묵비권을 행사하고 상대방이 자백했을 때는 상대는 석방되고

		용의자 2	
		묵비권 행사	자백
용의자 1	묵비권 행사	A: 둘 다 1년 구형	용의자 1은 20년 형 용의자 2는 석방
	자백	용의자 1은 석방 용의자 2는 20년 형	B: 둘 다 8년 구형

당신만 20년 형을 살게 될 겁니다."

마지막으로 검사는 무표정한 얼굴로 말을 잇는다.

"어쩌실 겁니까? 여전히 묵비권을 행사하겠습니까? 그랬다가 상대방이 자백하게 되면 어쩌죠?"

자, 당신이 이런 제안을 받았다면 어떻게 하겠는가? 2명을 한 쌍으로 보았을 때 집단 전체의 입장에서는 당연히 둘 다 1년 형만 받는 것이 가장 좋은 결과다. 하지만 이건 둘 다 묵비권을 행사해야만 가능한 일이다. 상대방을 완전히 믿을 수 있겠는가? 자신만 묵비권을 행사하고 상대가 자백할 가능성은 없을까? 그럴 가능성을 완전히 배제할 수는 없다. 만약 혼자만 묵비권을 행사하고 상대가 자백할 경우 상대만 풀려나고 자신은 20년 형을 살게 되는 최악의 결과가 벌어질 수도 있다.

따라서 이런 경우 개인이 할 수 있는 최선의 선택은 '자백'이 된다. 둘 다 1년 형을 받는 집단 최선의 이익을 두고 8년 형을 받는 결과가 생겨버리지만, 개인으로서는 나름 최선의 선택이 되는 것이다.

이처럼 '죄수의 딜레마'로 잘 알려져 있는 게임이론Theory of games 은 군중 심리를 조명하는 사회심리학에 적용되며 다양한 현상들을 설명해준다. 우리 사회에는 개인의 입장에서 자신의 이득을 좇는 가장 합리적인 선택이 집단 전체에게는 그다지 큰 이득을 가져오지 않는 경우가 많기 때문이다.

지구가 오염된 이유

우리가 살고 있는 지구는 왜 이토록 오염되어버린 것일까? 산업 폐기물을 하천에 무단 방류한 업체가 적발되었다는 소식이 하루가 멀다 하고 뉴스에 보도된다. 공장주 입장에서는 산업폐기물 처리 시설을 만드는 데 드는 비용을 아끼려고 그런 것일 테지만, 이는 결국 생태계를 오염시켜 자신이 살고 있는 이 땅을 망가뜨리는 결과를 가져온다.

이때 양심적인 업체가 나서서 산업폐기물 처리 시설을 만들고 그에 따른 비용을 처리하기 위해 상품의 가격을 올린다면? 가장 양심적인 선택을 했지만 가격 경쟁력에서 뒤처지는 바람에 시장 경쟁에서 도태되는 결과가 생길 수도 있다. 집단 전체의 이득을 위해 자기 혼자 묵비권을 행사했다가 20년 형의 위험에 처한 죄수의 딜레마가 떠오르지 않는가?

인간의 심리가 이렇다. 집단 전체의 이익을 위해 혼자만 손해볼 위험을 감수하고 싶지 않아 하며, 자기희생과 도덕성만으로는 버티기 힘든 사회적 압력 속에서 자신에게 가장 득이 되는 선택을 하는 게 인간의 심리라는 것이다.

죄수의 딜레마를 통해 우리는 어떤 통찰을 얻어야 할까? 개인의 이득을 추구하는 행위가 집단 전체에게는 최선의 결과를 가져오지 않을 수 있다는 사실을 명심해야 한다. 애덤 스미스Adam Smith가 주장한 '보이지 않는 손'이 사회 전체를 조화롭게 하는 길이 아닐 수 있다는 것이다. 눈앞에 보이는 개인의 이익 추구를 넘어서 공동체 의식을 가질 때, 또 서로에 대한 신뢰를 회복할 때 우리 모두가 잘 사는 사회를 꿈꾸어볼 수 있지 않을까?

인지부조화 Cognitive dissonance
이미 엎지른 물을 어찌하고 싶은 인간의 심리

♥ "남자라면 특수부대 정도는 다녀와야 된단 말이지!"

탄탄한 근육질에 구릿빛으로 그을린 건강한 피부, 모 연예인처럼 콧수염을 기른 A 씨는 머리부터 발끝까지 남성적인 풍모를 풍겼다. 그는 20대 초반에 '남자는 특수부대를 다녀와야 된다.'라는 믿음 하나로 훈련이 어렵고 힘들다고 소문난 모 부대에 지원했다. 특수부대에 입대해 갖은 고생을 다한 그가 쏟아놓는 군생활의 에피소드는 차마 눈물 없이는 들어줄 수 없는 수준이었다. 자기 발로 걸어 들어갔다고는 하나 보통 사람이라면 '남들처럼 일반 부대에 지원할 걸.' 하며 후회했을 법도 했다. 하지만 그는 확신에 차 이렇게 말했다.

"나는 절대 후회하지 않아. 오히려 배운 게 더 많은 걸. 남자로서 성장하려면 특수부대쯤이야!"

남자라면 특수부대를 다녀와야 한다는 그의 믿음은 한결 확고해진 듯했고, 정말로 일말의 후회도 없어 보였다. 그는 고된 훈련을 통해 성장했고 더 나은 인간으로 거듭난 듯 보였다. 그런데 그는 정말로 후회하지 않았을까? 친구들과의 술자리에서 그는 술에 취해 숨겨둔 진심을 보이고 말았다.

"사실 내가 왜 이 고생을 사서 하나 하고 후회가 되기는 했었지."

하지만 술에서 깬 다음 날, 그는 또다시 확신을 가지고 말했다.

"특수부대를 다녀온 건 정말 잘했다고 생각해. 시간을 돌려도 나는 같은 선택을 할 거야."

그가 겪고 있는 이 현상은 사회심리학자 레온 페스팅거Leon Festinger의 인지부조화 이론(1959)으로 설명할 수 있다.

"특수부대에 자원 입대해 이어지는 고된 훈련이 고통스럽다. 후회가 된다. 하지만 이미 고생을 겪고 제대했다."

이렇듯 행동(입대)과 태도(후회가 된다)가 일치하지 않을 때 사람들은 내적인 압박을 느낀다. 이미 벌어진 일에 대해 후회하며 불평한다면 얼마나 마음이 복잡하겠는가. 이럴 때 사람들은 부조화 상태를 조화 상태로 만들기 위해 노력한다.

행동은 이미 엎질러진 물과 같기에 행동을 바꾸는 것보다 태도를 바꾸는 것이 더 쉽다. 따라서 '후회된다. → 나는 성장했다. 좋았다. 다시 시간을 돌려도 나는 같은 선택을 할 것이다.'라는 식으로 태도를 바꾸는 것이다. 이렇게 되면 서로 갈등을 일으키던 인지가 조화를 이루게 되고 사람들은 다시 평정을 되찾는다. 이것이 인지부조화 이론이 말하는 태도의 변화다. 이처럼 사람들은 인지적인 일관성을 추구한다.

인지부조화와 관련된 유명한 실험에 대해 알아보자. 1959년 레온 페스팅거는 스탠퍼드대학교 학생들에게 아주 지루한 일을 하도록 부탁했다. 1시간 남짓 매우 단순한 일을 반복적으로 한 학생들은 사실상 보람도 없고 재미도 없는 일을 했다는 사실을 깨달았다. 하지만 페스팅거는 그들에게 다음 피험자들에게 이 일이 아주 재미있는 일이었다고 설득하도록 지시했다. 과제가 재미없다고 느낀 학생 입장에서는 거짓말을 해야 하는 상황, 즉 부조화 상태가 만들어진 것이다.

학생들은 보상으로 1달러를 받은 집단과 20달러를 받은 집단으로 구분되었다. 이후 학생들로 하여금 이 일이 즐거웠는지, 다음에도 비슷한 실험이 있을시에 참가할 의사가 있는지 물은 후 두 집단의 결과를 비교했다. 과연 어떤 결과가 나왔을까? 언뜻 생각해볼 때는 20달러의 보상을 받은 집단이 일이 재미있었다고 생각하며 다음에도 참가하고 싶다는 의사를 보여야 할 것 같지만, 결과는 정반대였다. 1달러를 받은 집단이 단순한 과제에 대해 더 높이 평가한 것이다.

페스팅거는 이 현상에 대해 이렇게 설명한다. 20달러를 받은 집단은 괜찮은 보수를 받은 것으로 재미없는 과제에 참여하고 거짓말을 한 자신의 행동을 정당화한다. 하지만 1달러를 받은 집단은 적은 액수를 받고 재미없는 과제에 참여한 데다 거짓말까지 하게되었음으로 "대체 이게 뭔가!" 하고 마음이 불편해진다. 이 상태가 과제가 재미없게 느껴졌다(태도).
그런데 과제에 참여했고 다른 사람에게 재미있다고 이야기한다(행동).

A 집단: 보상으로 1달러를 받았다. → 겨우 1달러 받고 거짓말까지 해야 하다니(정당화가 안 된다).
B 집단: 보상으로 20달러를 받았다. → 20달러나 받았으니 이런 일을 했지(정당화가 된다).

인지부조화다. 따라서 1달러를 받은 집단은 이 부조화 상태를 해결하기 위해 '나는 과제가 재미있었다!'라고 생각하며 태도를 바꾸게 된 것이다.

기본적으로 인지부조화 상태를 싫어하는 인간은 이 부조화의 상태를 해결하고 싶어한다. 회사를 그만두고 대학원에 진학한 친구가 장기간 일자리를 얻지 못한 상황에서도 "난 대학원에서 배운 게 많았기에 후회하지 않아!"라고 외치고 있는가? 담배를 끊지 못하는 동료가 "담배가 몸에 주는 유익이 훨씬 많아!"라고 우기지 않는가? 무언가 억지스러워 보여도 그 사람 입장에서 이는 필연적인 선택이다.

왜냐하면 인지부조화는 인간의 마음을 복잡하게 만들기 때문이다. 살다 보면 마음 편해지기 위해 이미 엎지른 물에 대한 적당한 합리화도 필요한 법이다.

귀인 이론_{Attribution theory}

아이를 살리는 '탓하기'

♥　　　세상 모든 일에는 이유가 있기 마련이다. 옆 자리의 동료가 커피를 쏟았을 때, 당신은 무의식 중에 그 이유를 찾고 있을 것이다. 아마 다음과 같은 생각을 떠올리고 있을지도 모른다.

- '저런 칠칠치 못한 성격이군.'
- '오늘따라 정신이 좀 없나보네.'
- '컵이 미끄러웠나보군.'

오늘도 우리 주변에서는 정신없이 많은 일들이 벌어진다. 사람들은 알게 모르게 그 일들에 대한 이유를 분석하곤 한다. '원인'을 어디에서 찾느냐에 따라 삶을 바라보는 눈이 달라지지만 사람들은 그 중요성을 의식하지 못한 채 살아간다. 심리학에서는 이렇게 상황이나 행동에 대한 이유를 찾는 과정을 '귀인'이라고 한다. '귀인을 어떻게 하는가'라는 패턴 차이 하나로 삶을 대하는 태도는 많이 달라질 수 있다.

귀인을 하는 방법은 여러 차원으로 나누어진다. 가장 기본적으로는 행동의 원인이 그 사람의 성격, 기질 같은 내적인 특성 때문에 일어났다고 보는 내부귀인과 외부적인 상황 때문에 일어났다

150

상황1

어느 날 아이가 의기양양한 표정으로 집에 돌아와 말한다.
"엄마, 저번보다 성적이 많이 올랐어, 나 잘했지?"
이런 상황에서 당신은 어떤 말을 해주겠는가?

1. 역시 머리가 좋아서 성적도 금방 오르는 구나!
2. 노력을 한 보람이 있구나! 봐, 열심히 공부하니까 좋은 결과가 있잖아.
3. 좋은 선생님을 만나서 잘되었다!

상황2

시험을 망치고 돌아온 아이가 울상 지으며 말한다.
"난 머리가 나쁜가봐, 아무리 봐도 잘 모르겠어."
이런 상황에서 당신은 아이에게 무슨 이야기를 해줄 것인가?

1. 넌 정말 공부에 소질이 없나봐.
2. 노력을 안 해서 그래. 노력하면 좋아질 거야.
3. 학원을 바꿔야겠다.

고 보는 외부귀인이 있다. 그다음이 '변화성' 차원으로 잘 변하지 않는 특성 때문이라고 생각하는 안정 요인, 때에 따라 달라질 수 있는 것이라 생각하는 불안정 요인이 있다.

커피를 쏟은 동료의 행동을 보고 '칠칠치 못한 성격 때문이군.' 하고 생각한다면 '내부 안정 귀인'을 한 것이다. 이런 경우 동료가 앞으로도 쭉 덤벙댈 거라고 예상한다. '오늘따라 정신이 없어서 그런가보군.' 하고 생각하는 경우는 '내부 불안정 귀인'을 한 것이고, '컵이 미끄러워서'라고 생각한다면 이번에만 외부 상황 때문에 그랬다고 판단하는 '외부 불안정 귀인'을 한 것이다.

부모나 교사의 습관적인 귀인방식은 아이에게 큰 영향을 끼칠 수 있다. 아이는 부모가 무심코 내뱉는 말이나 칭찬을 내면화해 자기 안에 들여놓기 때문이다. 자주 있을 법한 상황을 예로 들어 보겠다(149쪽 예시 참고).

필자가 어릴 때 만났던 어떤 선생님은 '재능이 있다, 없다'로 아이들을 분류했다. 잘하는 아이가 있으면 "넌 재능이 있구나." 하며 칭찬하고 못하는 아이가 있으면 "넌 재능이 없구나." 하며 입버릇처럼 말하곤 했다. 그러나 이런 방식은 칭찬을 받은 아이에게도, 받지 못한 아이에게도 그다지 좋은 영향을 주지 못한다. 왜일까?

칭찬도 칭찬 나름이다

어려서부터 '똑똑하다' '머리가 좋다'라는 칭찬을 받았던 아이들이 어른이 되어서는 오히려 의기소침하고 그다지 눈에 띄는 성과를 보이지 못하는 경우가 있다. 어른들은 이것저것 잘하는 아이가 기특한 나머지 칭찬을 아낌없이 퍼붓는다.

"우리 아이는 천잰가봐! 어쩜 이렇게 머리가 좋을까!"

또 용기를 잃은 아이에게 힘을 내라고 이렇게 위로해주곤 한다.

"너는 머리가 좋으니까 잘할 수 있을 거야. 힘을 내!"

"너는 그림 그리는 재능을 타고났다니까 그러네."

칭찬을 듬뿍 해주면 아이한테 마냥 좋을 거라고 생각하지만 칭찬도 칭찬 나름이다. 성공의 원인을 '머리가 좋기 때문에' 혹은 '재능이 있기 때문에'로 생각한다면 아이는 '노력해서 무언가를 얻는다.'라는 소중한 깨달음을 얻을 수 없다. 지능이나 재능은 변하기 어렵고 자기 힘으로 바꾸기도 힘들기 때문에 노력으로 상황을 바꾸어보겠다는 의지가 꺾이게 되는 것이다.

부모나 교사가 해주는 칭찬의 말들이 아이가 세상을 해석하는 틀을 만들어가는 데 영향을 준다. '머리가 좋으니까 잘할 수 있을 것이다.'라는 명제는 다시 풀어보면 '잘 못하면 머리가 나쁜 것이다.'라는 뜻으로도 해석될 수 있다. 이럴 경우 아이는 도전 자체를 두려워하게 된다. 그러므로 칭찬을 해줄 때는 반드시 노력했던 과정에 초점을 두어야 한다.

우리는 살아가면서 항상 성공만 경험할 수는 없다. 노력했지만 안 되는 경우도 있고 운이 나쁘거나 상황이 맞지 않아 실패할 수도 있다. 즉 머리가 좋고 재능이 있다는 칭찬을 받으며 승승장구하던 사람도 한 번쯤은 실패를 경험할 수 있다는 것이다. 그런데 문제는 성공의 원인을 재능으로 돌려왔던 사람은 단 한 번이라도 실패를 하게 되면 돌이킬 수 없는 상처를 받는다는 것이다. 성공과 실패의 원인을 타고난 능력에서 찾는 습관이 들었기 때문이다. 노력과 같이 자기 힘으로 달라질 수 있는 요인에서 실패의 원인을 찾았다면 '다음에는 더 노력해보자.'가 되겠지만 머리가 나쁘고 재능이 없어서 실패했다고 생각한다면 '해봤자 소용없겠구나.'가 되는 것이다. 즉 후자의 경우에는 미리 자신의 한계를 만들고 그 안에 갇혀버리기 쉽다.

쉬운 과제만 골라 하는 사람들

귀인양식은 사람들이 과제를 선택하는 패턴과도 상관이 있다. 성공과 실패를 노력 때문이라고 생각하는 사람은 좀더 어려운 과제에 도전하려는 경향이 있고 재능 때문이라고 생각하는 사람은 어려운 과제는 피하고 쉬운 과제만 반복하려는 경향이 있다. 노력이 중요한 사람에게는 실패가 넘을 수 없는 산이 아니기 때문이며 재능이 중요한 사람에게는 한 번의 실패가 능력의 부재를 의미하기 때문이다. 그렇기 때문에 귀인양식은 학업과 사회활동에도 영향을 미친다. 따라서 칭찬만큼 나무라는 것도 잘해야 한다. 아무리 노력해도 절대 바뀌지 않는 점을 찾아 탓하면 노력에 대한 의지를 꺾는 셈이다.

"너는 머리가 나빠서 공부를 잘하기는 글렀다."

"너는 살이 잘 찌는 체질이라서 다이어트를 해도 소용없겠구나."

이런 말은 뭔가를 하고자 하는 의욕에 찬물을 끼얹었기 때문에 아무런 도움도 되지 않는다.

우울한 사람들이 생각하는 법

귀인을 어떻게 하는가는 정신 건강에도 큰 영향을 미친다. 우울하고 비관적인 사람들은 습관적이고 특징적인 귀인양식을 보인다.

연습문제 1

지나가는 후배가 인사를 안 한다면 당신은 어떻게 해석하겠는가?

1. 내가 성격이 나빠서 나를 싫어한다(내부 안정).
2. 단지 나를 못 보고 지나쳤다(외부 불안정).
3. 후배가 예의가 없다(외부 안정).

연습문제 2

친구가 계속 전화를 받지 않는다면?

1. 내가 성격이 나빠서 나를 싫어한다(내부 안정).
2. 내가 잘 챙겨주지 못해서 화가 나 있다(내부 불안정).
3. 친구가 일이 많거나 바쁜 상황에 있다(외부 불안정).

연습문제 3

입사시험에서 떨어졌다.

1. 말 재주가 영 없다(내부 안정).
2. 이번에는 바빠서 준비를 충분히 하지 못했다(내부 불안정).
3. 운이 없었다(외부 불안정).

실패나 부정적인 경험을 자기 내부의 변하지 않는 원인 때문이라고 생각하며 스스로 어떻게 해볼 수 없다고 생각한다. 간혹 기분 좋은 경험을 한다고 하더라도 '운'과 같은 통제 불능의 유동적인 요인 탓으로 돌린다.

이런 경우 귀인양식을 변화시키는 방법으로 '낙관성 훈련'이 심리치료에 활용된다. 물론 대책 없고 무책임한 낙관성은 문제가 있지만 자잘한 걱정이 많거나 우울감이 자주 찾아온다면 귀인양식을 바꾸는 훈련이 도움이 된다. 귀인은 거의 자동적으로 일어나는 과정이라 의식하지 못하는 사이에 일어난다. 이번 기회에 자신의 귀인양식을 점검해보면서 마음이 건강해지는 귀인법을 자신의 것으로 만들어보는 건 어떨까?

물론 '어떻게 귀인하는 것이 가장 옳은가'에 대한 정해진 답은 없다. 세상은 온갖 예측할 수 없는 변수들로 이루어져 있기 때문이다. 하지만 자신과 타인을 더욱 독려하며 성장시킬 수 있는 귀인방법은 있지 않나 싶다. 무엇보다 중요한 것은 주변 상황을 바꾸려는 노력과, 자신과 세상을 긍정하는 힘이라는 사실을 자각하며 살아가려는 노력임을 잊지 말자.

기본적 귀인오류 Fundamental attribution error

내 문제는 세상 탓, 남 문제는 그 사람 탓

♥　　　아래 네 문장에서 공통점을 찾아보자.

- "우리 남편은 너무 게을러서 집에 와서 하는 게 없어. 주말에도 아이와 놀아주지는 않고 늦게까지 잠만 잔다니까!"
- "중요한 미팅 자리에 김 대리가 늦게 왔어. 정말 매사에 너무 천하태평이라니까."
- "우리 애는 너무 까다로워. 다른 애들은 순하게 잘 노는데 우리 애는 늘 빽빽 울어대니."

- "내가 가르치는 학생이 또 수업시간에 조는 거 있지. 준비물도 안 가져왔고 말이야. 애가 왜 그렇게 개념이 없는지 모르겠어."

남편이 주말에 잠만 자는 이유는?

위의 화자들은 어떤 행동이 일어난 원인을 개인이 가진 내적인 성향에서 찾고 있다. 남편이 주말에 잠만 자는 건 게으름 때문에, 김 대리가 중요한 미팅에 늦은 것은 천하태평이어서, 아이가 자주 우는 건 까다로운 기질로 인해, 학생이 수업시간에 졸거나 준비물을 가지고 오지 않은 건 개념이 없어서라고 설명한다. 이와 같이 사람들은 타인의 행동을 설명할 때 대개 그 사람을 둘러싼 상황보다는 개인이 가진 내적인 요인에 원인을 돌리는 경향이 있다. 실제로 어떤 결과가 일어나는 데는 그 사람을 둘러싼 다양한 상황들이 기여하기도 하는 데 말이다. 이처럼 관찰자가 다른 이들의 행동을 설명할 때 상황 요인의 영향을 과소평가하고 행위자의 내적, 기질적인 요인들의 영향을 과대평가하는 경향을 '기본적 귀인오류'라고 한다. 여기서 '귀인'이란 사건의 원인을 찾는 과정을 말한다.

사람들은 남 문제는 그 사람 개인의 탓으로 돌리곤 하지만 자기 자신에 대해서는 더 관대해지는 경향이 있다. 예를 들어 다른 사람이 물을 엎질렀을 경우에는 조심성이 없기 때문이라고 생각하지만,

자신이 물을 엎질렀을 때에는 컵이 미끄러웠다며 자신이 아닌 외부 상황에서 이유를 찾는 것이다. 이처럼 자기가 관찰자 입장일 때는 개인 행동의 원인을 내부 요인에 돌리고, 자기가 행위자 입장일 때는 외부 요인으로 돌리는 경향을 '행위자-관찰자 귀인편향'이라고 한다.

그렇다면 사람들은 왜 이런 생각의 오류를 범하는 걸까? 그것은 자신이 행동의 주체일 때와 관찰하는 입장일 때 취하는 관점이 다르고, 가지고 있는 정보의 양이 다르기 때문일 것이다. 예를 들어 자동차 사고를 낸 당사자는 그날따라 폭우가 쏟아져서 길이 미끄러웠으며 맞은편 차의 전조등 불빛에 눈이 부셨다는 사실을 알고 있지만, 관찰하는 사람 입장에서는 그 사람이 사고를 낸 행동만 두드러지게 보일 뿐이다. 이와 같이 같은 사건이라 할지라도 누구의 관점에서 보느냐에 따라 그 원인이 달리 보일 수 있다. 따라서 생각의 오류를 범하지 않으려면 이 기본적 귀인오류를 늘 명심해야 한다.

자기 실현적 예언 Self-fulfillment prophecy

믿음이 현실을 만든다

♥　　　"회사 동기들에게 말을 걸어보라고요? 제가요?"

"네, 이번에는 한번 시도해보세요. 옆 자리 동료에게 인사부터

해볼까요?"

"싫어요! 그 친구가 나를 싫어할 게 분명해요. 사람들은 날 싫어한단 말이에요."

사람들과의 관계가 어렵다며 상담실을 찾은 영환 씨는 관계 개선을 위한 첫 시도를 해보자는 상담자의 제안에 얼굴이 벌게졌다. 사람들이 자신을 싫어하기 때문에 자신이 인사를 하거나 말을 걸어도 무시할 게 뻔하다는 것이었다. 그렇게 무시를 당할 바에는 모르는 체 하는 게 낫다고 했다. 정말로 사람들이 영환 씨를 싫어하는 것일까?

영환 씨는 자신의 기대대로 삶을 만들어가고 있었다. 그가 가지고 있는 강한 믿음은 '나도 나쁘고 사람들도 나쁘다. 사람들은 나를 싫어한다. 사람들은 믿을 수 없다.'였다. 그래서 회사 동료들이 살갑게 다가와도 '나를 이용해먹으려는 거 아니야?' 하고 의심을 품으며 거리를 두었다. 말을 걸면 얼굴을 찌푸리고, 인사도 하는 둥 마는 둥 하며 사람들과 어울리지 않는 영환 씨에게 사람들은 다가가기 어려워했다. 모처럼 같이 밥이라도 먹자고 제안하면, 영환 씨는 굳은 표정을 지으며 고개를 가로저었다. 그 누구에게도 곁을 주지 않는 영환 씨에게 다가갈 수 있는 사람은 아무도 없었고, 결국 회사 동료들은 정말로 영환 씨를 싫어하게 되었다. 영환 씨가 가진 믿음이 삶에서 실재하는 결과로 나타난 것이다.

이처럼 개인이 가진 믿음이나 편견, 기대, 미래에 대한 예상이나 예언이 실제 현실에서 충족되는 방향으로 일어나는 현상을 '자기

실현적 예언'이라고 한다. 말이 씨가 되고 생각이 현실이 되는 것이다. 자기 실현적 예언은 '피그말리온 효과'로도 알려져 있다.

피그말리온 효과

그리스 신화에 등장하는 키프로스의 왕 피그말리온은 여자를 보는 눈이 남달랐기에 독신을 고집했다. 웬만한 여자는 눈에 차지 않던 그는 뛰어난 조각 솜씨를 발휘해 이상적인 여인의 조각상을 만들었다. 실물 크기의 이 여인은 피그말리온의 이상형으로 이 세상 어떤 여인보다도 아름다웠다. 피그말리온은 조각상에 갈라테이아라는 이름을 붙이고 연인처럼 사랑했으나 인간이 아닌 존재와 결혼할 수는 없었다. 그래서 그는 아프로디테에게 조각상이 진짜 여인으로 변하게 해달라고 기원하고 또 기원했다. 피그말리온의 마음을 헤아린 아프로디테는 조각상에 생명을 불어넣었고 결국 그의 소원은 이루어졌다. 간절한 기대 덕분에 피그말리온은 자신이 이상으로 삼은 여인과 결혼할 수 있게 된 것이다.

이처럼 간절한 바람으로 조각상을 사람으로 변하게 한 피그말리온의 이름을 따 자기 실현적 예언을 피그말리온 효과라고도 한다. 무생물에 생명을 불어넣는 일까지 가능한지는 모르겠지만 생각이나 기대, 예상은 실제 현실에서 많은 변화를 가져온다.

교실 속의 피그말리온

로버트 로젠탈Robert Rosenthal은 1968년 『교실 안의 피그말리온 (Pygmalion in the Classroom)』이라는 책을 발표한다. 교사의 기대가 아이들의 학업성취에 영향을 준 현상을 설명한 책이었다. 그는 초등학생들을 대상으로 지능 검사를 한 후, 검사 결과와는 상관없이 무작위로 20% 정도의 학생을 뽑았다. 그러고는 그 학생들의 명단을 교사에게 주면서 '높은 가능성을 가진 학생들'이라고 통보했다. 몇 달 후 또다시 같은 검사를 하자 놀랍게도 명단에 속했던 20%의 학생들이 다른 학생들보다 평균 점수가 높았을 뿐 아니라 학업성취도 크게 향상된 것으로 나타났다. 달라진 것은 교사의 기대뿐이었는데 실제로 현실이 바뀌는 결과가 일어난 것이다.

이처럼 자기 실현적 예언은 개인이 가진 기대나 믿음, 예상이 얼마나 큰 파급효과를 가지고 있는지를 보여준다. 이 같은 사실은 아이들을 키우는 부모나 학생들을 가르치는 교사라면 특히나 명심해야 한다. 상대를 긍정적인 시선으로 바라보며 좋은 결과를 기대해줄 때 진짜로 좋은 일이 벌어진다는 것을 말이다. 또한 스스로를 위해 외쳐보자. 자신과 세상에 대한 긍정적인 기대를 가슴에 품을 때 원하는 미래가 다가올 것이라고!

갈등 Conflict

이러지도 저러지도 못하는 내 마음

♥   갈등은 우리 삶에 늘 등장한다. 사람과 사람 사이의 갈등, 내 마음속의 갈등, 나라와 나라 간의 갈등까지, 갈등은 2가지 이상의 것이 부딪힐 때 생겨난다. 사람과 사람이 부딪힐 수도 있고, 집단과 집단이 부딪힐 수도 있고, 한 사람의 마음속에서 2가지 이상의 충동이나 욕망, 동기, 감정이 부딪힐 수도 있다. 우리 삶에서 떼어놓을 수 없는 그림자 같은 갈등을 심리학에서는 어떻게 정의할까? 독일의 심리학자인 커트 레빈Kurt Lewin이 말한 갈등의 3가지 유형(1935)에 대해 살펴보자.

접근-접근 갈등 Approach-approach conflict

"소꿉놀이 세트 고를래, 인형 고를래? 하나만 골라." 어릴 때 부모님이 장난감을 사줄 테니 하나만 고르라고 했던 기억이 난다. 장난감 가게에서 한참을 망설이며 고민하곤 했었는데, 이런 것이 바로 접근-접근 갈등 상태였던 것이다. 접근-접근 갈등은 '아, 둘 다 가지고 싶다. 어떤 걸 선택해야 하지?'라는 고민이 들 만큼 매력적인 2가지 대상 가운데 하나를 골라야 할 때 생기는 갈등을 말한다. 이 갈등은 둘 다 매력적이라 마음이 복잡해지지만 반드시 하나만 선택해야 하는 상황일 때 나타난다.

회피-회피 갈등 Avoidance-avoidance conflict

"손바닥 맞을래, 엉덩이 맞을래?" 어릴 때 선생님 앞에서 벌을 서면서 매맞기 전에 들었던 말이다. 이렇게 부정적인 대상 2가지 가운데 하나를 선택해야 할 때 생기는 갈등이 회피-회피 갈등이다. 둘다 싫지만 반드시 하나를 택해야 한다면 마음이 어떨까? 이럴 수도 저럴 수도 없는 그 마음을 상상하면 된다.

접근-회피 갈등 Approach-avoidance conflict

"결혼을 할까 말까? 안 해도 후회, 해도 후회. 다들 결혼하면 후회한 다는데 혼자 살자니 너무 외로워." 이렇듯 하나의 대상이 좋기도 하고 싫기도 할 때 생기는 갈등 상태가 접근-회피 갈등이다. 다가가고 싶기도 하지만 피하고 싶기도 한 것이다. 모순되는 2가지 마음이 동시에 존재한다. 외로운 마음에 사랑하는 사람과 결혼하고 싶지만, 막상 결혼을 하면 여러 가지 복잡한 책임이 생기게 되니 하기 싫은 마음도 있는, 그 복잡한 갈등 상태를 상상하면 된다.

관계 맺기의 심리학

친해지고 싶은 사람이 생겼을 때

♥ 　　사람들은 어떻게 친해지는 것일까? 누군가와 친해지는

비결은 무엇일까? 좋은 친구와 연인, 배우자를 만나는 게 행복한 삶을 위해 빼놓을 수 없는 요소인 것은 분명하다. 사회심리학 연구들을 참고해 관계 맺기의 비결을 알아보자.

적절한 자기노출로 자신을 드러내야 한다

친한 관계의 사람들은 무엇보다 서로에 대해 많이 알고 있다. 따라서 관계를 잘 맺는 첫 번째 비결은 자신을 드러내는 데 있다. 서로가 어떤 사람인지 드러내며 진심을 나눌 때 깊이 있는 관계를 맺을 수 있다. 자신에 대해 전혀 보여주지 않는다면 상대가 어떻게 다가올 수 있을까? 자신이 어떤 사람인지 모르면 상대가 매력을 느끼기도 어렵고, 서로 공유할 지점이 없기 때문에 친밀감을 쌓기도 힘들다.

하지만 주의할 점은 상대의 호응을 살피며 적절한 페이스에 따라 자신을 드러내야 한다는 것이다. 오늘 처음 업무차 만난 사람에게 어린 시절 부모에게 버림받은 트라우마에서부터 친구와 절교하게 된 이야기, 전 남편과 이혼한 사연까지 개인사를 구구절절 늘어놓는다면 상대는 무슨 생각을 할까? "이 사람 왜 이렇게 부담스럽지?" 하며 도망가버릴지도 모른다. 따라서 춤을 출 때도 서로 같은 리듬에 맞춰 몸을 움직여야 하듯이, 관계를 맺을 때도 상대의 호응에 따라 차근차근 자신을 드러내는 것이 좋다.

사람들은 자신이 드러내는 만큼 상대가 드러낼 때 편안함을 느끼기 때문이다.

서로 주고받는 것이 비슷해야 한다

만날 때마다 밥 사달라, 선물 사달라 요구하면서 자기 돈은 한 푼도 쓰지 않으려는 친구가 있는가? 평소에는 연락도 안 받다가 힘들 때만 찾아와 자신의 속상한 이야기만 털어놓고 내 이야기는 하나도 안 들어주는 친구가 있는가? 아무것도 주지는 않으면서 받으려고만 하는 친구가 있다면 어떨까? 아마 그 관계는 오래 유지되기 힘들 것이다. 이렇듯 인간관계는 서로 주고받는 것이 비슷해야 유지된다. 여기서 주고받는다는 것은 단지 돈이나 선물 같은 물질적인 것만을 의미하지 않는다. 한쪽이 돈을 많이 써도 상대방이 심리적인 안정을 준다면 그 관계가 유지될 수 있는 것처럼, 주고받는 것에는 눈에 보이지 않는 심리적인 요인도 포함된다.

서로서로 공평해야 한다

- "우리는 맞벌이인데 남편이 집안일을 안 해서 죽을 맛이에요."
- "힘들게 돈을 벌어다주는데, 전업주부인 아내가 집안일을 잘 안

해서 불만이죠."

- "결혼할 때 전세금 마련하면서 그 몫을 반반 나누지 않아 아직까지도 싸워요."
- "이번에 팀프로젝트로 팀원들과 나눠서 일했는데, 나만 고생하고 점수는 똑같이 받아서 화가 나요."

사람들은 이처럼 공평하지 않을 때 화가 난다. 따라서 공평성의 원칙은 관계 만족과 직결된다. 룸메이트로 함께 지내는 친구나 생활을 함께하는 부부들이 자주 싸우는 이유는 일상에서 공평하지 않은 순간들을 자주 맞닥뜨리기 때문이다. 잘 지내고 싶은 사람이 있다면 함께 일을 할 때 공평하게 나누도록 하자. 만약 함께한 일에 상대가 더 많이 기여했다면 그에 상응하는 보상을 주는 것이 좋다.

설득 Persuasion

설득의 심리학

♥ 우리는 일상에서 수없이 설득당하고 있다. 지하철에서 시선을 돌릴 때마다 치과와 성형외과 광고가 눈에 들어오고, 휴대폰 벨이 울리면 텔레마케터의 간드러진 목소리가 물건을 사라고 유혹하며, TV에서는 자신의 정치적 입장을 드러내는 대선후보의

의견이 울려 퍼진다. 그야말로 현대인은 출근길에서부터 잠자리에 들기까지 설득에서 시작해서 설득으로 끝나는 삶을 살고 있다.

그렇다면 우리는 어떻게 설득되는 것일까? 설득에도 비결이 있는 것일까? 영업을 업으로 둔 사람이 아니더라도 설득의 비결은 알아두면 언젠가는 써먹을 수 있는 삶의 지혜가 된다. 입사면접에서 자신을 드러내는 것도, 결혼할 사람을 부모님 앞에 데려가는 것도, 어떠한 주제로 연구를 하고 싶다고 교수님께 알리는 것도 모두 설득 아니겠는가?

호감을 주는 사람에게 설득된다

영업사원이 산뜻한 외모를 중시하는 것도, 광고에 나오는 모델이 호감형인 것도 우연이 아니다. 매력이 있고 호감형인 사람이 설득할 때 상대의 태도가 변화할 가능성이 높다고 한다. 누군가를 설득해야 한다면 어떻게 매력적으로 보일 수 있을지를 먼저 고민하라.

기분이 좋을 때 잘 설득된다

광고가 재미있는 이유는 무엇일까? 또 마치 이 세상이 아닌 것처럼 아름다운 풍경과 함께 제품을 보여주는 이유는 무엇일까? 보기만 해도 즐겁고 기분이 좋아진다면 설득 효과가 높아지기 때문이다. 아래 엘리엇 스미스Eliot Smith와 다이앤 매키Diane Mackie의 연구(1995)를 살펴보자.

좋은 정서를 이용한 설득: 학생들에게 졸업을 위한 종합시험을 치러야 한다는 주장을 전화로 전했다. 단 일부 학생들은 화창한 날에, 다른 학생들에게는 날씨가 좋지 않은 날에 전화를 걸었다. 날씨가 나쁜 날 전화를 받은 학생들은 전달한 내용의 설득력에 따라 동의율이 달라졌지만, 날씨가 좋은 날 전화를 받은 학생들은 주장이 설득력이 있건 없건 종합시험의 필요성에 동의하는 경향이 높았다. 이런 연구 결과는 기분이 좋은 경우에 사람들이 정보에 대해 철저히 검토하지 않으며 어림 처리할 가능성이 높다는 사실을 알려준다.

-한규석, 『사회심리학의 이해』

이처럼 사람들은 기분이 좋을 때 허술해지며 내용을 치밀하게 파악하지 않는 경향이 있다고 한다. 누군가를 설득하고 싶다면 일단 상대의 기분을 좋게 만들어야 한다.

전문가의 권위가 중요하다

광고에 전문가가 자주 등장하는 것 또한 우연이 아니다. 음식 광고에는 요리 연구가가, 건강식품 광고에는 의사가, 치약 광고에는 치과의사가 등장하는 이유는 같은 내용을 전달하더라도 전문가가 말하면 사람들이 더 솔깃해 하기 때문이다.

자기 이익과 관련이 없는 내용을 말할 때 더 설득력 있게 들린다

설탕회사의 두둑한 금전적 지원을 받는 연구자가 "설탕은 몸에 그

다지 해롭지 않습니다."라는 연구 결과를 발표한다면 어떨까? 연구
가 아무리 잘 되었다 해도 사람들은 반신반의할 것이다. '업체에서
지원받았으니 저렇게 말하는 거 아냐?' 하며 의심을 품을 것이 뻔
하기 때문이다. 이처럼 사람들은 설득하는 이가 자신의 이득과 관
련 없는 내용을 주장할 때 더 열린 자세로 받아들인다.

겁주는 게 능사는 아니다

"담배를 피우면 폐암에 걸려 일찍 죽습니다." 이런 말을 통해 담배
를 끊게 할 수 있을까? 잘 생각해봐야 할 부분이다. 예방주사를 맞
지 않았을 때의 결과에 대한 공포를 심어주니 주사를 맞을 확률이
높아졌다는 연구 결과도 있으나, 후속 연구들은 조금 다른 결과를
보여주고 있다. 대안을 위한 행동을 취하기 쉽지 않은 상태에서 겁
을 너무 먹으면 사람들은 오히려 방어적이 된다는 것이다. 술을 끊
을 수 없는 알코올 중독자가 "술은 영양이 충분하다."라고 주장하
거나, 하루에 담배를 두 갑씩 피우는 애연가가 "담배가 정신건강
에 주는 유익이 더 많다."라고 주장하며 아랑곳하지 않는 것을 예
로 들 수 있다.

　따라서 어떤 행동을 중단하도록 설득하려면 지나치게 겁을 주기
보다는 구체적인 대안행동을 알려주고, 새로운 행동을 취했을 때
일어날 수 있는 긍정적인 결과를 예상해보게 하는 것이 필요하다.

세상에 대한 신뢰를 가진 사람은 정서적으로 안정되어 있으며, 좌절을 겪어도 딛고 일어서는 법을 안다. 세상을 불신하는 사람들이 냉소적인 경향이 있는 반면, 세상을 신뢰하는 사람들은 따스하며 사람들과 관계 맺기를 잘한다. 세상이 자신을 환영한다고 느끼기 때문에 자신을 존중할 줄 알고 호기심을 가지고 도전하기를 좋아한다. '세상에 대한 신뢰감'은 이렇듯 성격 형성에 중요한 요인인데, 어린 시절의 경험이 신뢰감이 생기는 데 결정적인 역할을 한다. 이처럼 발달과정이 인간의 심리에 미치는 영향을 연구하는 학문이 발달심리학이다.

5

발달

● 어린 시절은 왜 그토록 강렬한가? ●

어린 시절은
왜 그토록 강렬한가?

피아제의 인지발달 이론 Theory of cognitive development

아이들이 세상을 이해하는 방법

♥　　　아이들은 세상을 어떻게 이해하는 것일까? 스위스의 천
재적인 심리학자이자 자연과학자였던 장 피아제Jean Piaget는 아이
들이 세상을 이해하는 방식에 관심을 가졌다. 그는 약 50년에 걸쳐
아동이 생각하고 추론하며 문제를 해결하는 방식에 대한 체계적
인 이론을 발전시켰다. 그는 아이들의 인지가 일정한 단계에 따라
발달한다고 보았고, 모든 아이들이 같은 순서를 거쳐 성장한다고
가정했다. 피아제가 주장하는 4가지 발달단계를 자세히 살펴보자.

감각운동기(0~2세)

감각운동기는 대개 출생에서 2세까지 해당된다. 감각운동기라는 말이 뜻하는 것처럼 이 시기의 영아들은 주로 감각을 통해 세상의 정보를 얻고, 빨기·잡기·기기 같은 운동을 통해 세상과 소통한다. 태어나서 생후 1개월 정도의 아이들은 젖을 빠는 것과 같은 선천적인 반사활동을 보이는데, 시간이 갈수록 단순한 행동들은 점차 복잡한 행동으로 이어진다. 유아는 모빌을 손으로 치고 장난감 오리를 주물러 소리를 내는 등의 행동을 할 수 있게 된다.

이 시기에 대상영속성Object permanence이 생긴다. 대상영속성이란 대상이 더이상 보이지 않거나 다른 감각을 통해 탐지할 수 없을 때도 그 대상이 계속 존재하고 있음을 이해하는 것을 말한다. 대상영속성이 생기기 전의 아이들은 눈앞에서 장난감을 치우면 마치 그 장난감이 존재하지 않는 것처럼 생각한다. 하지만 생후 8개월에서 12개월 쯤에는 눈앞에서 사라진 대상을 찾아 시선을 돌리기 시작한다. 당장 눈앞에 보이지 않아도 어딘가에 존재함을 아는 것이다. 이 시기의 아이들이 까꿍 놀이에 열광하는 것은 대상영속성이라는 인지적 발달과제와 밀접한 연관이 있다.

전조작기(2~7세)

2~7세의 아이들은 상징을 형성할 줄 알지만 상징과 상징을 연결해서 정신적으로 조작하는 능력을 갖추지는 못했기 때문에 조작의 전前 단계라는 뜻으로 이 시기를 전조작기Pre-operational period라고 한

▲ 전조작기 아이들의 특징 전조작기의 아이들은 자아중심성을 드러낸다. 다른 사람의 조망을 이해할 수 없기 때문에, 자신과 다른 위치에서 산을 보는 아이도 자신과 같은 것을 보고 있을 것이라고 생각한다.

다. 이 시기에 아이들은 상징의 세계에 발을 들이게 된다. 머릿속에 상징과 표상을 형성할 줄 알게 되며, 언어를 사용하고 가상놀이, 상징놀이를 하게 된다. 예를 들어 소꿉놀이나 병원놀이를 하면서 마치 자신이 엄마나 의사가 된 것처럼 행동한다. 신발을 전화기처럼 사용하거나 물감용 붓을 애니메이션에 등장하는 요술봉처럼 사용하는 것도 상징을 사용하게 되었다는 증거다. 실제가 아닌데도 아이들의 머릿속에서는 가상이 실제처럼 변형된 것이다.

이 단계의 아이들은 무생물이 살아 있다고 여기는 물활론적 사고를 드러내며, 다른 사람의 관점을 취하지 못하는 자기중심성을 보인다.

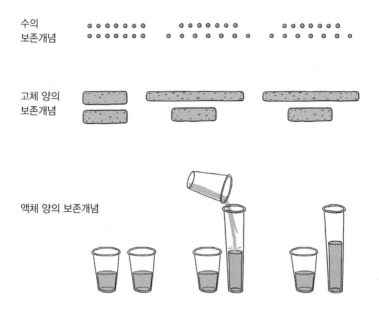

수의
보존개념

고체 양의
보존개념

액체 양의 보존개념

▲ 보존개념 실험 구체적 조작기에 이르면 아이들은 드디어 보존개념을 이해할 수 있게 된다. 다시 말해 이 시기의 아이들은 겉으로 보기에 모양이 달라져도 양이나 수가 그대로 보존될 수 있다는 것을 이해한다.

구체적 조작기(7~11세)

이 시기의 아이들은 구체적인 대상에 대한 정신적인 조작이 가능하게 되므로 논리적인 문제해결이 가능한 단계에 접어든다. 또한 타인의 관점을 고려할 수 있으며, 문제를 해결할 때 한 가지 측면이 아닌 다양한 측면을 동시에 고려할 수 있다. 예를 들어 보존개념을 이해할 수 있게 되는데, 겉모습이 변함에도 양이 보존될 수 있음을 이해할 수 있다.

형식적 조작기(11, 12세~)

이 시기 아동들의 사고는 구체적인 수준을 넘어 추상적·가설적인 수준에 다다른다. 단지 눈에 보이는 감각적이고 구체적인 대상을 머릿속으로 표상해 조작하는 것을 넘어서서, 추상적인 수준의 개념을 통해 사고하는 것이 가능해진다. 구체적 조작기의 아이들이 실제로 존재하지 않는 물체나 절대 발생할 수 없는 사건에 대해 상상해 문제를 푸는 것을 어려워하는 반면, 형식적 조작기에 들어선 아이들은 존재하지 않는 세계에 대해 상상하거나 새로운 가설을 세우는 것이 가능하다.

애착 Attachment

세상에 대한 신뢰는 어떻게 생겨날까?

♥　　　어린 시절은 왜 우리의 인생에 그토록 큰 영향을 미치는 것일까? 여기서 우리가 살펴볼 애착 이론은 어린 시절 주양육자와 아이가 맺은 관계의 질을 강조한다.

아이들은 하나같이 다 다르다. 초등학교 교실만 들여다봐도 다양한 성격의 아이들을 관찰할 수 있다. 어떤 아이들은 선생님이나 친구들에게 잘 다가서며 금세 친밀해지는 반면, 어떤 아이들은 기본적으로 사람을 믿지 않는 듯 움츠려 있고, 눈치를 보면서 자신 없진수의 담임선생님은 얼마 전에 진수가 그려온 그림을 보고 깜짝 놀랐다. '우리 가족의 일상'을 그려오라는 숙제를 내주었는데, 진수가 그린 그림 속의 가족들은 머리밖에 없는 데다가 화를 내고 있거나 울고 있었기 때문이다. 진수는 학교에서 대수롭지 않은 일로 걸핏하면 화를 내서 친구들과의 관계가 나빴다. 아이들도 은근히 진수를 따돌렸으며 진수 역시 진심으로 좋아하고 믿는 친구가 한 명도 없는 것 같았다. 담임선생님은 진수의 부모를 만나보고서야 상황을 이해할 수 있었다. 진수의 부모님은 경제적으로 힘든 환경 속에서 매일같이 큰소리가 오가는 싸움을 하고 있었던 것이다. 사실 그들에게는 진수를 돌볼 여유가 전혀 없었다. 진수에게는 자신의 고통을 이해해주며 위로해줄 수 있는 사람이 단 한명도 없었던 것이다.

어 하는 아이들도 있다. 누가 시키지 않아도 반장을 도맡아 하며 리더가 되기를 즐기는 아이도 있으며, 친구나 교사에게 보채며 쉽게 좌절하거나 짜증을 부리는 아이도 있다. 똑같아 보이는 눈송이가 저마다 개성을 뽐내는 것처럼, 같은 교실 속의 아이들도 저마다의 색깔을 드러내고 있다. 사람이 저마다 다 다르다는 것은 당연한 일 같은데, 우리는 가끔 이 의문을 그냥 지나치는 것 같다.

"이들은 왜 이렇게 다른 성격을 가지게 된 것일까?"

물론 유전이나 선천적인 기질 같은 타고난 경향을 무시할 수는 없겠지만, 교육과 환경의 힘을 믿는 이들은 성격이 형성되는 데 세상에 대한 신뢰감이 하나의 요인으로 작용한다고 믿는다.

그렇다면 세상에 대한 신뢰감은 어디서 생겨나는 것일까? '비록 힘든 일이 있더라도 세상은 기본적으로 믿을 만한 곳이며, 나는 이곳에서 환영받는다. 나는 가치 있고 사랑받는 사람으로서 이 세상에 존재한다.'라는 느낌 말이다.

　세상에 대한 신뢰를 가진 사람은 정서적으로 안정되어 있으며, 좌절을 겪어도 딛고 일어서는 법을 안다. 세상을 불신하는 사람들이 냉소적인 경향을 보이는 반면, 세상을 신뢰하는 사람들은 따스하며 사람들과 관계맺기를 잘한다. 또 세상이 자신을 환영한다고 느끼기 때문에 자신을 존중할 줄 알고 호기심을 가지고 도전하기를 좋아한다. 세상에 대한 신뢰감은 이렇듯 성격 형성에 중요한 요인으로 신프로이드학파였던 에릭 에릭슨Erick Erikson은 생후 1년이 그 신뢰감을 형성하는 중요한 시기라고 보았다. 돌보는 이가 아이의 욕구에 일관되고 신뢰감 있게 반응해준다면, 아이는 세상을 믿을 만한 곳이라고 느끼게 된다는 것이다.

　영국의 소아정신과 의사이자 정신분석학자였던 존 볼비John Bowlby는 애착이라는 개념을 소개하고 애착 이론을 주장했다. 애착 이론은 심리적으로 건강한 아이를 기르고 싶은 부모와 교사들에게 중요한 개념이다. 이 이론은 '아동은 주양육자에게 매달리려는 강력하고 근본적인 경향을 타고 난다.'라고 가정한다. 애착 이론은 발달심리학에 큰 기여를 했는데, 출생 후 1년 내에 아이와 돌봐주는 사람 간에 맺어진 관계의 질이 이후의 성격발달과 대인관계의 주요한 기초가 된다고 했기 때문이다. 즉 초기에 맺은 관계가 평생에 걸쳐서 영향을 줄 수 있다는 것으로, 이 이론에 따르면 세상에 대한 신뢰감 역시 주양육자와 맺은 애착의 질이 어떠한가에 달려 있다고 할 수 있다.

안정 애착과 불안정 애착

"우리 아이는 내가 잠시라도 곁에 없으면 세상이 떠나가라 울어요. 금방 돌아와도 쉽게 진정되지 않고 울음을 그치지 않는다니까요. 달래느라고 늘 힘들어요."

아이의 과장된 감정 표현 때문에 힘들다는 세진이 부모가 아동 심리학자를 찾아와 하소연하며 한 말이다. 세진이는 애착 유형 검사에서 부모와 불안정한 애착관계를 맺은 것으로 평가되었다.

애착 유형은 평가되고 분류될 수 있는데, 돌봐주는 이와의 애착관계가 잘 형성된 경우를 안정 애착, 그렇지 않은 경우를 불안정 애착이라고 분류한다. 교사는 아동이 맺는 관계를 관찰함으로써 아동의 애착 유형을 알아볼 수 있으며, 애착 유형은 성인이 되어서도 성격과 대인관계를 맺는 양식에서 드러난다.

애착 유형 알아보기: 낯선 상황 실험

아동의 애착 유형을 객관적으로 평가하는 방법은 볼비와 함께 애착 이론을 발전시켰던 메리 에인스워스Mary Ainsworth가 '낯선 상황 실험'을 통해 고안한 것으로, 낯선 상황에서 아이가 돌보는 이와 떨어졌다가 다시 만날 때 어떤 반응을 보이는지를 관찰하는 방법이다.

낯선 상황 실험은 다음과 같이 진행된다. 돌보는 이와 아이가 낯선 실험자와 함께 장난감이 가득한 놀이방에 들어간다. 부모는 실험자와 아이를 남겨두고 잠시 방을 떠났다가 다시 돌아온다. 아이와 잠시 만났다가 이번에는 부모와 실험자 모두 아이만 홀로 남겨두고 방을 떠난다. 잠시 후 부모는 다시 놀이방에 돌아와 아이와 한 번 더 만난다. 과정이 좀 복잡한 듯하지만, 간단히 말하면 이 실험은 '돌보는 이와의 분리 및 재회 상황에서 보이는 아동의 반응'을 관찰하는 것이다.

애착이 안정적으로 형성된 아이는 엄마가 떠났을 때 불안해하지만, 엄마가 다시 돌아오면 금세 진정되며 엄마에게 위로를 받는다. 엄마가 있으면 두려움 없이 낯선 상황을 탐색하며 자연스레 호기심을 보이고 장난감에 관심을 갖는다. 그렇다면 애착이 불안정적으로 형성된 아이는 어떤 반응을 보일까? 불안정 애착에 대해 알아보자.

불안정 애착의 3가지 유형

불안정 애착 유형은 크게 3가지로, 아이들의 반응을 통해 불안정 회피애착 유형, 불안정 양가애착 유형, 불안정 혼돈애착 유형으로 분류한다. 각각의 유형에 대해 좀더 자세히 살펴보자.

불안정 회피애착 유형

"차라리 혼자 노는 게 편해요."

돌보는 이가 떠나도 별다른 동요를 보이지 않으며, 다시 돌아온 다 해도 접촉을 피하고 무시하는 아동을 불안정 회피애착 유형으로 분류한다. 이 아이들은 부모가 있거나 없거나 별로 신경 쓰지 않는 듯 보인다. 회피애착 유형의 아이들은 타인에게 위로받거나 타인과 친밀하게 지내는 것을 기대하지 않는다. 다시 말해 타인에게 의존하지 않고 친밀한 관계를 불편해 하며 '기대하지 말자, 차라리 혼자 노는 게 편해.'라고 생각하는 것이다. 기대해봤자 실망할 뿐이라는 걸 이미 깨닫고 포기해버렸기 때문이다. 이런 대인관계 패턴은 성인기까지 지속될 수 있다. 사랑받고 주목받고 싶은 아이의 자연스러운 욕구를 부모가 비난하거나 공감해주지 않는다면, 혹은 아이의 욕구에 무감각하거나 화를 내며 거부하듯 아이를 다룬다면 불안정 회피애착 유형이 될 가능성이 높다.

불안정 양가애착 유형

"제발 나를 떠나가지 말아요!"

돌보는 이가 떠났을 때 매우 불안해하며 격렬한 반응을 보이고, 다시 돌아와도 진정되지 않는 아이들은 불안정 양가애착 유형으로 분류된다. 부모에게 위안을 받는 것 같기도 하지만 한편으로 화를 내기도 하고 서럽게 울며 감정을 표현한다. 부모가 있어도 마음 놓고 장난감을 가지고 놀지 못하며 낯선 이를 심하게 경계한다. 이 유형의 아이들은 다른 사람의 눈치를 보는 경향이 있으며 분노와 같은 정서를 과장되게 표현한다.

　돌보는 이가 일관적이지 않은 태도로 아이를 키우면 불안정 양가애착 유형이 될 가능성이 높다. 일관된 기준을 세우지 않고 기분에 따라 들쑥날쑥한 태도를 보이면 아이는 '돌보는 사람이 항상 내게 반응해줄 것'이라는 확신이 없어서 눈치를 보게 되고, 과장되게 의사 표현을 하게 된다는 것이다. "난 이렇게 힘드니까 나를 떠나지 말아요. 이렇게 슬프단 말이에요!"라는 절실한 외침이라고 할 수 있다.

불안정 혼돈애착 유형

"내겐 아무도 없어. 세상을 믿지 못하겠어. 나 힘들다고요!"

　가장 심각한 유형이 불안정 혼돈애착 유형이다. 부모가 우울증이 있거나 스트레스를 많이 받는 상황일 때, 경제적인 어려움이나 심리적 어려움 때문에 아이를 전혀 돌보지 못했을 때, 혹은 아이를 학대하거나 위협했을 때 아동은 부모를 어떻게 대해야 할지 일관된 기준을 세우지 못하고 혼란스러워 한다. 엄마를 마주했을 때 울면서 뒷걸음질 치거나 꼼짝 않고 엎드려 있고, 안아주어도 위로받지 못하며 무기력한 모습을 보인다. 부모가 위로의 대상인지 또 다른 불안의 대상인지 판단이 되지 않는 것이다. 불안정 혼돈애착 유형의 아이들은 사회성이 떨어지며 적대적인 경향이 있다. 부모도, 자기 자신도, 타인도 믿지 못하기 때문이다.

언제든 돌아갈 수 있는 마음속의 안전기지: 안정 애착

생애 초기에 돌보는 이와 맺은 애착관계는 '원형'으로 작용하며 결정적인 영향을 미친다. 안정 애착을 형성한 사람들은 기본적으로 세상에 대한 신뢰가 있고 정서적으로 안정되어 있기 때문에 사람들과의 관계가 좋다. 볼비는 안정 애착을 '자신이 받은 것을 세상에 줄 수 있는 상태'라고 표현했다. 그들은 돌보는 사람이 자신한테 그랬듯 타인에게 공감하고 타인의 욕구에 반응할 줄 안다. 좌절과 시련에 고통을 표현하지만 어둠 속에 매몰되지 않고 다시 일어설 줄 알며, 리더십이 있고 자존감이 높으며 호기심을 가지고 세상을 탐색한다.

안정 애착 유형의 사람은 애착을 맺은 대상을 상징적인 '안전기지'로서 자신의 마음속에 담아두는 것 같다. '내가 필요로 할 때 애착 대상이 늘 그곳에 있어줄 것'임을 확신할 때, 우리는 더 넓은 세상을 탐색할 수 있다는 것이다. 놀이터나 공원을 거닐다 보면 아이들이 부모 혹은 돌보는 이를 안전기지 삼아 주변을 탐색하는 것을 어렵지 않게 관찰할 수 있다. 부모들이 벤치에 앉아 책을 읽거나 이야기하는 동안 아이들은 근처 잔디밭이나 모래 위에서 아장아장 걸어 다니곤 한다. 아이들은 마치 부모에게 연결된 것처럼 어떤 한계를 벗어나지 않고 돌아다닌다. 한계에 가까워지면 자신이 돌아갈 안식처인 엄마가 그 자리에 있는지 돌아보며 확인하곤 한다.

든든한 안식처가 있다는 느낌을 주는 안전기지는 호기심과 독립성, 자율성이 자랄 수 있는 발판이 된다. 이 세상이 살 만하다는 느낌, 행복하다는 느낌은 안정된 애착관계에서 만들어진 '안전기지'가 근원이 되는 것이다.

부모라면 자신의 아이와 안정 애착을 맺고 싶을 것이다. 그렇다면 안정 애착은 어떻게 맺어지는 것일까? 심리학자들은 다양한 연구를 통해 돌보는 이의 민감성이 안정 애착의 중요 요소임을 발견해냈다. 아이가 보내는 작은 신호도 빠르게 알아차리고 민감하게 반응해주는 이가 있는 반면, 아이가 보내는 신호를 놓치거나 아이가 무엇을 원하는지에 대해 관심이 없는 이들도 있다. 또 아이가 터뜨리는 울음 앞에서 돌보는 사람이 진정하지 못하고 아이보다 더 불안해하는 경우도 있다. 작고 연약한 존재로 태어난 아이가 욕구를 표현하는 방법은 울음밖에 없다. 이 무기력한 시절 아이는 돌보는 이를 통해 세상을 깨우치기 시작한다.

"배고프거나 불편할 때, 춥거나 더울 때, 기저귀가 축축할 때 내가 울면 누군가가 와서 나를 편하게 해주는구나. 세상은 믿을 만한 곳인 것 같아."

이런 느낌은 세상에 대한 신뢰로 이어지며, 아이는 세상과 자신에 대한 긍정적인 상을 형성한다. 돌보는 이가 아이의 필요에 대해 일관되고 민감하게 반응해준다면, 아이가 느끼는 것에 공감해준다면, 아이는 세상을 안전한 곳으로 느끼게 된다는 것이다. 기분에 따라 들쑥날쑥 아이를 키우거나, 아이의 욕구에 둔감하거나, 아이를 밀어내는 듯 대하면 아이는 안정 애착을 형성하기 어렵다.

그렇다면 아이를 옆에서 떼놓지 않고 항상 거들어주면 된다는 말일까? 그것은 아니다. 심리학자들은 건강한 아이를 키우기 위해 '자율성'을 키워주라고 강조한다. 민감하게 반응한다는 것은 '아이가 필요로 할 때'라는 것을 전제한다. 안전을 위해 울타리를 만들어주지만 울타리 안에서는 최대한 자유롭게 움직일 수 있도록 도와주는 것, 아이가 힘들어 찡찡대며 안전기지를 찾을 때는 부모가 늘 곁에 있음을 알려주는 것, 잠시 쉬었다가 다시 세상을 향해 도약할 수 있도록 도와주는 심리적 발판이 되어주는 것, 그것이 돌보는 이의 역할이라는 것이다.

혹시 내가 불안정 애착? 그래도 안심하자!

심리학자들은 애착 유형이 부모에서 자녀로 대물림되는 현상을 발견했다. 건강한 사랑을 받고 자란 부모가 아이를 건강하게 키우며, 고통스러운 과거를 가진 부모는 스스로 원하지 않는데도 자신의 비극을 아이에게 똑같이 되풀이하는 경향이 있다는 것이다. 그렇다고 애착 이론을 결정론적 관점으로 보고 '비극은 바뀔 수 없어. 난 어린 시절에 사랑을 받지 못했으니 앞으로도 불행할 거고, 내 자녀도 불행하게 될 거야.'라며 포기할 필요는 없다.

애착은 부모와 맺어지기도 하지만, 친척이나 조부모, 형제나 자매, 친구, 선생님, 연인, 배우자와도 맺어진다. 부모와 불안정한 애착관계를 맺었어도 건강하고 행복한 삶을 사는 이들이 우리 주변에는 얼마든지 있다. 부모와의 관계에서 상처받은 사람도 안정적인 애정을 보내주는 친구와 깊은 관계를 맺는다면, 따스하고 일관된 사랑으로 돌보아주는 선생님을 만난다면, 건강한 사랑을 줄 수 있는 배우자를 만난다면 애착 유형은 변할 수 있다. 또한 불행한 과거를 경험한 부모라도 자신의 과거에 구애받지 않고 새로운 삶을 선택하고 창조하겠다고 선택할 수도 있다. 더이상 과거의 희생자가 되지 않겠다고 결심하면서 말이다.

콜버그의 도덕적
발달수준 Kohlberg's stages of moral development

도덕성도 발달단계가 있다

♥　　　다음 이야기를 읽고 아래의 문제에 답해보자.

하인즈의 딜레마 Heinz dilemma

이야기의 주인공인 하인즈는 불치병에 걸린 아내를 구하기 위해 동분서주하던 중, 한 약사가 불치병을 치료할 수 있는 약을 개발했다는 소식을 듣게 된다. 약사는 약값으로 2천 달러를 요구했고, 하인즈는 열심히 애써봤지만 그 돈을 모을 수가 없었다. 그는 부족한 돈은 외상으로 하고 약을 팔라고 부탁했지만 약사는 거절했다. 결국 그는 약국에 몰래 들어가 약을 훔쳐 죽음을 앞두었던 아내의 생명을 살렸다.
이 상황에서 하인즈의 행위는 옳은가, 혹은 그른가? 그리고 그 이유는 무엇인가?

하인즈의 행동은 _____

왜냐하면 _____

미국의 심리학자인 로렌스 콜버그Lawrence Kohlberg는 도덕성의 발달단계를 연구하기 위해 '하인즈의 딜레마'로 알려진 위의 문제를 실험참가자들에게 제시했다. 그는 도덕적인 딜레마가 담긴 문제를 푸는 과정을 분석해 도덕성의 발달수준이 총 6단계로 구분된다는 사실을 밝혔다. 콜버그가 제시한 도덕적 발달수준의 6단계는 다음과 같다.

6단계는 크게 3단계로 구성되는데, '인습'을 고려하느냐 고려하지 않느냐에 따라 전인습적 수준과 인습적 수준이 있고, 인습을 뛰어넘었다는 의미에서 후인습적 수준이 있다. 전인습적 수준이 보다 원초적인 욕구에 따른다면 인습적인 수준은 타인의 시선과 평가, 사회적 기준, 즉 관습을 고려하느냐와 관련된다. 후인습적 수준에서는 도덕적인 원리가 이미 내면화되어 있기 때문에 사회적 관습을 고려하는 선을 뛰어넘었다고 본다.

다음 몇 가지 답변을 6단계의 구분에 근거해 분석해보자.

단계		특징
인습 이전 수준 (원초적 욕구)	1단계	처벌을 받지 않을 행동
	2단계	이익이 되는 행동
인습적 수준 (인습을 고려)	3단계	타인의 인정을 받고 비난을 받지 않은 행동
	4단계	법과 질서에 의해 규정된 행동
인습 이후 수준 (내면화된 원리)	5단계	법은 대중의 복리를 위한 사회계약이라는 입장에 근거해 판단
	6단계	자기 자신의 윤리적 원리에 입각해 판단함

▲ 콜버그가 제시한 도덕적 발달수준의 6단계

- 하인즈의 행동은 옳다. 왜냐하면 아내가 화내지 않을 것
  이기 때문이다. - 아내의 '화'라는 처벌을 피하기 위해서라고 답
  변했기 때문에 1단계에 해당한다.
- 하인즈의 행동은 그르다. 타인의 물건을 훔치면 안 된다
  는 법을 어겼기 때문이다. - 법을 어겼다는 점에서 그르다고
  판단했기 때문에 4단계에 해당한다.
- 하인즈의 행동은 옳다. 왜냐하면 가장 중요한 것은 생명
  이기 때문이다. - 생명이 가장 중요하다는 자기 자신의 내면화
  된 도덕적 원리에 따라 판단했기 때문에 6단계에 해당된다.

콜버그는 도덕적 발달수준과 연령 사이에는 대략적인 상관관계
가 존재한다고 했다. 하지만 어른이 된다고 해서 반드시 높은 수준
의 도덕적 발달수준에 이른다고 보기는 어렵다. 단지 처벌을 피해

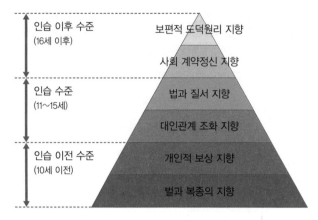

▲ 콜버그의 도덕성 발달 단계

갈 수 있다는 이유로 탈세나 공금 횡령을 일삼는 '어른'들이 우리 사회의 지도자 계층에 꽤 많이 있으니 말이다. 살펴본 예시를 참고해 당신의 답변을 분석해보자. 당신의 도덕성 발달수준은 몇 단계에 있는가?

에릭슨의 심리사회적 발달단계 Erikson's stages of psychosocial development

인간은 평생에 걸쳐 발달한다

♥　　　인간은 나이가 들어감에 따라서 어떻게 성장하는 걸까? 고등학교를 졸업하는 시기에 이르면 모든 발달이 끝나는 걸까? 에

릭슨에 따르면 인간은 전 생애에 걸쳐서 발달하는 존재라고 한다. 에릭슨 앞에서는 "이제 스무 살이니 나도 성인이고 다 컸어!"라는 말이 통하지 않는 것이다.

에릭슨은 연령에 따라 각 단계에서 걸쳐야 할 관문, 즉 위기가 존재한다고 했다. 인간은 전 생애에 걸쳐 8단계의 위기를 겪는데, 이 관문을 무사히 통과하느냐 아니냐에 따라 성격이 달리 형성되고 이후의 삶에 큰 영향을 미친다는 것이다. 에릭슨이 주장한 발달 단계를 자세히 살펴보자.

8단계의 위기와 인생과업

1단계: 유아기(생후 1세), 기본적 신뢰 VS 불신

이 시기의 유아는 생존을 위해 전적으로 타인에게 의존한다. 유아는 자신을 대하는 주양육자의 태도에 따라 세상이 믿을 만한 곳인지 그렇지 않은 곳인지에 대한 인상을 형성하게 된다. 주양육자가 아이가 필요할 때 따뜻하게 안아주고 젖을 주며 달래주는 등 민감하게 양육하면, 아이는 세상을 신뢰하게 된다. 반대로 주양육자가 아이를 거부하는 듯 대하거나 제대로 돌보지 않으면 아이는 세상을 불신하게 된다. 이 시기에 획득해야 할 과제는 세상에 대한 기본적인 신뢰감이다.

2단계: 초기 아동기(1~3세), 자율성 VS 수치심

이 시기의 아이들은 신체적으로 성숙하며 태어나서 처음으로 자기 통제를 연습하게 된다. 아이는 대소변을 가리고 스스로 음식을 먹고 옷을 입는 등의 행동을 통해 자율성을 경험한다. 하지만 스스로 하는 시도가 미숙해 실패하거나 어리숙해서 부모의 규제를 받기도 한다. 이처럼 아이는 성공과 실패의 양극을 오가며 위기를 극복하는 과정에서 자기 통제에 대한 자신감을 느끼게 된다. 이 단계에서 아이는 자율성을 획득하는데, 이 관문을 극복하지 못하면 수치심과 자기회의를 느끼게 된다.

3단계: 후기 아동기(3~6세), 주도성 VS 죄책감

이 시기의 아이들은 주도성을 드러내기 시작한다. 자신만의 목표를 가지며 계획을 세워 추진하기도 한다. 또래들과 함께 어울리며 경쟁하고, 자신이 무얼 하고 싶은지 주장하기도 한다. 이 시기에 처음으로 싹트는 자기주도적인 활동이 어느 정도 성공하면 아이는 주도성을 획득하지만, 지나친 실패를 맛볼 경우 주도성은 위축되고 자기 주장에 대한 죄책감을 경험하게 된다.

4단계: 학령기(6~12세), 근면성 VS 열등감

이 시기의 아이들은 학교에 다니면서 여러 과제에 맞닥뜨리게 된다. 아이들은 새로운 과제에 꾸준히 주의를 기울이고 성실하게 임하며, 사회적·지적·신체적 기술을 키우고 근면성을 획득하게 된다. 하지만 자신에게 주어진 과제에서 성취감을 느끼지 못하면 자신과 또래들을 비교하며 열등감에 빠져들게 된다.

5단계: 청소년기(12~20세), 정체감 VS 역할 혼돈

이 시기의 청소년들은 "나는 누구인가?"라는 질문에 맞닥뜨리게 된다. 자신이 누구인지 알아내려 골몰하는 과정에서 기본적인 정체감을 형성하게 되는데, 이 시기의 관문을 통과하지 못할 경우 성인으로서 해야 할 역할에 대해 혼란스러운 상태로 남아 있게 된다.

6단계: 성인기 초기(20~40세), 친밀감 VS 고립감

이 시기의 과업은 타인과의 관계를 통해 우정과 사랑을 경험하는 것이다. 연인, 배우자, 친한 친구, 동료들과의 관계를 통해 유대를 확인하고 친밀감을 형성한다. 이 시기에 타인과의 충분한 친밀감을 형성하지 못할 경우 고독과 고립감을 느낄 수 있다.

7단계: 성인기 중기(40~65세), 생산성 VS 침체

이 단계의 성인은 가족을 부양하고 자식을 키우며 자신이 맡은 일을 생산적으로 해야 한다는 과업을 지닌다. 생산성의 기준은 개인이 속한 문화에 의해 정해지는데, 책임을 받아들일 능력이 없거나 받아들이지 않는 사람들은 침체된다.

8단계: 노년기(65세 이후), 자아 통합 VS 절망

노인들은 자신의 일생을 의미 있고 생산적이며 행복한 경험으로 바라본다. 과거를 돌아볼 때 후회가 없고, 삶을 충만한 것으로 경험하며 자아 통합을 이룬다. 앞 단계의 위기들이 해결되지 않은 채로 남아 있거나 이루지 못한 포부들로 가득 차 있는 이들은 절망감을 경험하게 된다.

프로이트 심리성적 발달이론과의 차이점

에릭슨은 신프로이트학파로 프로이트의 사상에 전 생애에 걸친 지속적인 성숙의 관점을 덧붙여 발달 이론을 확장시켰다. 에릭슨과 프로이트가 주장한 발달 이론의 차이점은 다음과 같다.

- 프로이트의 발달단계가 사춘기까지 5단계라면, 에릭슨은 발달단계를 전 생애로 확장했다.
- 에릭슨은 인간이 생물학적 충동의 수동적인 노예가 아니며, 환경에 적응하려는 능동적인 존재임을 강조했다. 자아Ego를 초자아Superego와 이드Id 사이를 중재하는 중재자 이상의 존재로 강조했기에 에릭슨은 '자아 심리학자'라고도 불린다.
- 에릭슨은 프로이트에 비해 문화적이고 사회적인 영향을 더욱 강조했다.

안정 애착은 언제든 돌아갈 수 있는 마음속의 안전기지다.
부모라면 자신의 아이와 안정 애착을 맺고 싶을 것이다.
그렇다면 안정 애착은 어떻게 맺어지는 것일까?

사람들은 저마다 자기만의 개성을 가지고 있다. 마치 마음에 지문이 새겨진 것처럼, 자신만이 가진 심리적 속성은 일생의 삶에 영향을 미친다. 자신만의 독특한 특성을 알 수 있는 마음의 지도가 바로 심리검사다. 상담자는 심리검사를 통해 내담자가 의도적으로 진심을 숨긴다거나, 긍정적인 면만 드러내고자 스스로를 방어한다거나, 혹은 문제가 있는 것처럼 가장하는 것을 알아낼 수 있다.

6

개인차 및 심리검사

심리검사, 나도 모르는 내 마음을 알려주는 마음의 지도

심리검사, 나도 모르는
내 마음을 알려주는 마음의 지도

지능 Intelligence 과 지능 검사 Intelligence test

잘 쓰면 약, 못 쓰면 독

♥ 　　　예전에 한 TV 프로그램에서 가수 김태원 씨의 지능지수, 즉 IQ가 81, 개그맨이자 MC인 이경규 씨의 IQ가 97로 측정되어 이슈가 된 적이 있었다. 이에 같이 출연했던 개그맨 김국진 씨가 "우리나라 버라이어티를 IQ 97이 이끌어왔네요."라고 말해 웃음을 자아냈다. 그런데 과연 IQ가 두 자리이면 정말 머리가 나쁜 걸까? IQ는 평생 변하지 않는 걸까?

지능이란 무엇일까?

사람들은 지능지수를 쉽게 맹신한다. 인터넷에 떠도는 지능 검사를 스스로 해본 후 지수가 낮게 측정되면 '나는 왜 이렇게 머리가 나쁠까?' 하며 괴로워하고, 높게 측정되면 '나는 수재인가봐.' 하며 으쓱거린다. 또한 TV에 출연하는 유명 방송인들이 밝히는 지능지수와 자신의 지능지수를 비교하며 주눅 들기도 한다. 아이를 키우는 엄마들은 옆집 아이와 내 아이의 지능지수를 비교하며 경쟁하고, 사춘기 자녀에게 지능지수를 불러주기도 한다. 학교 생활기록부에 적힌 지능지수는 잘 떨어지지 않는 '평생 딱지'가 되어 그 사람의 대표 능력인 양 쓰이기도 한다.

현재 대표적으로 쓰이고 있는 지능지수는 주로 임상심리학자들에 의해 측정되고, 이 지능지수는 병원이나 학교에서 한 인간의 적응능력, 잠재력을 예상하는 데 쓰인다. 그런데 잘 생각해보자. IQ라고 불리는 지능지수가 무엇을 의미하는 것일까? 우리는 지능지수에 대해 쉽게 말하지만 막상 지능이 무엇인지 정의하려고 하면 생각처럼 쉽지 않다. 지능이 높다는 것은 머리가 좋다는 말일까? 그렇다면 머리가 좋다는 것은 무슨 의미일까? 수학 문제를 잘 푸는 것? 퍼즐을 잘 맞추는 것? 말을 유창하게 잘하는 것? 이렇게 지능이 무엇인지에 대해 곰곰이 생각해보면 자신이 지능에 대해 잘 모르고 있다는 결론에 도달하게 될 것이다.

심리학자들 사이에서 '지능은 무엇인가?'에 대한 의견은 분분하다. 저마다 다른 정의를 내리고 있으며, 아직까지도 지능이 무엇인가에 대한 충분한 합의에 이르지 못했다. 심지어 '지능지수는 지능 검사가 측정하는 무엇이다.'라고 주장하는 의견도 있다. 이처럼 지능에 대한 정의는 다양하지만, 그 사이에서 공통적인 요인을 찾아보면 '경험을 통해 학습하는 능력' '환경에 적응하는 능력' 이라고 말할 수 있겠다.

대표적인 학자들의 지능에 대한 정의를 알아보자.

알프레드 비네Alfred Binet(1905)
1. 목적의식: '무엇을 어떻게 할 것인가'에 대해 아는 능력
2. 적응력: 문제해결 과정에서 효율적인 전략의 선택과 조정을 할 줄 아는 것
3. 비판력: 자신의 생각과 행동을 비판하고 교정하는 것

데이비드 웩슬러David Wechsler(1958)
목적지향적인 행동, 합리적인 사고, 환경에 효율적으로 적응하는 능력들을 포함한 종합적인 능력

지능 검사는 이렇게 시작되었다

비네와 비율 IQ

20세기 초반 프랑스 교육부 장관은 알프레드 비네에게 발달지체 아동들을 위한 효과적인 교수법을 만들어달라고 제안했다. 비네는 교수프로그램을 만들기 위해서는 아동의 지능을 측정할 필요가 있

다고 생각했다. 왜냐하면 또래 아이들과 같이 평균적으로 진학할
수 있는 아동과 그렇지 않은 아동을 구분해야 했기 때문이다. 비네
는 객관적인 검사가 있으면 교사들의 주관적인 판단에 의한 오류
를 줄일 수 있을 것이라고 판단했다. 이것이 최초의 지능 검사가 탄
생한 배경이다.

비네는 나이가 들어감에 따라 정신연령이 높아진다고 가정하고,
각 연령에 맞춘 문항을 6개씩 만들었다. 예를 들어 5세 아이들에게
는 사각형 따라 그리기, 11세 아이들에게는 '장미, 감사, 나무는 어
떤 점에서 같은가?'와 같이 좀더 생각하는 문제를 냈다. 각 나이대
의 아이들이 50% 이상 그 문제를 맞히면 그 연령층에 맞는 문항으
로 판단했다. 그는 이런 문항들을 모아 아이들에게 풀도록 해서 정
신연령을 구했다. 이렇게 얻은 정신연령을 실제 생활연령과 비교
해 구한 지수가 바로 지능지수다.

$$\text{지능지수(IQ)} = \frac{\text{정신연령}}{\text{생활연령}} \times 100$$

* 정신연령을 실제 생활연령으로 나눈 후 100을 곱해 정신연령과 생활연령의 비율을 구함

편차 IQ가 등장하다

그런데 이 같은 방식으로 지능지수를 구하다 보니 문제가 생겼다.
생활연령이 늘어감에 따라, 즉 실제로 나이가 들어감에 따라 지능지
수가 낮아질 위험이 있었던 것이다. 예를 들어 100세의 노인이 20세

의 정신연령을 가지고 있다면 극히 낮은 지능지수가 산출될 것 아니닌가? 따라서 같은 연령대의 평균에 비교해서 지능지수를 구한 편차 IQ의 개념이 등장하게 된다.

편차 IQ = 100(평균) + (15 × 표준점수)

어떻게 이런 계산법이 나오게 되었는지 설명하면 수학적인 설명이 길어지기 때문에 독자들을 괴롭히지 않고자 긴 설명은 생략하겠다. 쉽게 말하면 같은 연령의 사람들 사이에서 능력을 비교하는 것이다. 현재 병원과 의원, 상담센터에서 가장 많이 쓰이고 있는 검사가 바로 이 편차 IQ에 따른 '웩슬러 지능 검사'다. 웩슬러 지능 검사는 평균이 100이고, 표준편차가 15이기 때문에 90에서 109까지는 평균적인 수준의 지능으로 분류된다. 많은 사람들이 지능지수가 두 자릿수면 머리가 나쁜 줄 알고 있는데 사실 인구의 50%는 두 자릿수의 지능지수를 가지고 있는 것이다.

지능 검사는 종류가 다양하다

앞에서 살펴본 것처럼 지능의 정의에 따라 지능 검사의 종류도 다양하다. 병원이나 의원에서 주로 사용되는 검사는 웩슬러 지능 검사로 임상심리학자와 함께 일대일로 이루어진다. 영재들만 들어갈 수 있다는 멘사 회원테스트에 사용되는 검사는 레이븐스 매트릭스 RAPM라는 검사로 공간지각능력이 주로 측정된다. 학교에서 다수의 아이들을 대상으로 이루어지는 지능 검사는 일부 언어능력만을 측정하는 또 다른 검사다. 이처럼 다양한 지능 검사가 있기 때문에 각기 다른 검사에서 같은 지능지수를 받았다고 해도 같은 능력을 가지고 있는 게 아님을 유념해야 한다. 따라서 지능지수를 맹신하며 누군가에게 IQ로 능력 '딱지'를 붙이는 일은 피해야 하고 아이들에게 함부로 지능지수를 불러주는 일은 삼가야 한다. 지능과 지능 검사는 복잡하고 어려운 개념으로 이루어져 있으므로 전문가가 아닌 사람이 지능 검사를 해석하는 것 또한 피해야 한다. 지능 검사는 잘 쓰이면 약이 될 수 있지만 잘못 쓰이면 독이 될 수 있기 때문이다.

다중지능 Multiple intelligence
인간의 능력은 하나가 아니다

♥　　모두들 한 번쯤은 지능 검사를 접해봤을 것이다. 그런데 학창시절 학교에서 또는 상담센터에서 지능 검사를 한 후, 충격적인 수치의 결과를 보고 속상했던 적이 있는가? 앞서 말했듯이 지능지수는 머리가 좋고 나쁘고를 나타내는 절대적 수치가 아니다. 그

럼에도 "난 왜 이렇게 머리가 나쁘지?"라고 좌절하며 스스로를 땅굴 속으로 묻는 사람이 있다면 '다중지능'에 관심을 가져볼 일이다.

다중지능의 개념은 "인간의 지능이 하나인가?"라는 의문에서부터 시작되었다. 하버드대학교의 심리학 교수인 하워드 가드너 Howard Gardner 는 인간의 능력은 일반적으로 쓰이는 지능 검사만으로는 측정할 수 없다고 보았다. 지능 검사는 학교 성적을 예측해줄 수 있으나, 세상에는 학교 성적만큼, 아니 그 이상으로 중요한 게 더 많기 때문이다. 예를 들어 공부는 못하지만 노래를 잘할 수 있고, 수학은 포기했지만 글쓰기에는 탁월한 재능이 있을 수 있다. 또한 학교 성적은 꼴찌에 가깝지만 친구들과의 관계가 돈독할 수 있고, 자기 자신을 잘 성찰하며 심리적인 성장을 도모하는 아름다운 내면을 가졌을 수 있다. 비록 공부는 못해도 독실한 신앙과 인류애를 가지고 삶의 목적을 고찰하며 의미 있는 삶을 살아갈 수도 있는 것이다. 이처럼 인간의 능력은 지능지수 하나만으로는 설명할 수 없으며 인간이 가진 능력은 무척 다양하다.

가드너는 1983년 그의 책 『마음의 틀(Frames of Mind)』에서 다중지능의 개념을 제안했다. '학교 공부를 잘할 것인가'의 초점에서 벗어나 기존의 편협한 지능개념을 뛰어넘어 차원을 넓힌 것이다. 그는 기존의 지능 검사에 의해 지능을 측정하는 전통적인 방식은 너무 제한되어 있다고 주장했다. 그는 인간의 지능을 8가지의 영역으로 나누었다. 그리고 이 중 어느 한두 개 혹은 세 개 정도의 영역에서 뛰어날 수 있지만 그 누구도 이 모든 것을 다 잘할 수는 없다고 설명했다. 그는 이후 후속연구를 통해 실존지능을 추가해 인간의 지능을 총 9개의 영역으로 확장시켰다.

언어적 지능

소리와 음율, 단어의 의미에 대한 민감성을 포함한다. 특정한 목표를 위해 언어를 민감하게 지각하고 효과적으로 활용하는 능력으로, 언어적 지능이 높은 이들은 글쓰기와 읽기, 듣기와 말하기에 재능을 보인다. 이들은 사물이나 사건에 대해 묘사하고 설명하기, 책을 읽고 글쓰기, 이야기 만들기, 타인의 말을 듣고 의미를 분석하기, 타인과 대화를 나누는 것 등에 능하다.

- 언어성 지능을 활용하는 직업

  작가 · 시인 · 편집자 · 기자 · 상담자 · 변호사 · 교사 등

논리–수학적 지능

문제를 논리적으로 분석하는 능력, 수학적인 과제를 수행하는 능력, 주어진 과제를 과학적으로 탐색하는 능력, 일정한 패턴을 찾아내고 논리적으로 추론하는 능력을 의미한다.

- 논리–수학적 지능을 활용하는 직업

  엔지니어 · 과학자 · 수학자 · 건축설계사 · 회계사 등

음악적 지능

음악적 지능은 음악을 통해 정보를 전달하는 능력을 포함한다. 악기를 연주하는 능력, 노래를 잘 부르는 능력, 새로운 음악을 작곡하는 능력, 음악적인 패턴을 인식하는 능력, 음악적 톤과 리듬을 인식하는 능력 등으로 구성된다.

- 음악적 지능을 활용하는 직업

  음악가 · 가수 · 작곡가 · 음악교사 · 악기제작자 · 지휘자 · DJ 등

신체-운동 지능

문제를 해결하기 위해 몸 전체 혹은 일부를 활용하는 능력으로, 대상을 다루기 위해 몸동작을 적절히 조율하는 능력과 관련된다.

- 신체-운동 지능을 활용하는 능력

  운동선수 · 무용수 · 미용사 · 군인 · 정원사 · 외과의사 등

시각-공간적 지능

시각-공간지능은 시각적 · 공간적인 세계를 정확하게 인식하고 활용하는 능력과 관련된다. 시각적 · 공간적인 세계의 패턴을 인식하고, 마음속에 생생한 대상을 떠올리며 마음속으로 조작한다. 이 지능이 높으면 길찾기에 능하고, 퍼즐 · 블록놀이 · 조각 · 바느질 · 도자기 만들기 · 보석 만들기 등에 관심을 보이기 쉽다.

- 시각-공간적 지능을 활용한 직업

  그래픽디자이너 · 조각가 · 여행가이드 · 사진작가 등

대인관계 지능

타인의 의도 · 동기 · 욕구를 이해하는 능력이다. 대인관계 지능이 높은 사람은 다른 사람의 관점을 조망할 수 있기 때문에 상대방의 입장을 이해하고 배려하는 경향이 있다. 타인과 함께 어울려 일하는 분야에서 재능을 발휘한다.

- 대인관계 지능을 활용한 직업

  교육자 · 영업인 · 종교리더 · 상담자 등

개인 내적 지능

자기 자신에 대해 성찰하는 능력이다. 자신의 감정과 동기, 두려움과 선호, 강점과 약점, 삶의 목표를 인식하는 능력, 자신의 감정을 분별 · 표현 · 통제하는 능력, 자아정체성를 형성해 이를 활용하는 능력과 관련된다.

- 개인 내적 지능을 활용한 직업

  심리상담사 · 사회복지사 · 철학자 · 심리학자 · 작가 등

자연 지능

자연의 오묘하고 위대한 섭리를 이해하고 보호 · 활용하는 능력을 말한다. 생태학적인 관계를 인식하고 명명하고 분류하며, 살아있는 생물과 효과적으로 상호작용하는 능력을 포함한다. 또한 동식물을 포함한 환경을 관찰해 공통점과 차이점을 찾고 분석하는 능력, 환경의 특징을 이해해 활용하는 능력도 관련된다. 자연 지능이 높은 이들은 바깥 활동이나 여행을 좋아하는 경향이 있고, 동물을 포함한 생명체, 환경에 대한 탐구를 즐긴다. 환경오염에 대해 민감한 반응을 보이며 환경보호에 대한 욕구를 가지고 있다.

- 자연 지능을 활용한 직업

  환경운동가 · 동식물학자 · 기상학자 · 동물조련사 · 농부 · 어부 등

실존 지능

실존 지능은 '우리가 누구이고 존재하는 이유가 무엇인지, 삶의 의미와 목적은 무엇인지, 죽음의 의미는 무엇인지'와 같은 실존적인 문제에 대한 관심과 탐구, 민감성을 의미한다. 실존 지능이 높은 사람은 자신의 삶에서 의미와 목적, 존재의 이유를 찾을 수 있으며 더욱 가치 있는 삶을 실현하기 위해 노력한다.

- 실존 지능을 활용한 직업

  철학자 · 심리학자 · 종교학자 · 신학자 등

정서 지능 Emotional intelligence

공감도 능력이다

♥　　　아동문학의 고전인 미국의 동화 『오즈의 마법사』에는
뇌가 없는 허수아비와 심장이 없는 양철 나무꾼이 등장한다. 머리
가 없고 가슴이 살아 있는 이와 가슴이 없고 머리가 살아 있는 이,
둘 중에 하나의 삶을 택한다면 당신은 누구를 택할 것인가?

　머리와 가슴이 모두 살아 있는 사람, 이성과 감정을 모두 아우르
는 사람이 되고 싶은 바람은 누구나 마찬가지일 것이다. 여기서 이
성과 감정은 각각 지능지수라고 불리는 IQ와 정서 지능이라고 불
리는 EQ와 관련된다.

IQ만으로는 인간을 설명할 수 없다

지난 한 세기 동안 '지능'이 무엇인가에 대한 논란이 분분했고, 심
리학자들은 지능을 정의하고 측정하기 위해 노력해왔다. 지능은
일종의 문제해결능력이자 환경에 대한 적응능력으로 학업성취와
상관관계를 보이는 것은 사실이다. 하지만 잘 생각해보자. 인간의
능력 중에는 지능 검사로 측정할 수 있는 지능 외에 다른 것은 없
을까?

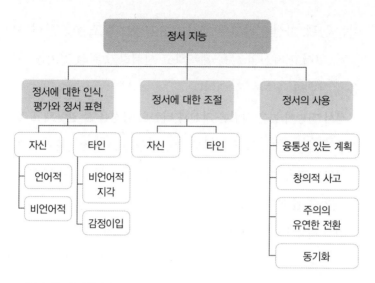

▲ 정서 지능의 하위영역

이런 의문에 대해 미국의 심리학자인 피터 샐러비Peter Salovey와 존 메이어John Mayer는 새로운 아이디어를 제안한다. 인지적인 능력 뿐 아니라 감정의 영역에서도 사람마다 차이가 있다는 것이다. 예를 들어 자신의 감정을 잘 알아채는 사람과 그렇지 않은 사람이 있으며, 다른 사람의 감정에 대해 충분히 공감할 줄 아는 사람도 있고, 공감능력이 전혀 없는 사람도 있다. 또 감정에 휘둘려서 해야 할 일을 아무것도 못하는 사람도, 자신의 감정을 잘 활용해 목표를 향해 전진하는 사람도 있다. 이러한 차이는 무엇을 말하는 걸까?

샐러비와 메이어는 정서 지능의 개념을 제안하며, 정서 지능을 이렇게 정의했다(1990).

"정서 지능이란 자신과 타인의 정서를 평가하고 조절할 줄

아는 능력, 자신과 타인의 정서를 효과적으로 조절할 줄 아는 능력, 그리고 자신의 삶을 계획하고 성취하기 위해 정서를 이용해 활용할 줄 아는 능력이다."

정서 지능이 높은 사람은 자신과 타인의 감정을 잘 알아채고 적절한 방식으로 표현하며, 정서를 잘 조절한다. 또한 정서를 느끼고 표현하는 것을 넘어서서 정서를 활용할 줄 안다. 정서를 통해 앞으로 다가올 일에 대해 대처한다는 것이다.

정서 지능에 대해 좀더 구체적으로 이해해보자.

정서인식과 표현이란?

자신의 정서를 알아차리는 게 왜 중요할까? 상담실에서 심리학자는 내담자에게 끊임없이 감정을 묻는다. 자신의 감정을 알아차리지 못했던 많은 이들은 '왜 감정을 묻느냐, 감정이 뭐가 중요하냐.'라고 묻기도 한다. 감정을 왜 알아야 할까? 감정을 알아야만 감정에 휘둘리지 않고 스스로 조절할 수 있기 때문이다. 따라서 감정 조절과 활용의 첫 관문은 감정을 인식하는 것이다.

자신과 타인의 정서를 인식하고 이 정서가 무엇인지 말할 수 있는 능력, 건강한 방식으로 표현할 수 있는 능력은 정서 지능의 핵심 요인이다. 감정을 알아차리지 못하고 지나치거나 억압할 때, 처리되지 못한 감정은 어떻게든 영향을 주게 되어 있다. 즉 감정을 그때그때 알아차리지 못하면 언젠가는 '통제되지' 못한 방식으로 표출된다. 평소에 화를 억압했다가 갑작스럽게 울컥하며 화를 표출하는 행동, 밖에서는 지나치게 착한 사람 노릇을 하다가 집에 와서 만만한 가족들에게 화를 내는 행동이 통제되지 않은 정서의 예이다. 해결되지 못한 채 억압되었던 감정은 신체 통증이나 심인성 질환으로 나타나기도 한다. 정서 지능이 높은 사람은 순간순간 자신의 감정을 알아차리고 이것이 무슨 감정인지 명명할 줄 알며, 감정을 통제해 건강한 방식으로 표현할 수 있다.

정서를 조절하는 능력이란?

오늘날 미디어에는 순간적인 충동에 의한 방화나 폭력, 살인 사건 등이 자주 보도된다. 끔찍한 사건을 저지른 후 가해자는 고개를 숙이며 사과한다.

"순간적인 감정을 참지 못해 일을 저질렀습니다. 죄송합니다."

만약에 가해자가 자신의 감정을 조절할 수 있었다면 어떻게 되었을까? 상대방에게 건강한 방식으로 자신의 마음을 전달하고, 서로를 다치게 하지 않는 방식으로 해결할 수 있었다면 어땠을까? 분명 전혀 다른 결과가 만들어졌을 것이다.

타인을 이해하고 공감하는 능력이란?

타인을 이해하고 공감하는 능력도 정서 지능의 하위 요인 중 하나다. 아무리 지적으로 우수한 능력을 가졌어도 다른 사람의 마음을 이해할 수 없다면 사람들과 어울려 행복한 삶을 살기는 어려울 것이다. 관계맺기의 첫걸음은 '공감'이기 때문이다. 공감을 잘하는 사람은 다른 사람들에게 인기가 많으며, 정서적으로 안정되어 있고, 환경에 적응하는 능력도 우수하다고 한다. 즉 타인의 입장을 조망하고 공감할 줄 아는 것도 하나의 능력인 셈이다.

정서를 활용하는 능력이란?

미국의 심리학자인 월터 미셸Walter Mischel은 유치원에 다니는 아이들을 대상으로 만족지연능력을 실험했고, 만족지연능력이 삶을 성공적으로 꾸리는 데 필요한 심리적인 능력과 연관되어 있다는 놀라운 결과를 얻어냈다. 이 실험에 대해서는 7장에서 더 자세히 다루도록 하겠다.

만족지연능력이란 간단히 말해 순간의 충동을 참고 인내하는 능력으로, 이 역시 정서 지능의 일부로 볼 수 있다. 눈앞의 유혹 앞에서 좀더 장기적인 목표를 위해 주의를 유연하게 전환해 충동에 휘둘리지 않았기 때문이다.

메이어와 샐러비가 정서 지능을 제안한 이후 심리학자들은 인간의 인지능력에만 초점을 맞추던 태도에서 벗어나 그 밖의 영역으로 시선을 넓혔다. 인간의 능력을 보다 더 폭넓은 관점에서 바라보게 된 것이다. 심리학자의 상담실에서 일어나는 심리 상담 과정은 사실 정서 지능을 높이는 것과 관련된다. 자신의 감정을 명확하게 인식하고 건강하게 표현하는 것, 더이상 미해결된 감정에 휘둘리지 않는 것, 자기 감정의 주인이 되어 앞날을 위해 활용하는 것은 건강한 사람이 되기 위한 조건이기 때문이다.

로르샤흐 잉크반점 검사_{Rorschach inkblot test}

나도 모르는 내 마음을 알려주는 신비의 카드?!

♥ 　스스로 인식하지 못하는 심리적 특성이나 개인적인 성
향들을 알게 해주는 심리평가 분야의 예술 '로르샤흐 잉크반점 검
사'에 대해 알아보자.

여기 물감이 마구 뿌려져 있는 모호한 그림이 있다. 이 그림이
무엇으로 보이는가? 황당하겠지만 질문에 대한 답을 생각해보라.
이 질문에 답하기 위해 당신의 내면에서는 어떤 일이 일어났을까?

로르샤흐 잉크반점 검사(이하 '로르샤흐 검사')는 모호한 그림 카
드 10장으로 구성된 심리평가 도구로, 1921년 스위스의 정신의학

자인 헤르만 로르샤흐Hermann Rorschach에 의해 개발된 후 그 유용성 때문에 지난 70여 년간 지속적으로 임상심리학자들의 사랑을 받아왔다.

로르샤흐 검사는 개인이 미처 의식하지 못한 내면의 풍부한 정보를 알려주기 때문에 다른 심리검사와는 구별되는 놀라운 깊이와 매력이 있다. 하지만 올바른 결과를 도출하기 위해서는 정확한 채점과 해석, 그리고 성격과 심리적 구조, 정신병리 등 심리학 전반에 걸친 전문적 지식이 필요하므로 많은 공부와 훈련을 필요로 한다.

무의식을 알려주는 로르샤흐 검사

자신의 감정과 성향, 내면의 상처와 고통, 그리고 심리적인 증상의 원인이 될 수 있는 내적인 특성을 스스로 정확하게 알고 있는 사람이 몇이나 될까? 자기 감정을 명확히 알아차리지 못하는 경우도 많고, 자신의 충동성이나 이기적인 태도 등 부정적인 성격에 대한 알아차림이 부족한 사례도 많다. 이런 경우 스스로 자신의 성향을 의식적으로 보고하는 자기-보고식 검사나 면담을 통해서는 정확한 실제를 평가하기 어렵다.

다른 상황도 있다. 실제로는 심리적인 문제가 없지만 고통스러운 상태로 가장하는 경우다. 예를 들어 정신병리가 있는 척 꾸며 감형을 받으려는 범죄자나 병역 회피를 목적으로 심리적 고통이 극심한 것처럼 호소하는 일부 입영대상자들이 대표적이다. 이들은 자기-보고식 검사나 면담 시에는 무조건 부정적인 방향으로 스스로를 표현할 것이다.

이때 어떤 심리검사를 사용해야 피검자가 숨기고 있는, 혹은 자신도 알지 못하는 '진짜' 속마음을 알 수 있을까? 앞서 서술한 두 상황 모두에서 유용하게 쓰일 수 있는 심리검사가 바로 로르샤흐 검사다. 의식으로는 잘 걸러지지 않는 무의식적인 심리적 특성이 로르샤흐 검사를 통해 자연스럽게 드러나기 때문이다.

여기서 쓰이는 심리적 기제가 '투사Projection'다. 투사란 자신의 마음속에 있는 충동·감정·생각 등의 원인이 외부에 있다고 여기는 방어기제를 말한다. 사람들은 아무렇게나 흩뿌려진 물감을 보고 무엇처럼 보이는지 말함으로써 자신만의 고유한 내면적인 특성을 드러낸다. 즉 알고 보면 아무것도 아닌 물감에 자신의 마음을 투사하는 것이다.

따라서 로르샤흐 검사에 임하는 사람은 의도적으로 진심을 숨기기 위해 거짓말을 하거나, 긍정적인 면만 드러내고자 스스로를 방어하거나, 혹은 무조건 문제가 있는 것처럼 가장하기가 어렵다. 이렇듯 피검자의 마음을 투사하는 검사를 '투사검사'라고 하는데, 로르샤흐 검사는 다양한 종류의 투사검사 가운데 가장 유명하고도 유용한 검사로 널리 쓰이고 있다.

로르샤흐 검사를 통해 무엇을 알 수 있을까?

처음 질문으로 다시 돌아가보자. 물감이 마구 뿌려져 있는 그림 카드를 손에 들려주고 무엇으로 보이는지 답하라고 한다. 당신의 마음속에서는 어떤 일이 일어날까?

사람들마다 다르겠지만 대부분의 사람들은 먼저 카드를 훑어보며 물감의 각기 다른 부분과 특징에 관심을 둘 것이다. 동시에 물감에 어떤 단서가 있는지 주의를 기울이며 자신만의 방식으로 정보를 처리해나갈 것이다. 물감에서 포착한 단서를 자신만의 과거 경험이나 지식에 근거해 실제와 얼마나 흡사한지 파악하는 작업도 하게 될 것이다. 누군가는 많은 노력을 기울이지 않은 채 눈에 띄는 인상이나 느낌에 따라 '연기'나 '구름'처럼 모호한 답을 내릴 수 있다. 또 다른 이는 전체 영역을 모두 살피면서 '이 부분은 천사인데 머리에 장식이 있고, 이쪽의 푸른 수풀 사이를 뛰어가는 강아지를 바라보며 미소 짓고 있다.'와 같이 세부적인 묘사를 할 수도 있다.

임상심리학자는 이러한 반응을 객관적으로 기호화해 채점하고, 구조적인 결과를 도출해서 규준과 비교하는 작업을 한다. 아울러 모호한 검사 자극에 투영된 피검자의 내적인 특성을 탐지하기 위해 전문적 지식을 바탕으로 각 반응의 이면에 숨겨진 의미를 추론하고 분석한다. 이런 과정을 통해 개인의 지각, 사고, 정서, 심리적 구조, 성격, 대인관계 등 다양한 심리적 영역에 대한 정보를 얻을 수 있다.

세부적으로 보면 상황을 인지하는 지각 특성을 우선적으로 평가한다. 즉 모호하고 복잡한 세상을 파악하기 위해 어느 정도의 노력을 기울이는지, 정보를 어떻게 조직화하고 지각하는지, 상황을 얼마나 객관적이고 정확하게 판단하는지, 사고의 특성은 어떤지 등을 알아볼 수 있다. 또한 스트레스나 문제 상황을 다루는 스타일과 심리적 자원의 정도, 주로 사용하는 방어기제도 드러난다. 정서적인 특성이나 자신과 타인, 세상에 대한 인식도 드러나게 된다. 특히 검사를 통해 내재되어 있는 부정적인 감정이나 스트레스의 정도, 이를 통제하고 처리하는 능력, 정서에 대한 반응, 자존감과 자기상, 대인관계에 대한 기대와 상호작용 양상 등에 대해 알 수 있다.

"이게 뭐예요? 이건 그냥 물감 그림일 뿐이잖아요."

로르샤흐 검사에 대해 많은 기대를 품고 임상심리학자를 찾아온 어떤 내담자가 한 말이다. 그렇다. 당신은 심리학자가 건네는 10장의 카드 위에 아무렇게나 흩뿌려진 잉크반점을 보고 무엇처럼 보이는지만 말하면 된다. 언뜻 보기에는 단순해 보이지만 로르샤흐 검사는 인간 내면의 전반적인 속성에 대해 깊이 있으면서도 광범위한 정보를 알려준다. 의식 수준에서 다가가기 힘들었던 깊이 있는 마음이 투사되어 나오는 통로, 로르샤흐 검사는 이렇듯 무의식을 비추는 통로로 존재한다. 자신도 모르던 자신의 속마음을 알고 싶다면, 자신이 자꾸만 왜 이러는 건지 궁금하다면 망설이지 말고 임상심리학자를 찾아 가라. 로르샤흐 검사는 당신을 더 깊은 자기 이해와 자기 인식, 깨달음의 길로 이끌 것이다.

바넘효과 Barnum effect

점술가의 이야기가 그럴듯하게 들리는 이유

♥ 　　사람들은 도무지 풀리지 않는 고민이 있을 때, 앞날이 어떻게 될지 몰라 불안할 때, 자신이 누구인지 알고 싶을 때 등 알 수 없는 문제에 대한 속시원한 답을 알고 싶어 점술가를 찾곤 한다. 사람들은 점술가를 만나 자신에 대해 이해하며 고민에 대한 답을 얻기도 하고 앞날과 관련된 조언을 얻기도 한다. 우리는 왜 점술가의 말에 귀 기울이는 걸까? 점술가들의 이야기가 그럴듯하게 들리는 이유는 무엇일까? 심리학의 바넘효과는 우리에 대해 기가 막히게 꿰뚫어보는 듯한 점술가의 능력을 신통력이 아니라고 설명한다. 사람들은 누구에게나 적용될 수 있는 애매한 이야기를 귀에 걸면 귀걸이, 코에 걸면 코걸이 식으로 자신에게 맞추어 생각한다는 것이다.

피니어스 바넘Phineas Barnum은 19세기 말 미국의 곡예단에서 관람객의 성격을 정확하게 알아맞히는 마술사로 유명했다. 몇몇 사람들은 그의 능력을 속임수라고 생각하며 의심하기도 했지만, 그는 신통력 있는 마술사로 승승장구했다. 1940년대 말 심리학자인 버트럼 포러Bertram Forer는 이처럼 신비로운 바넘의 능력을 이론으로 증명했다.

포러는 학생들을 대상으로 자신이 새롭게 개발한 검사라며 성격

검사를 한 후에 각자의 이름이 적힌 검사 결과지를 나누어주었다. 그리고 검사 결과가 자신의 성격에 얼마나 맞는지 평가하도록 했는데, 평균점수가 5점 만점(완전히 일치한다)에 무려 4.25점이었다. 여기까지만 보면 포러가 아주 우수한 성격 검사도구를 만들었다고 볼 수 있겠으나, 사실 학생들이 받은 검사 결과지는 모두 동일한 것이었다. 즉 누구에게나 적용될 만한 이야기를 했기 때문에 학생들은 자신의 이야기라고 착각했던 것이다. 이처럼 바넘효과란 사람들이 보편적으로 가지고 있는 성격이나 심리적 특징을 자신만의 특성으로 여기는 심리적 경향을 말한다. 바넘효과는 심리학자 포러의 이름을 따 '포러효과'라고도 한다.

자, 이제 이 물음에 답해보자. 점술가들의 이야기가 그럴듯하게 들리는 이유, 신문의 별자리 운세가 자신의 이야기처럼 들리는 이유, 타로점이 꼭 들어맞는 것 같은 이유, 혈액형별 성격 유형이 우리 가족을 잘 설명해주는 것 같은 이유가 뭐라고 생각하는가?

심리학이 그 이유를 과학적으로 밝혀냈음에도 사람들은 여전히 애매한 이야기에 자신을 끼워 맞추는 오류를 범하곤 한다. 당신을 만난 지 얼마 되지 않았음에도 마치 당신을 잘 아는 듯 당신에 대해 이야기하는 지인이 있는가? 예전에는 막연하고 애매한 이야기에 귀 기울였을 수도 있겠으나, 이제 바넘효과를 알게 되었으니 함부로 당신을 평가하려는 이야기에 대해 한 번쯤 의심해보는 것도 좋겠다. 사람은 검사 결과지의 한 문단 혹은 누군가의 짧은 견해로 평가되기에는 너무도 복잡하고 심오한 존재니까 말이다.

"그 사람은 성격이 어때?" 우리가 누군가와 사귀거나 일을 함께 할 때 중요하게 여기는 영역 가운데 하나가 성격이다. 여기서 성격이란 말은 무엇을 의미하는 걸까? 성격의 정의는 학자들마다 다르지만, 성격과 관련된 여러 이론들 간의 공통점은 성격을 '개인 간의 차이'로 정의하고 있다는 점이다. 성격심리학은 이렇듯 사람들 사이에서 드러나는 차이, 개인이 드러내는 독특한 특성을 연구하고자 한다.

7

성격

● 사람들의 성격이 모두 다른 이유 ●

사람들의 성격이
모두 다른 이유

성격의 5요인 이론 Five factor model of personality
사람들이 모두 다 다른 이유, 성격의 5가지 차원을 말하다

♥　　　성격에 대해 다룬 이론들은 무수히 많다. 그 중 이번에 살펴볼 성격의 5요인 이론은 인간의 성격을 구성하는 5가지 차원을 보여준다. 각 차원에서 어느 정도의 성향을 드러내느냐에 따라 사람들은 저마다 다른 성격 특성을 가진다는 것이다. 성격 5요인 이론은 복잡하고 다채로운 성격의 세계를 더욱 쉽게 이해하게 해준다.

사람들은 일상에서 자주 성격에 대해 이야기한다. "새로 사귄 친구가 성격이 좋아." "신입사원이 성실하던데." "이런 일은 내 성격에 맞지 않는 것 같아."와 같이 자신의 성격뿐 아니라 부모님, 친구, 선생님, 직장동료, 상사 등 주변 사람들의 성격에 대해서 말이다. 성격에 대해 궁금해하며 언젠가 한 번쯤 인터넷에서 장난삼아 해봤던 심리테스트 결과를 떠올리기도 하고, 서로의 혈액형을 묻기도 한다. 삶 속에서 사람들이 얼마나 자주 성격에 대해 말하고 있는지 안다면 아마 깜짝 놀랄 것이다. 우리는 왜 이토록 성격에 관심이 많은 것일까?

일단 성격을 통해 자신에 대해 이해하고 싶어하기 때문이다. 남들과는 다른 자신을 깊이 이해함으로써 얻을 수 있는 이점은 한두 가지가 아니다. 다양한 동아리에 참여하며 많은 사람들을 만나 에너지를 얻는 친구와 달리 자신은 집에서 혼자 책 읽는 시간이 좋을 때, '다름'에 대해 고민하지 않고 자신의 모습을 있는 그대로 받아들일 수 있다. 또한 자신에게 맞는 직장을 찾거나 친구, 연인을 사귀고, 배우자를 만나는 데도 도움이 된다.

아울러 사람들은 타인의 성격을 앎으로써 예측할 수 있다는 안도감을 느낀다. 가령 새로 부임한 선생님이 엄격하다는 것을 알면 먼저 조심스레 행동할 수 있고, 신입사원이 사교적이고 적극적인 성향이라는 것을 알면 적성에 맞는 과업을 내어줄 수도 있다. 이렇듯 성격에 대한 이해는 알쏭달쏭한 미래가 기다리는 삶을 좀더 안전하게 만들어준다.

성격이란 무엇일까?

그렇다면 성격에 대해 먼저 정의해보자. 성격이란 무엇을 말하는 걸까? 성격에 대한 정의는 학자들마다 다양하며 심리학 연구가 발전함에 따라 기존의 정의에 살이 붙거나 달라지기도 했다. 그 중 특질Trait 이론가인 고든 올포트Gordon Allport의 성격에 대한 정의(1937)를 살펴보면, 성격이란 개인의 독특한 적응을 결정하는 정신적·신체적 체계들의 역동적 조직으로, 한 개인의 사고·감정·행동의 일관되고 특징적인 반응 패턴이라고 말했다. 또한 성격은 내적 속성, 통합성, 고유성, 일관성을 가진다고 정의 내렸다. 다시 말해 성격은 계속 변화하고 성장하는 조직이며 정신과 신체의 결합에 따른 상호작용이라는 것이다. 올포트에 따르면 개인의 성격은 독특하며 성격의 모든 측면은 구체적인 행동과 생활을 방향 짓는다.

특질, 성격을 구성하는 기본 요소

특질 이론은 성격을 이해할 때 특질에 대한 이해가 빼놓을 수 없는 중요한 요소임을 주장한다. 특질이란 성격을 구성하는 기본 요소를 말한다. 쉽게 이해하려면 우리가 자신이나 타인의 성격을 설명할 때 쓰는 형용사를 떠올려보면 된다. 예를 들어 '외향적이다' '사교적이다' '우호적이다' '적극적이다' '성실하다' '개방적이다'

'친절하다' '반항적이다' '냉정하다' 등 다양한 속성들이 머릿속에 떠오를 것이다. 이처럼 특질은 개인의 일관되고 일반화된 행동으로 이어진다.

그렇다면 저마다 다른 사람들의 성격을 일목요연하게 설명할 수 있는 핵심적인 특질이 있을까? 심리학자들은 특질에 대한 연구를 지속하며 문화와 인종을 가리지 않고 인류에게 공통적으로 나타나는 특질이 드러날 것이라고 기대했다. 레이몬드 캐텔Raymond Cattel은 16개의 근원특질이 있다고 했고, 한스 아이젱크Hans Eysenck는 3개의 특질을 주장했다. 이렇듯 다양한 연구가 이루어진 끝에 최근에는 중요한 성격 특질이 5가지로 수렴되었다. 즉 인간의 성격을 구성하는 핵심적인 특질이 크게 5가지 요인으로 이루어진다는 '성격의 5요인 이론'이 대두되었으며, 이 이론은 '성격의 5요인 모형' 혹은 '빅 파이브 모델Big five factor model'이라고도 불린다. 또한 각 특질차원의 앞글자만 따서 'OCEAN 모형'이라고도 불린다.

▲ OCEAN 모형 성격을 구성하는 5요인의 앞글자를 따서 성격의 5요인을 OCEAN 모형이라고도 부른다.

성격의 5요인 모형

성격의 5요인 모형에 따라 각각의 성격차원을 살펴보자. 참고로 빅 파이브 모델이라고 할 때, 빅의 의미는 하나의 차원이 다양한 하위 특질들을 포괄하는 큰 개념을 뜻한다.

경험에 대한 개방성

첫 번째 차원은 경험에 대한 개방성 차원이다. 경험에 대해 열려 있다는 뜻으로 이 차원의 성향이 높은 사람은 새로운 경험에 대한 호기심이 많다. 또 다양한 경험과 지식, 교양을 추구하며 창의적이고 상상력이 풍부하다.

성실성

성실성 차원은 사회적 규칙과 규범을 준수하고, 목표를 완수하기 위해 책임감 있고 성실한 태도로 임하는 성향과 관련된다. 성실성이 높은 사람은 일을 추진하기 위해 계획적이고 체계적으로 행동하며 꾸준하고 성실해 믿을 수 있다.

외향성

외향성 차원은 타인과의 상호작용을 원하고 타인의 관심을 끌고자 하는 정도와 관련된다. 또한 새롭고 자극적인 것을 추구하는 성향, 적극성, 활동성과도 관련된다.

우호성

우호성 차원은 다른 사람과 원만하고 조화로운 관계를 유지하는 정도와 관련된다. 우호성 차원이 높은 사람은 타인을 친절한 태도로 세심하게 배려하는 경향이 있고, 협조적이고 관대하다. 또한 다른 사람을 위해 양보할 줄 알며 인내심이 많다.

신경증적 경향 – 정서적 안정성

신경증적 경향은 걱정이 많고 불안하고 우울하며 까다롭고 화를 잘 내는 것과 관련된다. 신경증적 경향이 높은 경우 감정 기복이 크게 드러날 수 있고, 일상에서 사소한 일에도 쉽게 자극되며 불안이나 우울에 휩싸이는 경향이 있다. 이 차원의 반대쪽 끝이 정서적 안정성인데 정서적으로 안정된 사람은 세상을 통제할 수 있는 안전한 곳으로 느낀다.

이 5가지 차원은 사람들마다 각각 정도가 다르게 나타난다. 각 차원은 정도의 많고 적음의 수준으로 나타낼 수 있고, 각 차원이 어느 정도 강하느냐에 따라 가지각색의 성격이 나타난다. 즉 성격 유형을 A, B, C, D로 나누어 누구는 A 타입, 누구는 B 타입으로 설명하는 유형론과는 다른 입장인 것이다.

좋은 성격과 나쁜 성격이 있을까?

그렇다면 좋은 성격과 나쁜 성격이 있을까? 각각의 성격 요인에 대한 설명을 읽다 보면 사람들은 흔히 오해한다. 우호성이나 개방성, 외향성이 무조건 강해야지만 좋을 것 같다는 생각을 하는 것이다. 하지만 어느 한 성격 요인이 양극단으로 가면 자칫 지나친 모습을 보일 수 있다. 예를 들어 우호성이 지나치게 강할 경우 자신의 주장을 펼치지 못하며 타인에게 과하게 동조할 수도 있다. 또 성실성이 지나칠 경우 강한 완벽주의나 일중독으로 이어져 오히려 피로를 부를 수 있다. 건강한 사람은 어느 성향이 지나치게 극단에 이르지 않아 적당하면서도 유연해 상황에 따라 융통성 있는 모습을 드러낸다.

성격의 요인	정도	특징
경험에 대한 개방성 O	강함	상상력이 풍부함, 다양성에 대한 선호, 독특함
	약함	유연성이 부족함, 실제적임, 관습적임, 일상적인 것을 선호함
성실성 C	강함	체계적, 완벽주의적임, 일중독, 주의깊음
	약함	부주의함, 산만함, 무책임함
외향성 E	강함	자극추구, 사교적
	약함	절제됨, 냉담함, 사회적으로 억제됨
우호성 A	강함	순응적, 배려함, 마음이 따뜻함, 친절함
	약함	통제적, 의심함, 비협조적임
신경증적 경향 N	강함	무기력Helplessness, 정서적 불안정Emotional Lability, 우울Depressivity, 수치심Shameful
	약함	차분함, 안정됨, 자신에게 만족함

▲ 성격 5요인의 특징

정신분석과 지그문트 프로이트 Sigmund Freud

현대사상의 혁명적 전환

♥　　　현대사상의 혁명적인 전환을 이룩했다고 평가받는 정신분석 이론의 시작과 흐름, 핵심적인 개념을 알아보자.

정신분석 이론은 비엔나 출신의 정신과 의사인 지그문트 프로이트에 의해 창시되었다. '정신분석' 하면 심리치료와 마음의 병을 떠올리는 사람들이 많지만, 사실 정신분석 이론은 인간의 정상적인 행동뿐 아니라 사회문화 현상까지 설명하는 광범위한 이론체계다. 정신분석 이론의 중요한 가정을 살펴보자.

정신적 결정론

당신은 어떤 사람과 사랑에 빠지는가? 당신이 사랑했던 사람들은 어떤 특징을 가지고 있었는가? 정신적 결정론Psychic determinism에 따르면 그 어느 것도 우연에 의한 것은 없다. 즉 우리가 사랑을 택하는 데도 분명 결정적인 원인이 있는 것이다. 사랑뿐 아니라 결혼, 직업, 자녀 및 친구들과의 관계도 심리적인 원인에 의해 결정되고 움직인다. 그 원인은 자신 안에 있는 자신도 모르는 속마음, 즉 무의식이라 부를 수 있으며, 무의식은 과거의 경험으로부터 축적된다.

프로이트는 정신분석의 기본 원리인 정신적 결정론을 주장하며, 인간의 모든 행동이나 감정, 생각은 정신 내적인 원인에 의해 결정된다고 했다. 인간의 행동은 우연에 의한 것이 아니며, 반드시 심리적 원인이 있다는 것이다. 즉 아무리 사소해 보이는 행동도 알고 보면 인간 내부의 심리에서 원인을 찾을 수 있다고 한다. 이런 원리에 따르면 우리가 일상에서 저지르는 사소한 실수에도 원인이 있을 것이고, 심리적 증상이 생겼을 때도 마찬가지로 그에 따른 원인이 있을 것이다.

그렇다면 심리적 증상을 어떻게 없앨 수 있을까? 정신분석 이론은 그 원인을 알아내서 멈추면 결과인 심리적 증상도 멈춘다고 보았다. 바람이 멈추면 흔들리던 나뭇잎도 멈추듯, 원인을 멈추면 결과도 멈춘다고 생각했기 때문이다. 결국 정신분석적 치료가 과거에 대한 탐색을 강조하는 것은 현재의 심리적 증상을 만들어낸 내적인 원인을 밝히기 위함이다. '원인이 무엇인가?'라는 질문을 끊임없이 던지는 자세, 그것이 바로 정신분석가의 기본적인 자세다.

무의식이 중요하다

현재의 행동과 생각, 감정을 결정하는 것이 과거의 경험으로부터 축적된 무의식이라면, 개인을 이해하기 위해 무의식을 이해하는 일은 매우 중요한 과제일 것이다. 정신분석 이론은 무의식의 존재를 가정하며, 인간이 스스로 자각하지 못하는 무의식적 정신현상이 인간에게 큰 영향을 미친다고 강조한다.

정신적 힘인 추동

우리가 어떤 행동을 하도록 동기를 부여하는 힘은 무엇일까? 프로이트는 인간을 동기화하는 힘으로 '추동Drive'을 언급했다. 추동이란 어떤 행동을 하게끔 하는 정신적인 에너지를 말한다. 우리의 마음에 추동이 발하면 긴장 상태가 되는데, 사람들은 이 긴장을 해소하고 만족감을 얻기 위해 어떤 정신적·외적 활동을 하게끔 동기부여 된다. 프로이트는 인간의 모든 정신활동에는 성적 추동과 공격적 추동이 관여한다고 보았다.

성적 추동

성적 추동은 삶의 추동이라고도 하는데, 생명을 유지·발전시키는 데 기여하는 삶의 힘으로, 단순히 섹스를 하고 싶은 욕구 이상의 의미를 가진다. 타인과 친밀한 관계를 맺고 사랑을 나누며 개인의 창조적인 발전을 도모하게 한다. 즉 성장과 발달, 창조성을 추구하는 동기의 원천이 된다.

공격적 추동

공격적 추동은 대상을 공격하고 파괴하고자 하는 힘을 말한다. 프로이트는 제1차 세계대전을 경험하면서 무의식을 구성하는 기본적인 추동으로 삶의 추동에 이어 공격적 추동을 추가했다. 인류의 역사를 돌이켜보면 끔찍한 전쟁이 끊임없이 되풀이되어왔다. 프로이트는 "왜 인류는 전쟁을 하고 살인을 하는 것일까?"라는 의문을 가졌고, 그에 대해 우리 인간이 내부에 파괴와 죽음의 본능을 가지고 있기 때문이라고 결론내렸다.

정신분석의 탄생: 프로이트는 누구인가?

프로이트는 유대인으로 1856년 5월 6일 오스트리아-헝가리 제국에 속한 모라비아의 작은 도시 프라이베르크에서 태어났다. 사업가인 아버지 야코프와 어머니 아멜리아 사이에서 첫째 아들로 태어난 그는 우수한 지력과 재능으로 인해 부모의 특별한 보살핌을 받았다. 그는 4살 때 가족과 함께 빈으로 이주했고, 빈대학 의학부에 입학해 우수한 성적으로 졸업했다. 프로이트는 1885년 프랑스 파리로 유학을 떠났고, 저명한 의사이자 신경학자로 최면의 권위자인 장 샤르코Jean Charcot의 강의를 듣게 된다. 샤르코가 최면을 이용해 히스테리를 치료하는 모습을 본 프로이트는 깊은 감명을 받고 샤르코의 치료법을 적극 수용한다.

브로이어와의 만남

조셉 브로이어Joseph Breuer 또한 프로이트에게 결정적인 영향을 끼친 연구자다. 브로이어는 유능한 내과의사로, 자신이 치료하는 안나 오Anna O의 사례를 프로이트에게 들려준다. 안나 오는 아버지의 병간호를 하다 의학적인 문제가 없는데도 오른팔이 마비되는 등의 히스테리 증상을 보인 젊은 처녀였다. 브로이어는 억압된 외상적 기억을 말하게 함으로써 증상을 치료했는데, 이것을 정화치료 Cathartic method라고 한다. 프로이트는 이 사례에 대한 체험을 토대로 정신분석의 근간이 되는 여러 개념을 발전시킨다.

정신분석의 시작과 발전

이후 프로이트는 브로이어와 함께 1895년 공동저작물인 『히스테리 연구(Studien über Hysterie)』를 출간한다. 하지만 최면치료에 한계를 느낀 프로이트는 1896년에 자유연상 기법을 도입했다. 이 시점을 정신분석이 공식적으로 시작된 시기로 본다. 프로이트는 이후 『꿈의 해석(Die Traumdeutung)』『일상생활에서의 정신병리학(Zur Psychopathologie des Alltagslebens)』『성욕에 관한 세 편의 에세이(Drei Abhandlungen zur Sexualtheorie)』를 출간하며 정신분석의 세계를 넓히고 체계화한다.

『성욕에 관한 세 편의 에세이』를 통해 프로이트는 유아성욕설과 심리성적 발달 이론을 주장했는데, '성性'을 강조한 프로이트의 이론은 당시 유럽 사회에 커다란 반향을 일으켰다. 성을 금기시하며 인간의 기본적인 욕구보다는 외적인 것을 중시하던 시대에, 유아도 성욕이 있다는 그의 이론은 사람들에게 충격적으로 다가왔기 때문이다. 사람들은 그를 사악하고 음탕한 사람이라고 비난했고 학계에서 그는 매장당할 처지에 이른다. 하지만 프로이트는 이후 심리학자이자 미국 클라크대학교의 총장이던 스탠리 홀Stanley Hall에 의해 미국에서 초청 강연을 하게 되었고 열렬한 환대를 받았다. 유럽과 달리 개방적이고 자유주의적인 미국의 문화는 프로이트의 이론에 열광했고 그의 명성은 국제적으로 알려지게 된다.

프로이트는 계속해서 정신분석 이론을 확장하며 자신의 이론을 사회·문화·예술 등 다양한 영역에 응용하고자 애썼다. 1938년에는 오스트리아를 침공한 히틀러를 피해 영국 런던으로 망명했고, 1939년에 구강암으로 사망했다. 프로이트가 죽은 후 정신분석은 여러 이론으로 발전되었고 대상관계 이론이나 자기심리학과 같은 분야가 파생되었다. 이와 같은 후기 정신분석과 구별하기 위해 프로이트의 이론을 고전적 정신분석이라고 한다.

지금은 존재하지 않지만 그가 남긴 이론은 인간의 심리와 발달 과정에 대한 이해에 새로운 패러다임을 가져온 인식의 도구로서 오늘날까지도 환영받고 있다. 심리학뿐 아니라 철학·사회학·교육학 등 다양한 영역에 적용되며 우리 사회에 지대한 영향을 미치고 있다. 이성적이고 합리적인 존재인 줄 알았던 우리가 알고 보면 차마 그 깊이도 알 수 없는 마음의 세계, 무의식에 의해 움직이고 있다는 인간에 대한 프로이트의 이해와 발견은 아인슈타인이 가져온 사상적 혁명에 비견할 만한 것이다.

무의식 Unconsciousness

나도 모르는 내 속마음, 무의식

♥　　　　프로이트가 창안한 정신분석학을 이해하기 위해서는 무의식의 개념을 꼭 짚고 넘어가야 한다. 무의식이란 무엇일까?

사람들은 흔히 자기 마음을 자기가 다 안다고 생각한다. 자신이

하는 행동은 모두 의식의 통제하에 일어난다고 착각하는 것이다. 하지만 알고 보면 우리의 마음은 우리가 알지 못하는 부분이 훨씬 더 크다. 즉 자신이 알고 있는 자신의 마음은 전체의 일부분이라고 할 수 있다. 우리의 정신세계를 빙산에 비유하면 이해하기가 더 쉽다. 여기서 의식은 수면 위로 드러난 빙산의 일각에 해당된다. 바다 위에 떠 있는 빙산은 극히 일부만 겉으로 드러나 있다. 그래서 수면 위로 보이는 게 전부인 것 같지만, 사실 빙산의 대부분은 바다 밑에 보이지 않게 가려져 있다. 즉 의식은 빙산의 일각처럼 우리 정신세계에서 일부분을 차지할 뿐 의식하지 못한 채 어둠 속에 갇혀 있는 부분이 훨씬 더 크다는 것이다.

어둠 속에 갇혀 있는 부분, 의식하지 못하는 정신세계를 무의식이라고 한다. 프로이트는 인간의 마음과 행동은 합리적이고 이성적인 의식보다는 무의식에 의해 큰 영향을 받는다고 했다. 프로이트는 마음의 세계를 지리적 개념으로 설명했는데, 이 지형학적 모델을 통해 인간의 정신세계를 의식과 무의식, 전의식으로 구분했다.

지형학적 모델

의식Conscious

우리가 의식하고 있는 부분으로 생각·감각·지각을 포함한다. 무언가를 의식한다는 것은 지금 그것을 알아차리고 있고, 어느 정도의 주의를 기울이고 있다는 뜻이다. 예를 들어 당신이 지금 이 책을 읽으면서 눈에 들어오는 시각적 감각, 주변에서 들리는 소리, 머릿속을 스치는 생각, 연속되는 사고들이 다 의식에 포함된다.

전의식 Preconscious

전의식은 지금 현재 의식 속에 머물지는 않으나 비교적 적은 노력으로 쉽게 의식될 수 있는 정신의 한 부분으로, 생각·기억·관념·감정·공상 등을 포함한다.

과거로 돌아가 초등학교 졸업식 때를 떠올려보자. 당신은 그날 무엇을 했는가? 어떤 기분이었는가? 이 질문을 읽기 전까지 당신은 초등학교 졸업식에 대해 생각하고 있지 않았을 것이다. 하지만 이 질문에 의해 마음속에 간직하고 있던 여러 생각·기억·감정·태도·경험들이 떠올랐을 것이다. 이처럼 지금 현재 마음속에 자각되고 있던 것은 아니지만 주의를 쏟으면 비교적 쉽게 의식 속으로 떠오르는 것들이 전의식에 해당된다.

무의식 Unconscious

무의식은 우리의 마음속 가장 깊은 곳에 존재하고 있으며, 사라지지는 않았지만 상당한 심리적 노력을 기울이지 않고서는 의식되지 않는다. 의식하기에는 너무나 고통스럽거나 위협적인 생각·감정·충동·소망·욕구·기억들이 억압에 의해 추방되어 무의식 속에 담긴다. 의식이 금지하는 내용들이 불안을 일으키기 때문이다.

예를 들어 근친상간적인 소망이나 부모를 제거하고 싶은 욕구는 불안을 일으킨다. 자아는 불안으로부터 의식을 보호하기 위해 불안을 일으키는 이러한 욕구들을 억압해버린다.

무의식이 드러나는 통로

무의식이 인간의 마음을 이해하는 데 그토록 중요하다면, 어떻게 해야 무의식에 다다를 수 있는 것일까? 프로이트는 무의식이 드러나는 통로로 신경증적 증상, 실착행위, 꿈을 들었다.

신경증적 증상

무의식은 호시탐탐 의식 속으로 들어오려고 한다. 자아는 무의식에 있는 내용들이 의식을 위협하지 않도록 방어하지만, 이 방어는 약해지기도 한다. 무의식의 저장고에 억압되어 있던 위협적인 내용들이 방어가 약해진 틈을 타 의식으로 올라오려고 하는 과정에서 심리적인 증상이 형성되는데, 신경증은 무의식적 갈등의 결과물이라는 것이다.

일명 '히스테리'라고도 불렸던 전환장애를 살펴보자. 전환장애는 수의적인 운동기능이나 감각기능의 마비 같은 신체적 이상 증세를 나타내나 의학적인 이상이 나타나지는 않는 마음의 병을 말한다. 정신분석학적 관점에서 전환장애는 무의식적인 감정을 표현하려는 욕구와 이것을 표현하는 데 대한 두려움의 타협으로 생긴 증상으로 해석된다. 프로이트는 앞서 언급한 안나 오의 사례를 분석하면서 그녀의 신체 증상을 심리학적으로 설명했다. 그녀의 한쪽 팔이 마비된 것은 아버지의 성기를 만지고 싶다는 욕망과 그에 대한 죄책감이 갈등을 일으켜 일종의 타협책으로 나타난 결과라는 것이다. 즉 그녀의 증상은 근친상간적 소망이 인식되는 것을 막는 동시에 자신을 처벌하며 무의식적인 죄책감을 해소하는 기능을 했다라고 할 수 있다.

실착행위

실착행위는 말실수나 글실수와 같은 실수나 다양한 망각, 엉뚱한 행동을 포함한다. 프로이트는 실착행위가 단순한 부주의나 우연에 의한 것이 아닌 무의식적인 의미를 가진다고 설명했다. 의식적인 의도가 무의식적인 의지에 의해 영향을 받고, 그 타협의 산물로 실착행위가 나타난다는 것이다.

프로이트에 따르면 단어를 혼동해서 말하거나, 예정된 일을 깜빡 잊어버리거나, 부주의한 실수를 하거나, 특정인의 이름을 자주 잊어버리는 등의 실수는 무의식에 기인한다. 즉 사람들은 다시 방문하고 싶은 곳에 자기도 모르게 지갑을 두고 오기도 하며, 싫어하는 사람을 만나러 갈 때 반대 방향의 지하철을 타기도 한다는 것이다. 다음의 사례를 살펴보자.

지현은 7살, 4살의 두 아이를 키우는 전업주부다. 가사와 육아에 치여 힘들지만, 사람들 앞에서 힘든 내색 한 번 한 적이 없다. 늘 천사 같다, 착하다는 말만 들으며 살아온 지현은 모두가 인정하는 현모양처다. 남편은 자상한 편이지만, 최근에 회식이 늘어 밤 12시가 넘어 집에 들어오는 날이 잦아졌다. 서운할 만도 하지만 회사생활이 얼마나 힘들까 싶어 한 번도 화를 낸 적은 없다.

그런데 얼마 전부터 결혼반지가 눈에 보이지 않았다. 집안일을 하려고 잠깐 빼두었는데 감쪽같이 사라져버린 것이다.

"대체 반지가 어디로 가버렸지? 그 비싼 반지가 대체…."

집안을 아무리 뒤져도 눈에 띄지 않았다. 잃어버린 것 같아 속상했지만 별 수 없었다.

그러던 어느 날 저녁, 남편이 회사에서 전화를 했다. 근사한 레스토랑을 예약해두었다며 아이들은 시어머니에게 맡기고 나오라는 것이다. 그동안 당신을 이해해주지 못해 미안했다는 말도 덧붙였다. 지현은 오랜만에 남편과 데이트한다는 생각에 마음이 설레었다. 처녀 시절 입던 원피스를 꺼내 입고 화장을 하려고 앉았다. 그런데 화장대 서랍을 여는 순간, 그동안 그토록 찾지 못했던 결혼반지가 고스란히 놓여 있는 것이 아닌가! 지현은 결혼반지를 끼고 남편과 둘만의 시간을 보내기 위해 들뜬 마음으로 집을 나섰다.

이 사례에서 지현은 의식적으로는 반지를 찾고 싶다고 생각했지만 찾을 수 없었다. 남편에 대한 분노와 서운함이 결혼반지를 잃어버리고 찾지 못하는 행동으로 나타난 것이다. 무의식은 이런 것이다. 우리는 내 행동이 의식적 결정에 따르는 것이라고 생각하지만, 알고 보면 의식 아래 더 깊은 영역에 있는 무의식의 지배를 받고 있었던 것이다.

꿈

꿈은 무의식이 드러나는 통로로 억압된 무의식의 내용물들은 꿈을 통해 그 모습을 드러낸다. 하지만 아무리 꿈속이라고 해도 무의식의 소망들이 그 모습을 그대로 드러내는 것은 아니다. 꿈속에서 무의식적 소망들은 검열 장치를 통해 왜곡되어 나타난다. 꿈에 대해서는 아래에서 좀더 자세히 살펴보도록 하자.

꿈 Dream

무의식으로 향하는 지름길

♥ 　　　프로이트는 그의 대표저서가 『꿈의 해석』일 정도로 꿈에 많은 관심을 두고 연구했다. 꿈을 무의식으로 가는 왕도라고 생각했기 때문이다. 무의식으로 향하는 지름길, 꿈에 대해 알아보자.

꿈은 소망충족이다

잠을 자던 사람이 목이 마르다면 어떨까? 잠에서 깨어나서 물을 마셔야 할까? 배가 고파 참을 수 없는 지경이라면 어떨까? 이런 상황에서 개인은 잠을 자고 싶은 욕구와 갈증, 또는 허기 사이에 만들어지는 긴장 속에 갇히게 된다. 이때 잠에서 깨지 않으면서도 갈증과 허기를 달랠 수 있는 방법이 하나 있다. 시원한 물을 마시거나 먹음직스러운 치킨을 뜯는 꿈을 꾸는 것이다. 이렇듯 꿈을 통해 개인은 생리적 욕구 불만을 해결한다. 꿈은 잠을 자는 동안 생기는 내적 신체 자극에 반응해 소망을 충족시키는 기능을 한다.

하지만 인간의 욕구나 소원이 항상 이렇게 명확한 것은 아니다. 공격적 충동이나 성적 충동처럼 사회적으로 비난받기 쉬운 욕구들은 좀더 깊은 무의식 속에 갇혀 있기 때문이다. 무의식 속에 억압된 소원들 역시 꿈을 통해 충족되고자 한다. 하지만 부모나 형제에 대한 근친상간적 욕구, 남의 아내에 대한 성적 욕망, 배우자를 살해하고 싶은 욕구를 꿈속에서 그대로 충족할 수 있을까? 아마 자기 어머니와 자고 싶다는 욕망이 그대로 나타난다면 깜짝 놀라 잠에서 깨버리고 말 것이다. 아무리 꿈속이라도 무의식적인 욕구가 그대로 표현된다면 개인은 감당할 수 없는 불안을 느낀다.

꿈 작업

그렇다면 무의식적 욕망은 의식이 허용하는 방식으로 모습을 드러내야 할 것이다. 따라서 무의식적 욕망은 검열을 통해 왜곡된다. 꿈은 왜곡을 통해 숨겨진 욕망과는 얼핏 동떨어져 보이는, 이해할 수 없는 내용으로 바뀐다. 즉 무의식적 소망이 덜 위협적인 내용으로 왜곡되고 변형되어 꿈속에 나타나는 것이다. 결국 꿈의 왜곡은 무의식적 소망이 충족되고자 하는 힘과 그 소망을 억누르는 힘 사이의 타협안인 셈이다. 다시 말해 꿈은 현실이 직접적인 만족을 허락하지 않는 혐오스러운 욕망의 승화 방식이라고 할 수 있다.

개인의 무의식에 내재된 잠재적인 꿈의 내용은 누락되거나 은폐되고, 압축되거나 편집되어 우리가 기억하는 내용의 꿈으로 나타난다. 이렇게 잠재적인 꿈을 외현적인 꿈으로 바꾸는 작업을 꿈 작업Dream work이라고 한다. 여기서 우리가 기억하는 꿈이 외현적인 꿈이라면 그 밑에 숨어 있는 진짜 내용이 잠재적인 꿈인 것이다.

이제 꿈을 왜곡시키는 대표적인 기제들에 대해 살펴보자.

압축Condensation

잠재적인 내용이 완전히 생략되거나, 잠재적인 꿈 가운데 어느 일부만 외현적인 꿈으로 옮겨진다. 혹은 어떤 공통점을 지닌 내용들이 한데 뭉쳐 하나로 나타난다. 이때 외현적인 꿈은 잠재적인 꿈의 요약본, 압축본이라고 할 수 있다. 예를 들어 꿈속에 등장하는 사람은 친한 친구처럼 생겼지만 친동생처럼 보이기도 하고, 남자친구나 아버지의 특징도 가지고 있을 수 있다. 누구인지 명확하지는 않지만 네 사람 모두가 지닌 공통적인 특징을 두드러지게 가지고 있는 것이다.

전치|Displacement

위장하기 위해 진짜 내용을 암시로 대체해버리거나 중요한 것에서 중요하지 않은 것으로 강조점이 옮겨진다. 어머니와 자고 싶은 것이 잠재적인 꿈이라면, 어머니가 반지로 바뀌어 반지를 만지작거리는 꿈은 외현적인 꿈이다. 아버지를 죽이고 싶다는 내용의 잠재적인 꿈이 집안의 못을 뽑아버리는 내용의 외현적인 꿈으로 나타나는 것도 전치의 예다.

시각화 Visualization

언어적으로 표현된 사고가 눈으로 볼 수 있는 형태, 즉 이미지를 통해 나타난다. 자유롭다는 생각은 드넓게 펼쳐진 평원으로, 싱그럽고 아름답다는 생각은 금방이라도 꽃을 피울 듯 부풀어 오른 꽃봉오리로 표현된다.

상징화 Symbolism

상징이 잠재된 내용의 사고·사람·행동 등을 대체한다. 프로이트는 상징에 대해 다음과 같은 해석을 제안했다.

- 뾰족한 것(나무, 지팡이, 칼, 우산): 남자의 성기
- 오목한 것(구덩이, 구멍, 병, 깡통, 상자, 밀폐용기, 오븐, 벽장): 여자의 성기
- 위엄있는 인물(왕, 여왕): 부모
- 작은 동물(곤충): 자녀, 형제자매

꿈의 해석

프로이트에게 꿈의 해석이란 무의식에 도달하는 과정, 즉 외현적인 꿈에서 잠재적인 꿈에 도달하는 과정을 말한다. 그런데 잠재적인 꿈의 왜곡된 형태인 외현적인 꿈을 통해 어떻게 무의식에 도달할 수 있을까?

프로이트는 꿈의 내용들이 대부분 상징을 통해 위장되어 있으므로 특정한 상징을 제대로 해석할 수 있다면, 꿈속에 숨겨진 내용을 밝힐 수 있다고 확신했다. 잠재된 내용에 다다르기 위해 그는 내담자로 하여금 꿈과 관련해 떠오르는 생각을 자유롭게 말하도록 했다. 꿈꾼 이의 연상을 따라가다 보면 어떤 핵심 주제에 도달하게 되며, 결국 환자의 무의식에 있는 소망을 열어볼 수 있다는 것이다.

프로이트는 이렇듯 꿈에 깊은 관심을 가지며 꿈의 해석을 통해 무의식에 대한 정보를 얻고자 했다. 무의식에 대한 건강한 깨달음이 있다면 더이상 무의식에 의해 지배당하지 않는 삶을 살 수 있다

고 믿었기 때문이다. 그런 의미에서 그에게 꿈은 무의식으로 향하는 지름길이었음에 틀림없는 것 같다.

성격구조 이론 Structural theory of personality

이드 · 초자아 · 자아, 우리 마음의 세 얼굴

♥　　　인간의 성격은 무엇으로 구성되어 있으며 어떻게 작동하는 것일까? 정신분석 이론의 아버지인 프로이트는 인간의 성격이 이드Id, 자아Ego, 초자아Superego의 세 요소로 구성된다고 보았다. 이 3가지 요소는 각각 독특한 특성을 가지고 추구하는 방향도 다르나 서로 영향을 주고받으며 우리의 성격을 구성한다는 것이다.

우리는 삶을 살아가면서 알게 모르게 수많은 내적 갈등을 경험한다. 예를 들어 어떤 사람이 아주 허기진 상태에서 길거리 포장마차의 맛있는 음식을 발견했다고 가정해보자. 김이 모락모락 나는 맛있는 만두가 눈앞에서 유혹하고 있다. 본능은 '배고픔을 참는 것은 고통스러우니 당장 저 만두를 집어 먹어!'라고 명령한다. 하지만 현실적으로는 돈이 한 푼도 없어 만두를 사먹을 수 없는 상황이다. 돈을 내지 않고 몇 개 집어 도망쳐볼까 생각해보지만 금세 '그건 나쁜 행동이야. 도둑질하면 안 돼.'라는 내면의 목소리가 들리며 양심에 가책을 느낀다. 배고픈데 돈은 없고, 훔칠 수도 없고 어떻게 할까 고민하던 사람은 근처에 사는 친한 친구에게 전화를 해 돈을 빌려달라고 한다. 지금 당장 불쾌한 허기를 참고 주변 상황을 고려해 현실적인 대안을 찾은 것이다.

이렇듯 일상에서 흔히 겪는 순간의 선택 상황에서도 우리는 프로이트가 말한 이드, 자아, 초자아가 상호작용하며 힘겨루기 하는 모습을 관찰할 수 있다. 즉 성격구조들은 항상 역동적인 갈등 속에 존재한다. 여기서 역동성 Dynamic이란 용어는 긴장 해소를 원하는 충동과 그 충동을 억제하려는 힘 사이의 상호작용과 충동을 의미한다.

그런데 앞의 예시에서 무엇이 각각 이드, 자아, 초자아의 작용인 걸까? 성격 구조에 대해 좀더 자세히 알아보며 답을 찾아보자.

이드

이드는 성격의 기본이 되는 바탕으로 성욕, 식욕, 공격적 충동과 같은 본능적인 욕망과 욕구의 저장소를 말한다. 즉 성격의 가장 원시적인 부분으로 인간 성격의 생물학적인 구성요소라고도 할 수 있다. 예를 들어 갓 태어난 아기들은 현실적인 상황을 고려하지 않은 채 배가 고프면 먹고, 잠이 오면 자고, 용변이 마려우면 그 자리에서 배출한다. 성인처럼 현실적인 제약이나 외부의 요구, 사회적 금기에 의해 영향을 받지 않고 타고난 본능에 의해서 움직이는 것이다.

이렇듯 본능의 저장소인 이드가 작용하는 원리는 '쾌락원칙 Pleasure principle'이다. 쾌락원칙은 즉각적인 만족과 쾌락을 추구하는 것으로, 쾌락원칙만을 따를 경우 욕구를 연기하지 못하고 참을성이 없으며, 이성적이고 합리적인 선택을 하지 못한다. 이드가 원하는 것은 본능적인 충동이 일으키는 긴장 상태를 즉각적으로 해소시키는 것이기 때문이다.

우리는 본래 원초적인 욕구 덩어리인 이드만을 가지고 태어나지만, 성장과정에서 이드의 명령만 따르다가는 차가운 현실과 사회적 요구라는 벽에 부딪치게 된다. 이 과정에서 이드 외의 성격 구성요소인 자아와 초자아가 발달하게 되는 것이다. 배가 고프면 남의 것을 빼앗아 먹기보다 "먹을 것을 주세요."라고 부탁해야 하고, 화장실이 아닌 곳에서 용변을 보면 안 된다고 배운다. 사람들 앞에서 자신의 성기를 만지는 것은 금기라고 배우며, 자기 욕구만 따르기보다는 타인을 배려해야 한다고 배운다. 또한 세상에는 옳고 그른 것이 있으며 법과 규범이 있다는 것도 알게 된다.

이렇듯 원초적이고 뜨거운 우리의 욕망은 현실적 여건과 사회적 금기 앞에서 타협안을 찾게 된다. 쾌락을 추구하면서도, 한편으로는 외부의 현실적 여건과 부모, 사회가 알려주는 규칙과 규범들을 고려하게 되는 것이다.

세상에 이드만을 가지고 살아가는 사람들만 가득하다면 어떨까? 지금처럼 사회를 이루어 법과 규범을 확립하고 서로를 배려하며 살아가기는 아마 불가능할 것이다.

자아

자아는 현실적인 적응을 담당하는 기능을 맡는다. 생후 6개월에서 8개월 사이에 발달하기 시작해 2~3세 정도 되어야 자아는 제대로 된 기능을 하기 시작한다. 자아는 이드에서 파생되어 이드의 충동을 충족시키고자 하지만, 현실적 여건과 맥락을 고려해 사회에 수용될 수 있는 타협안을 만든다. 즉 '현실원칙Reality principle'을 따르며 즉각적인 욕구의 충족을 지연하거나 억제한다. 앞서 언급한 예시에서 당장 배고픔을 참지 못해 눈앞에 있는 만두를 집어 먹는 행동이 이드의 명령에 따르는 일이라면, 만두가 타인의 것임을 인식해 배고픔을 참으며 친구에게 전화하는 행동은 자아가 찾은 해결책이다. 자아는 이렇듯 현실적인 중재자로서 즉각적인 욕구 충족을 원하는 이드의 충동을 달래며 지연시키고, 쾌락을 충족시키기 위해 적합한 방안을 찾는다.

초자아

초자아는 성장과정에서 부모와 사회의 영향을 받아 형성된 도덕, 양심, 사회적 규칙과 규범이 자리 잡은 곳이다. 부모가 가하는 규칙과 훈계, 가르침을 통해 우리의 마음속에 내재화Internalize되며, 4~5세 정도부터 발달하기 시작한다. 즉 인간 마음의 심판관으로 도덕적 이상에 따라 옳고 그름을 판단하며, '자아이상Ego ideal'을 설정한다. 우리는 초자아로 인해 양심의 가책과 죄책감을 느끼며, 옳다고 생각되는 행동을 했을 때는 자긍심을 느끼기도 한다.

성격구조 가운데 초자아가 지나치게 강할 경우 엄격한 심판관이 자 가혹한 비판자인 부모를 마음속에 모시고 사는 것과 같다. 엄격한 잣대로 자신을 감독하고 판단하며 끊임없이 평가하고 비난하는 내면의 목소리에 주눅들 수 있는 것이다. 이 경우 완벽주의에 빠지거나 삶의 자연스러운 즐거움을 찾지 못하는 강박적인 삶을 살게 될 수 있다. 가혹한 초자아는 지나친 자책과 죄책감으로 인해 스스로를 피학적이고 우울하게 만들며, 성공을 회피하고 처벌을 비롯한 온갖 불행을 찾아다니게끔 만든다.

방어기제 Defence mechanism

자신을 보호하는 무의식의 방패

♥ 　　　인간은 본능적인 충동과 금기 사이에서 발생하는 갈등에 끊임없이 시달린다. 앞서 이야기했듯 이드는 원초적인 본능에 따르도록 요구하고, 초자아는 도덕적 이상을 설정하고 이에 비추어 행동을 검열한다. 자아는 이 상충되는 요구 사이에서 중재자 역할을 하며, 성격구조들 간의 요구가 충돌할 때 생기는 불안에 대처하기 위해 방어기제를 사용한다. 자아는 방어기제를 통해 불안으로부터 우리를 보호하는 동시에, 이드의 요구를 부분적으로나마 충족시키고 초자아의 위협에 대응한다.

예를 들어 자신 안에서 공격적 충동이 올라와 타인을 괴롭히고 싶다는 욕구가 생긴다면 어떻게 될까? 초자아는 이런 충동을 검열하며 죄책감을 느끼게 한다. 사회적·도덕적으로 받아들일 수 없는 충동이기 때문이다. 이때 이드와 초자아의 요구가 충돌하며 불안이 유발되면 자아는 방어기제를 사용해 마음의 평정을 회복하려 한다.

이때 '투사'의 기제를 사용하는 사람의 경우 이 사람은 '내가 당신을 괴롭히고 싶은 것이 아니라 당신이 나를 괴롭히고 싶어한다.'라고 생각하며 자신의 공격적 충동을 상대에게 떠넘겨버린다. 자신에게 공격적 충동이 있으리라고 생각하지 못하는 것이다. 투사란 자신이 가지고 있는 좋지 않은 충동을 남의 것이라고 떠넘겨버리는 기제로, 투사를 사용하면 자신의 것으로 받아들이기 힘든 충동이 타인에게 있는 것으로 여겨진다. 투사를 비롯한 다양한 방어기제에 대해 좀더 구체적으로 살펴보자.

억압 Repression

억압은 의식하기에는 너무나 고통스러운 생각·충동·감정 등을 무의식 속으로 억누르는 것을 말한다. 억압을 통해 자아는 위협적인 경험이 의식되는 것을 막는다. 자신을 학대하는 부모에 대한 뿌리 깊은 적대감을 인식하지 못하거나, 성폭행 경험을 기억하지 못하는 것 등이 억압에 해당한다. 고통스러운 경험과 관련된 기억들을 아예 기억 속에서 지워버리는 심인성 기억상실증은 억압의 극단적인 예에 해당한다.

부정Denial

부정은 외부의 세계에 있는 무언가를 지각하지 못하거나 왜곡되게 지각함으로써 자신을 불안으로부터 보호하는 방어기제를 말한다. 즉 받아들이기 힘든 고통스러운 현실을 인정하지 않고 부인하는 것이다. 억압이 무의식 수준에서 일어난다면 부정은 의식이나 전의식 수준에서 일어난다. 또 억압이 내적 사건에 대한 지각을 조작하는 것이라면 부정은 외적 사건에 대한 심리적 조작이라는 차이가 있다.

대표적인 예로 흡연의 위험성을 인정하지 않고 흡연을 지속하는 사람, 도박으로 인한 손실을 알면서도 도박을 멈추지 못하는 중독자를 들 수 있다. 말기암을 선고 받아 삶이 얼마 남지 않았으면서도 죽음을 받아들이지 않는 환자, 자녀의 죽음을 인정하지 않는 부모의 경우도 부정의 방어기제를 사용하는 사례다.

투사Projection

앞서 설명했듯이 투사는 받아들일 수 없는 자신의 감정과 충동을 억압하고 다른 사람이 그러한 속성을 가지고 있다고 떠넘겨버리는 기제를 말한다. 자신이 타인을 미워하면서 타인이 자신을 미워한다고 주장하거나, 자신이 품은 욕정을 깨닫지 못하고 타인이 자신을 유혹한다고 믿는 것이다. 의처증도 그 예로 들 수 있는데 외도하고 싶은 충동을 가진 남자가 아내에게 불륜에 대한 욕구를 떠넘기며 의심하는 경우도 투사의 방어기제를 사용한 것이다.

반동형성 Reaction formation

수용할 수 없는 생각·소원·충동이 받아들이기 어려운 두려운 것일 때 이와는 정반대로 지각하고 행동하는 것을 말한다. "미운 자식 떡 하나 더 준다."라는 속담을 떠올려보자. 누군가를 미워하고 싫어하면서도, 겉으로는 지극 정성으로 잘해주는 경우가 있다. 좋아하는 사람에게 오히려 차갑게 대하거나 짓궂게 대하는 사람의 경우도 반동형성의 예에 해당한다.

동일시 Identification

동일시는 부모나 스승과 같은 중요한 타인의 태도와 행동을 체득하며 닮아가는 것으로 자아와 초자아의 발달에 중요한 역할을 한다. 자식은 동일시의 과정을 통해 의식하지 못하는 사이에 부모의 가치관·태도·행동·성격 등을 닮아간다. 의사인 부모를 둔 자녀가 병원놀이를 하며 의사처럼 행동하는 것, 소꿉놀이를 하며 어머니의 말투와 행동을 따라하는 것도 동일시의 예에 해당한다.

전치 Displacement

전치는 억압의 결과로 생겨나는 방어기제로, 분노와 같은 수용하기 힘든 감정을 쌓아두었다가 원래의 상황과는 관계없는 대상에게 표출하는 것을 말한다. "종로에서 뺨 맞고 한강에서 눈 흘긴다."라는 우리나라 속담과 일맥상통한다. 직장상사에게 혼쭐이 난 후, 집에 돌아와 만만한 가족에게 화풀이하는 것을 예로 들 수 있다.

합리화 Rationalization

그럴듯한 핑계를 대서 행동을 정당화하는 것을 말한다. 숨어 있는 동기는 용납할 수 없으므로 의식되지 않으며, 합리적으로 보이는 이유를 만들어 행동을 설명한다. 이솝우화의 신포도 이야기를 떠올려보자. 여우는 포도가 먹고 싶었지만, 너무 높이 매달려 있어 따 먹지 못하자 포도가 시기 때문에 먹고 싶지 않다고 핑계를 댄다. 포도를 먹지 못한 자신의 행동을 정당화한 것이다.

격리 Isolation

고통을 주는 기억에서 감정을 떼어내 분리시키는 것을 말한다. 고통스러운 사실을 기억하고 있지만 감정은 느끼지 못한다. 과거에 성폭행을 당한 경험을 무덤덤하게, 마치 남의 일인 것처럼 설명하는 환자를 예로 들 수 있다. 언뜻 보기에는 감정을 느끼지 않는 것처럼 보이지만 사실 받아들이기 힘든 감정을 분리시켜 놓았을 뿐이다.

주지화 Intellectualization

격리보다 발전된 형태로 감당할 수 없는 감정과 충동을 억누르기 위해 지적으로 분석하는 것을 말한다. 즉 정서적으로 위협이 되는 상황을 지적이고 이성적인 개념으로 취급함으로써 감정을 회피하고 초연해지려고 한다. 정신분석을 받는 도중 내적인 감정이 위협이 될 때 이론과 관련된 이야기를 길게 늘어놓는 것도 주지화에 해당한다.

퇴행Regression

위협적이고 고통스러운 현실 앞에서 과거의 발달단계로 후퇴하는 것을 말한다. 부모의 세밀한 보살핌을 받으며 비교적 책임감이 적었던 과거로 후퇴함으로써 불안에 대응하고자 한다. 동생이 태어나자 심한 질투를 느낀 첫째 아이가 갑자기 오줌을 싸거나 젖을 먹으려고 하는 경우를 예로 들 수 있다.

승화Sublimation

본능적인 욕구, 용인되기 어려운 충동을 사회적으로 용납되는 형태로 표현하는 것으로 건강한 방어기제에 해당된다. 이드의 욕구를 무조건 억누르는 것이 아니라 충동을 사회적으로 쓸모 있는 방식으로 변형한다. 성적욕망을 승화시켜 멋진 예술작품으로 표현해내는 작가, 잔인한 공격성을 승화시켜 사람의 생명을 살리는 외과의사 등이 그 예이다.

심리성적 발달 이론Psychosexual development theory

인간은 성적인 존재다

♥　　　인간의 성격은 어떻게 발달하는 것일까? 성격발달과정과 관련된 프로이트의 이론을 심리성적 발달 이론이라고 한다. 심리성적 발달 이론은 성적 추동에 의한 심리적 에너지인 리비도

Libido가 신체의 어느 부위로 이동하느냐에 따라 성격의 발달단계를 구분한다.

인간은 태어났을 때부터 성적인 존재다

프로이트는 성性이 인간의 가장 중요한 본능이라고 생각했다. 인간은 성인이 되어서야 비로소 성적인 존재가 되는 것이 아니라 태어났을 때부터 성적인 에너지를 가지고 있다고 보았고, 그렇기에 어린아이들도 성욕이 있다는 유아성욕설Infantile sexuality을 주장했다. 성에 대한 프로이트의 관점은 성인의 성적인 행위, 즉 섹스만을 의미하는 게 아니다. 프로이트에게 성은 엄지손가락을 빨거나 음식을 씹고, 대변을 참거나 보는 행위도 포함될 정도로 광범위한 것이었다.

리비도와 발달단계

프로이트에 따르면 인간은 태어났을 때부터 성적 추동을 가지고 있고, 이 성적 추동에 따라오는 심리적 에너지인 리비도는 연령에 따라 한 부위에서 다른 부위로 옮겨간다. 리비도가 신체의 어느 부위에 부착되느냐에 따라 발달단계는 5단계로 구분된다. 각각의 시기에 어떤 경험을 하느냐에 따라 성격발달에 영향을 주며, 특히 초기의 3단계가 성격형성에 결정적인 영향을 미친다. 정신분석이 인간을 이해하기 위해 과거의 삶, 특히 어린 시절의 경험을 중요하게 여기는 것은 이 때문이다.

프로이트가 주장한 심리성적 발달 이론을 단계별로 살펴보자.

구강기|Oral stage: 생후 18개월까지

리비도가 입에 집중되는 시기다. 이 시기의 유아는 무엇이든 입에 가져다 대려고 한다. 즉 입과 입술, 혀와 같은 구강 부위를 통해 세상을 경험하는 것이다. 이때 입은 유아가 자신의 욕구를 표현하고 만족감을 얻는 중요한 부위라고 볼 수 있다.

- 구강전기
  유아는 태어나자마자 곧바로 음식에 대한 생물학적 욕구가 생기고, 젖을 빠는 행위를 통해 배고픔이 해소되고 쾌감을 얻는다.
- 구강후기
  이가 나면서 유아는 음식을 씹고 깨무는 행위를 통해 쾌감을 느낀다.

빨고 씹고자 하는 구강기적 욕구가 적절히 충족되면 유아는 이 시기를 성공적으로 지나게 된다. 하지만 구강기적 욕구가 지나치게 충족되거나 좌절되면 고착Fixation이라는 현상이 발생한다. 여기서 고착이란 특정 발달단계에서 욕구가 지나치게 충족되거나 좌절되었을 때 일종의 발달정지가 일어나는 현상을 말한다.

구강기에 고착되면 구강기적 성격이 형성되며, 지나치게 의존적이고 자기중심적인 성격, 탐욕스러운 성격, 과도하게 낙관적이거나 비관적인 성향이 나타난다. 생활습관으로는 술에 탐닉하거나 과식하는 행동, 줄담배를 피우는 행동 등으로 나타날 수 있다.

항문기 Anal stage: 생후 18개월~3세

리비도가 항문 부위에 집중되는 시기다. 유아는 항문을 만지거나 대변을 참고 배설하는 행위를 통해 쾌감을 느낀다. 이 시기의 유아는 비로소 자신의 몸을 스스로 움직일 수 있게 되고 괄약근을 조절할 수 있게 된다. 유아는 자신의 신체에 대한 통제감을 획득함으로써 수동적인 존재에서 능동적인 존재로 변화했지만, 동시에 부모에 의해 '배변훈련'이 시작된다. 자유와 독립성을 획득한 것 같지만 구속이 시작되는 것이다. 유아는 배변훈련을 통해 어떤 행동은 해도되고 어떤 행동은 하면 안 되는지를 차츰 알게 된다. 세상을 살아가는 데 옳고 그른 것, 즉 바람직한 행동과 그렇지 않은 행동이 있다는 것을 알아가는 것이다. 이 시기는 도덕적 규범을 확립하는 출발점이 된다. 하지만 이 시기의 도덕성은 외부의 규칙을 수동적으로 따르는 수준으로 스스로 판단하지는 못한다.

부모가 배변훈련을 어떻게 하느냐에 따라 유아의 성격에 큰 영향을 준다. 배변훈련을 지나치게 느슨하게 하거나 방임하면, 유아는 기고만장해져 세상에 자신을 구속할 수 있는 게 아무것도 없다고 생각하게 된다. 안하무인격인 특징을 발달시키거나 자기애적 성격이 되는 것이다. 반대로 배변훈련이 지나치게 엄격하면, 유아는 세상을 작은 잘못에도 처벌이 따르는 가혹한 곳으로 경험한다. 이 경우 부모에게 분노와 적개심을 가지게 되며, 성격은 두 방향으로 형성될 수 있다. 부모에게 두려움을 느끼고 복종하기를 선택하면 질서·정리정돈·정확성에 집착하는 강박적 성격이 형성되며, 반대로 부모에게 반항하기를 선택하면 불결하고 반항적이며 분노가 가득 찬 성격이 형성된다.

남근기|Phallic stage: 4~5세

리비도가 성기 부분에 집중되는 시기다. 아이는 자신의 성기에 관심을 가지며, 성기를 만지고 자극하며 쾌감을 얻기도 한다. 남자아이는 자신의 성기가 중요하다고 여기며 자랑스러워하고, 여자아이는 자신에게는 남근이 없다는 사실을 알고 박탈감과 열등감을 느낀다. 이때 여자아이가 느끼는 것이 남근선망Penis envy이다. 반면 남자아이는 여자아이들에게 성기가 없는 것은 거세당했기 때문이라고 생각하며 거세불안Castration anxiety을 느낀다.

이 시기의 아이들은 이성의 부모에게 애정을 느끼고 동성의 부모에게는 질투와 경쟁심을 느낀다. 아버지와 어머니, 아이와의 사이에 삼각관계가 만들어지는 것이다. 아이는 이성의 부모에게는 근친상간적 소망을, 동성의 부모에게는 근친살해적 소망을 가진다.

프로이트는 이 삼각관계에 주목해 남아의 경우 오이디푸스 콤플렉스Oedipus complex, 여아의 경우 엘렉트라 콤플렉스Electra complex라고 설명했다. 남자아이는 자신이 질투하고 적대시하는 아버지로부터 남근을 잘리지 않을까 하는 거세불안을 느낀다. 경쟁자인 아버지에 비해 자신은 너무나도 약하고 무력한 존재기 때문이다.

이성의 부모에게 애정을 느끼지만 도저히 동성의 부모를 이길 수 없을 때 아이는 심리적 갈등을 어떻게 해결할까? 아이는 결국 동성의 부모를 닮고자 노력한다. 동일시를 통해 동성의 부모가 가진 좋은 점들을 받아들이고자 하는 것이다. 이 과정에서 아이는 부모의 가치 · 규범 · 도덕 등을 내면화하며, 이것은 초자아의 씨앗이 된다.

잠복기Latent stage: 6~12세

이 시기에는 리비도가 집중되는 신체부위가 존재하지 않는다. 일종의 휴면단계로, 아동의 성적활동은 활성화되지 않은 채 잠복한다. 아이는 성적활동과는 무관해 보이는 행동을 주로 하는데, 학교에 다니며 공식적인 교육을 받고, 또래들과 어울리며 우정을 쌓거나 스포츠 · 음악 · 미술 같은 취미활동에 몰두한다. 성적 욕구가 사회적으로 용납될 수 있는 방식으로 승화되어 나타나는 것이다.

이 시기의 아이들은 교육을 통해 사회의 가치와 규칙에 대해 배우며, 내적인 본능과 욕구를 외부 현실에 맞추어 조율하는 방법을 익혀간다. 자아가 보다 더 발달하고 분화하는 것이다.

성기기 Genital stage: 12세 이후

잠복되어 있던 리비도가 다시 성기에 집중된다. 남근기와는 다르게 성적만족을 위한 관심이 자신을 벗어나 타인에게 향한다. 부모 외의 이성에게 매력을 느끼며 키스나 포옹, 섹스와 같은 성적인 행동을 통해 성적욕구를 만족시키고자 한다. 타인과의 관계 속에서 사랑과 친밀감을 느낄 수 있는 존재로 성장해가는 시기다.

오이디푸스 콤플렉스 Oedipus complex

어머니를 사랑한 비극

♥ 프로이트는 어머니를 독점하고자 하는 아들의 사랑, 아버지를 독점하고자 하는 딸의 사랑과 같은 근친상간적 소망이 인류에게 보편적으로 나타나는 것이라고 말했다. 부모와 아이 사이에 만들어지는 애정의 삼각관계는 아이의 내면에 복잡한 심리적 갈등을 일으킨다.

- "난 엄마가 세상에서 제일 좋아. 아빠 미워."
- "난 아빠랑 결혼할 거야. 엄마 저리 가."

오이디푸스 신화

오이디푸스는 테베의 왕인 아버지 라이오스와 어머니 이오카스테 사이에서 태어난다. 일찍이 오이디푸스가 아버지인 라이오스를 죽이고 어머니를 범할 것이라는 신탁이 내려졌기에, 오이디푸스는 발목이 묶인 채 인적이 없는 산에 버려진다. 이후 오이디푸스는 이웃나라 코린토스의 왕인 폴리보스에게 넘겨져 양자로 자라게 된다. 오이디푸스는 폴리보스를 친아버지로 여기고 성장했으나, 자신이 아버지를 죽이고 어머니와 결혼할 것이라는 신탁을 듣고는 끔찍한 예언을 피하기 위해 나라를 떠난다. 이후 오이디푸스는 여행 길에서 한 일행과 사소한 일로 시비가 붙어 그 일행을 죽여버린다. 그 일행 중한 명이 바로 그의 친아버지인 라이오스였다.

오이디푸스는 테베의 골칫거리였던 스핑크스를 물리치고, 테베의 여왕인 이오카스테와 결혼해 왕이 된다. 이오카스테와의 사이에서 두 딸까지 얻고 테베를 잘 통치했으나, 어느날 테베에 역병이 돌게 된다. 신탁은 선왕인 라이오스 왕을 죽인 자를 찾아 복수를 하면 역병이 물러간다고 했고, 오이디푸스는 라이오스 왕의 살해자를 찾기 위해 모든 노력을 다하기로 맹세한다. 그리스의 예언가 테이레시아스는 오이디푸스가 찾고 있는 라이오스 왕의 살해자가 바로 오이디푸스 그 자신임을 말해준다. 오이디푸스는 결국 자신이 여행 길에 죽인 자가 친아버지였고, 지금까지 아내라고 생각했던 사람은 친어머니였다는 사실을 깨닫는다. 오이디푸스의 어머니이자 아내가 되었던 이오카스테는 무서운 진실을 견디지 못해 자살하고, 오이디푸스는 비극적인 운명에 좌절해 스스로의 눈을 찌른 후 방랑자가 되어 세상을 떠돌았다고 한다.

어린아이들은 때로 동성의 부모를 질투하며 이성의 부모에게 애정을 품은 모습을 보이기도 한다. 철없는 어린 시절 엄마나 아빠와 결혼하겠다는 말도 하며, 부모의 사이에 끼어 들어가 삼각관계를 만든다. 프로이트는 이 삼각관계와 관련된 심리적 갈등을 두고 남자 아이의 경우 오이디푸스 콤플렉스, 여자 아이의 경우 엘렉트라 콤플렉스를 경험한다고 했다. 두 용어 모두 그리스 로마 신화에서 유래되었다.

오이디푸스 콤플렉스

어머니를 사랑하는 아들은 앞으로 어떻게 되는 것일까? 정말로 근친상간적인 소망이 실현될 수 있는 것일까? 어린아이는 근친상간적인 소망을 공상 속에서 품지만, 실제로 부모와 결혼한다는 것은 여러 문화권에서 금기로 간주된다. 더욱이 아이가 독점하길 원하는 어머니 옆에는 아버지가 버티고 서 있다. 자신보다 훨씬 더 덩치가 크고 힘이 센 아버지가 자신의 경쟁자가 되는 것이다. 아이는 아버지에게 질투심을 느끼며 적대시하지만, 그만큼 아버지가 자신의 성기를 잘라 보복할 것이라는 불안을 느낀다. 이 불안이 거세불안이다.

아이는 거세불안의 위협 속에서 어머니에 대한 사랑을 포기하게 된다. 그 대신 어머니가 사랑하는 아버지를 닮아 그 사람처럼 되고자 한다. 아버지를 본받는 과정, 즉 동일시를 통해 남성으로서의 정체성이 발달하게 되는 것이다. 이 과정에서 아이는 기성의 가치관을 받아들이며 초자아를 형성하게 된다. 동일시를 통해 오이디푸스 콤플렉스를 성공적으로 극복한 사람은 성역할 정체성 Gender identity을 가지게 되고 자신의 성역할에 대한 만족과 안정감을 느끼게 된다.

엘렉트라 콤플렉스

프로이트는 여자아이의 경우 아버지나 남자 형제가 가지고 있는 성기가 자신의 몸에는 없다는 것을 발견하고 복잡한 감정을 느낀다고 했다. 열등감과 박탈감을 느끼고 자신도 남근을 갖고 싶다는 남근선망을 가진다는 것이다. 여자아이는 남근을 주지 않은 어머니를 미워하며, 자신에게 원래 남근이 있었는데 거세당했다고 생각한다. 이것이 여자아이의 거세 콤플렉스Castration complex다.

여자아이는 남근을 가지고 있는 아버지에게 사랑을 느끼고 어머니를 질투한다. 아버지를 중심으로 삼각관계가 형성되며 여자아이는 아버지에게 집착한다. 하지만 결국 여자아이도 어머니에 대한 동일시를 통해 엘렉트라 콤플렉스를 극복하게 된다.

칼 융Carl Jung과 집단무의식Collective unconscious
우리 안의 집단무의식

♥　　　여기 신기한 사실이 하나 있다. 인류 문명 곳곳에서 홍수 신화가 등장하는데 등장인물이나 배경, 자잘한 내용은 달라도 전체적인 이야기의 흐름은 비슷하다는 점이다. 구약성서에 등장하는 노아의 방주뿐 아니라 그리스 로마 신화, 인도와 중국의 신화,

마야 신화, 잉카 신화에서도 홍수 신화가 등장한다. 어떻게 이렇게 비슷한 이야기가 세계 구석구석에서 발견되는 것일까?

집단무의식

스위스의 정신의학자이자 심리학자인 칼 융이 말한 '집단무의식'이 이런 신기한 현상을 설명해줄 수 있을 것 같다. 융은 프로이트가 아끼는 제자이자 동료였지만 어느 시점에 프로이트와 이론을 달리하면서 그와 결별하게 된다. 프로이트가 발견한 무의식이 개인의 내적세계에만 속하는 것이라면 융이 말하는 집단무의식은 인류 전체가 공유하는 그 무엇이다. 융은 우리의 무의식 속에 개인이 억압해둔 내용 이외의 것이 담겨 있음을 깨닫는다. 억압된 어떤 의식이 무의식으로 간다면, 대체 의식에 한 번도 없던 내용이 어떻게 무의식에 있을 수 있을까? 그 답이 바로 인류 전체가 선조 대대로 공유하는 집단무의식이다. 집단무의식은 선조로부터 후세대에 이어지며 유전자에 각인된 것으로 인간은 이를 타고난다. 여기서 선조란 인류가 생기기 이전의 조상, 동물까지 포함한다.

집단무의식에는 수많은 원형들이 저장되어 있다. 원형이란 인류가 아주 오랜 옛날부터 공유해온 원시적인 이미지를 말한다. 예를 들어 인류 문화권 어디에나 지혜를 주는 '성자'의 이미지가 존재하며, '바보' '영웅' '천사와 악마' '성녀와 창녀'의 이미지가 존재한다.

페르소나Persona

페르소나는 그리스어로 '가면'에 어원을 둔다. 융은 우리가 인격의 가면을 쓰고 있다고 말했는데, 이것을 페르소나라고 명명했다. 사회생활을 위해 겉으로 드러내는 자기, 공적으로 보여주는 자기가 바로 페르소나인 것이다. 예를 들어 사람들은 학생, 교사, 회사원으로서 사회에서 요구하는 기대에 부응하기 위해 가면을 쓴다. 페르소나는 사회에 적응하는 데 도움이 되지만 단점도 있다. 페르소나와 자신을 지나치게 동일시할 때 본성이 소외되며 진정한 자신을 잃을 수 있다는 것이다.

아니마Anima

남성의 정신에 내재한 여성적인 측면을 의미한다. 융은 모든 남성이 자기 안에 영원한 여성상을 가지고 있다고 했다. 남성의 무의식 속에 자리한 여성성은 꿈·환상·신화·이야기 등에 원형적인 인물로 나타나는데, 남자를 고통과 파멸로 이끄는 창녀, 혹은 신성한 성녀나 위대한 모성을 가진 어머니를 예로 들 수 있다.

아니무스Animus

여성의 정신에 내재한 남성적인 측면을 의미한다. 여성의 무의식 속에 자리 잡은 남성성은 마찬가지로 꿈·환상·신화·이야기 속에서 악당을 물리치는 영웅, 공주를 구원하는 왕자님, 위대한 지혜를 가진 성인 등의 모습으로 나타난다.

그림자, 나의 것으로 받아들이기

융이 말하는 그림자는 우리가 받아들이고 싶지 않은 부분, 불쾌하고 싫은 어두운 측면을 말한다. 사회가 수용하는 것은 자아가 되고 수용하지 않는 부분은 그림자가 된다. 자아와 그림자를 모두 포함하는 것이 자기Self이고 우리의 전체다. 하지만 사람들은 그림자를 자신의 것이 아닌 양 받아들이려고 하지 않으며 오히려 그림자를 피하려고 한다. 그런데 그림자가 괜히 그림자겠는가? '그림자처럼 따라다닌다.'라는 말이 있는 것처럼, 자아로부터 절대 떨어지지 않기에 그림자인 것이다. 즉 융에 따르면 어둡고 받아들이고 싶지 않은 측면도 결국에는 자신의 것으로 받아들여야 할 부분이라는 것이다. 그림자를 받아들이지 않을 때 억압된 우리의 불쾌한 측면은 삶을 더 큰 고통 속으로 몰아넣는다고 한다. 예를 들어 내가 받아들일 수 없는 '나쁜' 부분을 의식에서 내보내면, 이것은 다른 사람에게로 투사되어 상대가 용서할 수 없는 적이 된다는 것이다. 융은 우리 세계에 만연한 갈등과 반목, 전쟁, 수많은 유혈사태들이 그림자 투사에서 비롯된다고 말했다.

아들러의 개인심리학 Individual psychology

열등감, 인간을 성장시키는 힘

♥　　　우리는 왜 열등감을 느끼는가? 열등감은 늘 나쁜 것일까? 웬만한 사람이라면 누구나 다 자기를 남보다 낮게 평가하는 마음, 열등감을 겪어봤을 것이다. 열등감은 마음의 상처로 자리 잡을 때 삶을 어둡게 만들기도 하지만, 한편으로는 성장을 위한 추진력이 되기도 한다. 사람들은 열등감을 극복하고자 노력하는

과정에서 자신을 성장시키기 때문이다. 열등감의 긍정적인 측면을 조명한 심리학자 아들러의 삶과 개인심리학에 대해 알아보자.

아들러, 열등감으로 가득한 어린 시절

알프레드 아들러Alfred Adler는 인본주의 심리학의 선구자로 현대 심리학과 심리치료에 큰 영향을 미친 심리학자다. 그는 개인심리학을 창시한 위대한 인물이지만, 그의 성장과정을 보면 얼마나 심한 열등감에 시달렸는지 짐작할 수 있다. 그는 어린 시절을 회고하며 4가지의 '마이너스'를 겪었다고 이야기한다.

1870년 오스트리아 비엔나의 한 가정에서 둘째 아이로 태어난 아들러는, 첫 번째 마이너스로 생애 초기 구루병을 앓았던 경험을 떠올린다. 구루병은 뼈가 약해지면서 휘는 병으로 심한 경우 척추나 팔다리의 뼈가 변형된다. 그는 만 2살 때 구루병을 앓아 걸어야 할 때 걷지 못해 하루 종일 앉아 있었던 기억과 치료받았던 경험을 떠올린다.

자신이 실제로 신체적으로 열등했음을 회상하며, 두 번째 마이너스로 형에게 무시당했던 기억을 이야기한다. 형이 걷지 못하는 자신을 두고 주변에서 자유롭게 뛰어다니며 얕잡아봤다니 얼마나 열등감이 심했을까?

세 번째 마이너스는 자신에 이어 남동생이 태어나며 어머니의 사랑을 빼앗긴 경험이었다. 몸이 약해 엄마의 특별한 보호를 받았는데 그 위치에서 벗어나게 된 것이다. 그는 마치 폐위된 왕의 아픔을 느꼈다고 한다. 그가 출생순위가 성격에 큰 영향을 미친다고 재차 강조한 것은 이런 경험이 바탕이 되었을 것이다.

네 번째 마이너스는 삶에서 연달아 벌어지는 '죽음'의 위협이었다. 아들러는 자신이 만 3살일 때 남동생의 죽음을 목격하고 상당한 충격을 받는다. 당시 그는 가까운 이의 삶이 끝나는 것을 가까이에서 지켜보며 죽음이 고통스러운 것임을 알았다고 한다. 그런데 엎친 데 덮친 격으로 아들러는 4살 때 폐렴을 앓아 죽을 지경에 이른다. 그는 고통으로 혼미한 상태에서 의사가 자신을 진찰한 뒤 아버지에게 하는 말을 듣는다.

"아이가 죽겠군요."

그는 큰 충격을 받았지만 병마와 싸워 삶을 쟁취한다. 그러고는 죽음의 고비를 넘어서서 좋은 의사가 되겠다고 결심한다. 의사가 되는 것 또한 고통스러웠던 경험을 극복하는 투쟁의 과정이었던 것이다. 아들러는 자신의 책에서 이렇게 회고한다.

"죽음의 위험을 극복하기 위해 의사가 나는 되었고, 나 자신과 병의 본질에 대해 이해하고자 의사가 되겠다는 결심에 의심을 품어본 적이 없었다."

열등감과 열등 콤플렉스

열등과 열등감

'열등Inferiority'이 객관적으로 열등한 상태라면 열등감은 객관적인 상태에 대해 우리가 주관적으로 내리는 평가를 말한다. 예를 들어 키가 작거나 심한 안짱다리라도 열등감을 느끼지 않는 사람이 있는 반면, 수려한 외모를 가지고 있는데도 열등감이 심한 사람이 있다. 열등감은 인간이라면 누구나 느낄 수 있는 정상적인 것으로 그 자체로 좋거나 나쁜 것은 아니며, 오히려 삶의 동력으로 이용될 수 있는 긍정적인 측면이 있다.

기관 열등감Organ inferiority

열등감 가운데 기관 열등감이란 신체와 관련된 열등감으로, 자신의 몸이나 외모에 대한 생각과 연관된다. 예를 들어 자신의 외모나 신체적인 건강상태가 마음에 들지 않을 때, 혹은 주변의 요구나 기대에 부응하지 않을 때 기관 열등감이 생길 수 있다.

열등감 콤플렉스Inferiority complex

열등감이 해결되지 않을 때, 열등감을 보상하려는 과정에서 자꾸만 좌절이 지속될 때 열등감 콤플렉스가 생긴다. 열등감 콤플렉스를 가지고 있는 사람은 자존감이 부족하고 자기 의심과 회의를 가지며, 자신이 일정한 기준에 미치지 못한다고 느낀다.

열등감 콤플렉스를 가진 이들은 과잉보상하고자 신경증적인 방어기제를 쓰는데, 자신이 대단한 사람인 양 내세우거나 과도한 권위의식을 가지기도 한다. 또는 삶에서 마주치는 문제에 대해 회피하거나 지나치게 주저하며 소극적인 태도를 보이기도 한다.

우월성 추구

아들러에게 우월성이란 자기완성과 자아실현을 의미한다. 앞에서 인간을 성장시키는 힘이 열등감이라고 했는데 과연 인간에게 성장의 동력이 열등감 밖에 없을까? 아들러는 인간이라면 누구나 우월성을 추구Striving for superiority하는 존재라고 했다. 다시 말해 인간은 마이너스에서 플러스로 가고자 하는 바람을 가진 존재, 즉 미완성에서 완성으로, 불충분에서 충분으로, 낮은 것에서 높은 것으로 가고 싶어하는 존재라는 것이다.

인간은 이처럼 우월을 향하는데, 이 과정에서 어떤 종류의 목표를 설정하느냐에 따라 건강한 사람이냐 혹은 신경증적인 사람이냐가 결정된다고 했다. 아들러는 건강한 사람의 특징으로 '사회적인 관심'을 강조했다. 즉 타인과 연결된 존재로서 공동체감을 가지고 사회에 기여하는 목표를 가질 때 건강한 사람이 될 수 있다는 것이다.

생활양식

인간은 열등감을 보상하고 우월성을 추구하기 위해 자기만의 생활양식을 만든다. 사람들이 살아가는 모습 속에는 각자의 생활양식이 반영된다. 생활양식은 다음 4가지 요소로 구분된다.

> **자아개념** 자기에 대한 생각·개념·정의·이미지 등을 포함한다.
> : 나는 _____ 하다
> (예: 나는 친절한 사람이다. 나는 다정하다.)
>
> **자아이상** 더 나은 가능성, 이상적인 자아와 관련된다.
> : 나는 _____ 해야 한다.
> (예: 나는 따뜻한 상담심리학자가 되어야 한다.)
>
> **세계상** 자기가 아닌 것에 대한 생각·개념·정의·이미지 등을 포함한다.
> : 세상은 _____ 하다. 학교는 _____ 하다. 사람은 _____ 하다.
> (예: 인생은 가치가 있다. 나를 둘러싼 세계는 나에게 호의적이다.)
>
> **윤리적 확신** 도덕적인 판단, 옳고 그름에 대한 인식이다.
> : _____ 하는 것이 옳다.
> (예: 상담은 단지 돈벌이 수단이 되어서는 안 된다.)

가족과 출생순위

아들러는 가족구도Family constellation가 인간에게 미치는 영향을 강조했다. 가족구도란 가족의 사회적인 형태를 의미하는데, 가족구성원의 성격과 나이 차이, 출생순위, 상호 관계와 정서적인 거리 등으로 구성된다. 아들러는 특히 출생순위가 성격에 미치는 영향이 크다고 주장했다. 출생순위에 따른 성격의 특징을 알아보자.

첫째 아이

가장 먼저 태어났기에 처음에는 가족의 모든 관심과 사랑을 독차지하지만, 둘째가 태어남으로써 폐위된 왕의 입장이 된다. 혼자 주목받다가 동생에게 사랑을 빼앗기게 되면서 열등감이 심해진다. 이런 박탈감이 잘 해결되지 않을 경우 신경증이나 사회부적응으로 이어질 수 있다. 하지만 권력을 가지고 있다가 잃었기 때문에 힘과 권력의 중요성을 알고 사회의 리더가 되기도 한다. 보수적이고 규칙을 중요시하며 목표 지향적이고 적극적인 측면이 있다고 한다.

중간 아이

중간 아이는 첫째 아이처럼 자기만 혼자 주목 받아본 적이 없다. 즉 태어났을 때부터 자신보다 더 큰 존재인 누나나 언니, 오빠 같은 형제가 있었기 때문에 중간 아이에게 삶은 늘 쟁취해야 하는 것이다. 부모에게 관심받고자 노력하며 삶을 '경주'로 경험한다. 끊임없이 경쟁자를 따라잡아야만 하는 위치이기에 경쟁심이 강하며 큰 야망을 품는다. 이들은 기존의 권위에 대항하는 진보적인 사회개혁가, 혁명가가 되기도 한다.

경쟁자를 도저히 따라잡을 수 없고 부모의 관심을 독차지 할 수 없는 경우 '사람들과 잘 지내자.'라는 태도를 가지기도 한다. 사회성이 좋아 많은 친구를 사귀고 갈등을 일으키지 않으며 사람과 사람 사이를 연결하는 능숙한 중재자가 되는 것이다.

막내

막내는 언제까지나 가족의 '아기'로 대접받으며 관심의 중심이 된다. 애교가 많고 귀염성 있는 사람이 될 수도 있지만 부모가 과잉보호할 경우 지나치게 의존적이거나 이기적인 사람이 될 수도 있다.

외동

부모의 관심을 두고 경쟁할 형제가 없기 때문에 관심의 중심이 되며 자신의 중요성에 대해 과장되게 생각할 수 있다. 아들러는 막내의 위치와 마찬가지로 과잉보호될 경우 의존적이고 자기중심적인 사람이 될 수도 있다고 지적했다.

대상관계 이론 Object relations theory

내 안의 그대

♥　　　인간은 무엇으로 사는가? 처음부터 끝까지 다른 사람과의 '관계'가 핵심이라고 해도 과언이 아닐 것이다. 다른 사람에게

받아들여지고 싶고 사랑받고 싶은 욕구, 그리고 그저 이야기하며 마음을 나누고 싶은 욕구, 우리는 타자가 존재하기 때문에 울고 웃으며 하루하루 살아있음을 깨닫는다.

양육자와의 관계가 중요해

대상관계 이론은 인간은 태생적으로 타자와 관계를 맺고자 하는 욕구를 가지고 있음을 강조한다. 여기서 타자는 단지 일방적으로 젖을 주거나 기저귀를 갈아주는 존재를 넘어서서 자신과 함께 상호작용을 하며 관계하는 '인간'을 의미한다. 프로이트가 전통적인 정신분석 이론에서 말한 '대상'은 꼭 인간에게 한정되어 있지 않았다면, 대상관계 이론에서 말하는 '대상'은 '나'와 관계 맺는 인간을 뜻한다.

우리는 생애 초기 주양육자와의 관계를 통해서 자신과 타인, 관계에 대한 표상을 내재하게 되는데, 이때 주양육자와의 관계가 어떠했느냐에 따라 평생에 걸친 자기개념과 성격, 대인관계가 달라진다. 즉 생애 초기의 인간관계가 앞으로의 생애 및 모든 관계틀을 형성한다고 본 것이다. 따라서 생애 초기 대부분을 차지하는 주양육자와의 관계에 초점을 두고, 그 사이에 우리의 정신세계에 어떤 일이 벌어지는지 기술한 것이 대상관계 이론의 특징이다.

대상관계 이론은 다양하게 제시되어 있지만, 그 중에서도 가장 대표적인 마가렛 말러Margaret Mahler의 이론을 살펴보자. 마가렛 말러는 유아가 타인과 융합된 상태에서 개별적인 존재로 분리되어 가는 과정을 연구했다. 신생아는 엄마(여기서 '엄마'는 주양육자를 의미) 젖꼭지와 자기 손가락을 구분하지 못하는데, 이것은 '너'와 '나'의 경계가 없기 때문이다. 이렇듯 융합된 상태에서 너와 나의 경계가 세워지는 것, 자신과 타인에 대한 인식이 생기며 심리적으로 분리되고 자기라는 존재로 개별화되어가는 과정을 마가렛 말러는 '발달'이라고 했다.

1단계: 정상 자폐기(출생~2, 3개월)

엄마 배 속을 떠나 처음으로 세상을 마주한 아기의 세계는 어떨까? 아기는 대부분의 시간을 자면서 지내는데 배고플 때 가끔 울면서 깨어날 뿐 또다시 잠에 빠진다. 이때는 자신만의 내적 세계에 갇혀 있는 것이 마치 자폐상태와 같다고 해서 '정상 자폐기The phase of normal autism'라고 한다. 이 시기에는 자신의 내적 감각 외에는 잘 느끼지 못하며, 자신과 타인, 세상에 대한 인식이 없기에 바깥 세상과 자신을 구분하지 못한다.

2단계: 공생기(2, 3~5개월)

생후 2개월경부터의 시점으로, 아기는 어렴풋하게 세상을 인식하기 시작한다. 배고플 때 젖가슴이 눈앞에 다가오고 축축한 기저귀는 깨끗한 기저귀로 바뀌는 것을 경험하며, 아기는 좋고 나쁜 경험, 즐겁고 괴로운 경험을 구분하게 된다. 아기는 외부 세계에 뭔가 내 욕구를 충족시켜주는 대상이 있다는 것을 모호하게 느끼기 시작하나, 엄마와 자기가 마치 하나인 것처럼 느낀다. 이처럼 엄마와 아이가 특별한 정서적 애착을 맺으며 심리적으로 하나가 되는 시기를 '공생기The symbiotic phase'라고 한다.

3단계: 분리-개별화기(4, 5~36개월)

분리-개별화기The separation-individuation phase는 공생기 이후부터 36개월까지를 말한다. 이 시기에 유아는 엄마와의 공생적 융합 상태에서 벗어나 자신의 개인적 특성을 형성해나간다. 이 시기는 세부적으로 부화기, 연습기, 재접근기로 구분할 수 있다.

① **부화기**Differentiation subphase: 4, 5~10개월

엄마와 함께 했던 알이 깨어지며 엄마와 내가 다른 존재라는 것을 알게 된다. 자기와 다른 대상을 구분하며 외부에 대한 관심이 늘어나고, 엄마와 다른 사람들을 구분하게 되어 낯가림이 생긴다. 또한 배와 무릎으로 기고 일어서기가 가능해지는 등 신체발달이 이루어지며 엄마의 주변에서 움직인다.

② **연습기**Practicing subphase: 8~18개월

신체발달이 급격히 이루어지며 엄마로부터 분리된 자신만의 신체 이미지가 생기고, 엄마와 신체적으로 분리될 수 있다는 것을

깨닫는다. 걷기가 가능해지면서 엄마와 멀어질 수 있게 되는데, 엄마 곁에서 멀리 떨어지지는 않는다. 하지만 유아는 이제껏 할 수 없었던 것, 즉 걷기를 해냈기에 의기양양한 기분에 휩싸이고 세상에 대한 통제의 느낌을 가진다.

③ 재접근기Rapproaching subphase: 16~24개월

제법 엄마 곁에서 능숙하게 걷고 뛰고 기어오르나, 세상이 그리 만만치 않다는 것을 경험하고 좌절을 느끼는 시기다. 연습기에는 자신이 잘난 줄 알았는데 알고 보니 만만치 않아 다시 엄마에게 다가와 위로해달라고 한다는 것이다. 따라서 '재접근기' 혹은 '화해기'라는 이름으로 불린다. 이 시기의 유아는 미운 3살의 특징인 찡찡거리고 울고 떼쓰는 행동을 통해 엄마의 위로와 사랑을 더 요구한다. 엄마에게 위로받은 후 엄마를 곁에 두고 세상을 탐색하고, 좌절하면 다시 엄마에게 위로받고 그 에너지와 안정감을 통해 또다시 세상을 탐색하게 된다. 이런 과정이 적절하게 이루어질 때 친밀감과 자율성, 자존감이 고루 형성된다.

4단계: 대상항상성 형성 및 개별화 단계(24~36개월)

24~36개월경에는 대상항상성Object constancy이 형성되는데, 대상항상성이 형성되었다는 것은 엄마의 상을 내재하게 되었음을 뜻한다. 이 시기의 유아는 엄마의 좋은 면과 나쁜 면을 하나로 통합해, 나를 배고프게도 하고 만족시켜주기도 하는 그 엄마가 한 사람이

라는 사실을 깨닫는다.

이 시기를 무난하게 보낼 경우 유아는 엄마를 좋고 나쁜 면을 가진 하나의 안정된 대상으로 내재화하게 된다. 또한 이 시기의 아이는 엄마가 눈앞에 보이지 않아도 어딘가에 존재하고 있음을 알기에 분리를 견뎌낼 수 있다. 더불어 개성을 가진 자기self가 형성되며 하나의 심리적 존재로 탄생한다. 만 3세경에 이르러 유아의 심리적 탄생이 이루어지는 것이다.

* 마가렛 말러의 이론에 더 관심이 있는 사람은 '한국심리치료연구소'에서 발간한 『유아의 심리적 탄생』을 읽어보기 바란다.

매슬로의
욕구위계 이론Maslow's hierarchy of needs theory

인간을 움직이는 욕구의 피라미드

♥ 　에이브러햄 매슬로Abraham Maslow는 인간이 자신의 잠재력을 발달시키고 완성할 수 있는 본능적인 욕구를 가지고 태어난다고 생각했다. 그는 인간 동기의 원천인 욕구에 단계가 있다고 보고 욕구위계설을 제안했다.

인간을 움직이는 선천적 욕구

인간을 움직이는 힘은 무엇일까? 우리는 무엇 때문에 공부를 하고 일을 하며 직업을 찾는 것일까? 어째서 연인과 사랑을 하고 결혼을 해서 아이를 낳아 키우며 친구를 만나 위안을 구하는 것일까?

매슬로는 우리에게는 무엇을 하게끔 힘을 불어넣는 타고난 욕구가 있다고 했다. 인간에게 동기를 부여하는 힘을 '욕구'로 설명한 것이다. 인간이라면 누구나 선천적이고 본능적인 욕구를 충족시키고자 한다. 그 욕구는 5가지로 구분되며, 인간의 행동에 얼마나 폭넓은 영향을 미치는지에 따라 위계를 가진다. 5가지 욕구에는 ① 생리적 욕구 ② 안전 욕구 ③ 소속감과 사랑의 욕구 ④ 존중 욕구 ⑤ 자기실현의 욕구가 있다. 아래 단계에 있는 욕구일수록 생존을 위해 기본적이며 삶 전반에 큰 영향을 미친다. 사람들은 한 단계의 욕구가 적당히 충족되면 그다음 수준의 욕구를 충족시키는 데 관심을 가진다. 매슬로는 인간을 타고난 욕구위계의 사다리를 올라가며 성장하는 존재로 본 것이다. 욕구위계를 구성하는 각각의 욕구에 대해 좀더 자세히 살펴보자.

생리적 욕구

가장 첫 번째 단계의 욕구는 생리적인 욕구로, 인간의 가장 기본적인 생존과 관련된다. 생리적 욕구는 인간으로 하여금 살기 위해 필요한 기본적인 조건, 즉 음식·물·배설·산소·수면·휴식 등을 추구하도록 한다. 생리적인 욕구는 다른 욕구보다 기본적이면서 강력하다. 당장 굶주리며 생존이 위협당하는 상황에서 다른 범주의 욕구에 관심을 가지기는 어려울 것이다.

안전 욕구

안전 욕구는 신체적인 안전과 심리적인 안정을 찾고자 하는 욕구를 말한다. 신체적인 안전이 보장되지 않는 전쟁 상황의 피난민, 누군가 자신을 적대하며 위협할지도 모른다는 망상에 빠진 정신질환 환자를 생각해보라. 신체적인 안전과 심리적인 안정이 확보되지 않는 상황에서 사람들은 불안을 느끼며 두려워한다. 인간은 목숨이 위협당하지 않는 안전한 장소를 찾고자 하며, 마음의 안정을 느낄 수 있도록 예측할 수 있는 상황을 좋아한다.

특히 어린아이들의 경우 안전 욕구가 눈에 띄게 드러난다. 갓 돌이 된 아이는 낯선 사람에게 안기지 않으려고 하며 엄마(주양육자)에게 집착을 보인다. 영유아의 입장에서 낯선 사람에게 안긴다는 것은 안전을 확보해줄 수 없는 불안한 환경이기 때문이다. 또한 정신과적 장애를 앓고 있는 사람의 경우 상상 속에서 안전 욕구가 크게 위협당하는 경우가 많다. 편집증적인 의심을 가지고 있는 사람의 경우 사람들이 자신에게 피해를 입히거나 배신할지도 모른다고 예상하기에 늘 안전 욕구가 위협당한다. 따라서 항상 불안감·긴장감에 시달리며 과민한 모습을 드러낸다.

▲ 매슬로의 욕구 5단계 피라미드

소속감과 사랑의 욕구

생리적 욕구와 안전 욕구가 적절하게 충족되고 나면 소속감과 사랑의 욕구가 고개를 든다. 인간은 누구나 다른 사람들과 친밀한 관계를 맺고 싶어하는 욕구가 있다. 우정과 사랑을 나눌 친구나 가족, 연인이 곁에 없을 때 외로움을 느끼며 고통에 몸부림치는 것이 인간이다. 우리는 누구나 따뜻한 관계를 맺기를 원하며 집단에 소속되기를 원한다. 이러한 바람은 타고난 욕구인 소속감과 사랑의 욕구에 기원하는 것이다.

소속감과 사랑 욕구가 있기 때문에 우리는 소외되기를 원하지 않고 친구를 사귀며 연인과 사랑을 나눈다. 결혼을 하고 가족을 꾸리는 것, 매주 일요일마다 열심히 교회에 나가며 사람들과 마음을 나누는 것도 마찬가지의 맥락에서 이해할 수 있다.

존중 욕구

사람은 위계의 첫 3단계 욕구가 충족되고 나면 존중 욕구를 느낀다. 존중 욕구는 2가지로 구분될 수 있다. 첫 번째는 스스로 경험하는 자신감·독립심·유능감·성취감과 관련되는 자존감Self-esteem의 욕구다. 즉 인간은 스스로를 인정하고 존중하고자 하는 욕구가 있다는 것이다.

두 번째 범주의 존중 욕구는 타인으로부터의 존중Esteem from others과 관련된다. 이것은 타인으로부터 받는 인정·칭찬·주목·명성·명예·지위·평판에 대한 욕구를 의미한다. 사람들은 대개 다른 사람들로부터 존경받기를 원하며 가치 있는 사람으로 인정받고 싶어한다는 것이다.

존중 욕구가 충족될 때 사람들은 자신의 가치에 대한 확신을 느낀다. 존중 욕구가 충족되지 않은 사람은 스스로 남들보다 못하다고 느끼며 자기 확신과 용기를 잃고 무력한 모습을 보인다. 존중 욕구가 결핍되면 자신을 하찮은 사람으로 느끼며 우울해진다.

자아실현 욕구

욕구위계의 가장 꼭대기에 있는 욕구가 자아실현의 욕구다. 자아실현Self-actualization은 자신이 가진 모든 잠재력을 인식하고 충분히 이루어내는 것을 의미한다. 하위 영역에 속하는 4단계의 욕구까지 적절히 충족되고 나면, 사람들은 가장 최고단계인 자아실현의 욕구에 눈을 뜨게 된다. 지금까지의 4단계의 욕구가 결핍을 피하고자 하는 것이었다면, 가장 윗 단계인 자아실현 욕구는 결핍에 대한 회피가 아니라 성장을 향한 추구라는 점에서 차이가 있다.

만족지연 Delay of gratification

공부 잘하는 아이들에게는 무언가 특별한 것이 있을까?

♥　　　 눈앞에 정말 맛있어 보이는 최상급 한우 스테이크가 한 접시 있다. 겉을 살짝 익혔는데 윤기가 좌르르 흐르며 한입 물면 육즙이 흘러나오는 상상에 입안 가득 군침이 돈다. 그런데 먹지 말고 참아야 한다. 지금 당장 먹고 싶은 마음을 참고 15분만 견디면, 달콤한 최고급 와인 한 잔을 서비스로 준다고 한다. 물론 지금 당장 포크를 집어 들고 한입 먹겠다는 당신의 마음을 따라도 된다. 어떻게 하든 당신 자유다. 당신은 어떻게 하겠는가? 바로 앞에 보이는 한우 스테이크를 15분 동안 그림 속의 떡으로 두고 참겠는가, 아니면 당장 입안의 호사를 누리겠는가?

우리는 일상에서 늘 이런 선택의 순간에 직면한다. 당장 무언가를 하고 싶은 순간의 충동을 참을 것인가 말 것인가 하는 상황 말이다. 지금 이 순간의 욕구를 참으면 앞으로 더 큰 가치를 얻을 수 있을 때, 어떤 사람들은 욕구 앞에 승리를 이루고 어떤 사람들은 순간의 욕구 앞에 무릎을 꿇는다.

미래의 더 큰 가치를 위해 현재의 욕구를 참아내는 능력을 심리학에서는 만족지연능력이라고 하며, 만족지연능력은 앞날의 성공을 예측한다. 다이어트나 금연에 성공하는 것, 근육질의 건강한 몸매를 가지기 위해 매일 꾸준히 운동하는 것, 수능시험 공부를 위해 게임을 멀리하는 것 등은 모두 만족지연능력과 관련된다. 지금 당장의 욕구를 참는 대신 미래에 더 가치 있는 결과를 얻어낼 수 있기 때문이다.

만족지연능력이 14년 후의 수능시험 점수를 예측하다

미국의 심리학자인 월터 미셸Walter Mischel은 유치원에 다니는 아이들을 대상으로 만족지연능력을 실험했다. '마시멜로 실험'으로 알려진 이 실험은 아이들 눈앞에 먹음직스러운 마시멜로를 놓으면서 시작된다.

"15분 동안 먹지 않고 기다린다면, 나중에 상으로 1개를 더 줄게."

실험자가 아이를 두고 나가면, 아이는 마시멜로를 앞에 두고 선택의 순간을 맞닥뜨리게 된다. '지금 먹을 것인가 말 것인가?' 홀로 남겨진 아이들은 제각기 다른 행동을 보였다. 참지 못하고 바로 먹어치우는 아이, 조금 참다가 결국 먹는 아이, 다른 생각을 하거나 다른 대상에 주의를 돌리면서 먹고 싶은 충동을 견디는 아이. 순간적인 충동을 참고 상으로 마시멜로 1개를 더 받은 아이들은 실험 참가 아동의 약 30% 정도였다. 아이들이 마시멜로 앞에서 드러낸 순간의 행동은 놀라운 결과를 예측했다. 14년 후 순간의 충동을 참았던 아이들과 그렇지 않은 아이들의 대학수학능력평가시험SAT 점수 차이가 무려 210점이었던 것이다. 이 실험을 통해 밝혀진 만족지연능력은 학업성취도뿐 아니라 강한 자기통제력, 스트레스를 이겨내는 능력, 높은 사회성과도 관련이 있었다고 한다. 즉 마시멜로 하나를 그 순간에 먹느냐 먹지 않느냐의 선택이 만족지연능력을 드러내며, 이것은 삶을 성공적으로 꾸리는 데 필요한 심리적인 능력과 연관된다는 것이다.

심리학 교과서 속의 만족지연 실험을 통해 우리가 얻을 수 있는 삶의 지혜는 무엇일까? 지금 당장 손에 얻기는 힘들지만, 앞으로 도달하고 싶은 목표가 있을 때 '만족지연'을 떠올려보면 어떨까? 미래의 목표를 향해 가는 사람이라면 순간순간 깨어 있지 못하고 무의식적인 충동에 따라 움직일 때, 자기 모습을 객관적으로 지켜보며 알아차리는 경험이 필요할 수 있다. 우리는 순간적인 욕구와 충동에 시달리는 존재이지만, 무언가를 하고자 하는 의도를 가지고 자신의 앞날을 밝히는 존재이기도 하기 때문이다.

"그 사람 좀 이상한 것 같애." 여기서 '이상하다'는 것은 무엇을 말하는 걸까? '이상'은 정상과는 다른 무엇으로 간주되며, 이상심리학은 정상에서 벗어난 심리를 연구 대상으로 한다. 심리학에서 이상과 정상을 구분하는 기준부터 이상심리로 분류되는 정신장애의 특징과 진단기준까지, 이상심리학에 대해 알아보도록 하자.

8

이상심리

● 우리의 영혼이 호소하는 상처, 마음의 병을 말하다 ●

우리의 영혼이 호소하는 상처, 마음의 병을 말하다

이상심리학 Abnormal psychology

나는 과연 정상일까? 정상과 이상을 구분하는 방법

♥　　　이상하다고 할 때, '이상 Abnormal'은 무엇을 의미하는 것일까? 정상과 이상을 가르는 기준에 대해 알아보자.

대학에서 심리학과의 인기가 하늘을 찌른다고 한다. 이상심리학은 그 중에서도 단연 인기과목 가운데 하나다. 이상심리학을 수강하며 정신장애에 대해 공부하는 학생들은 '이건 내 이야기 같은데? 내가 좀 이상한 건가?' 하며 고민하고, 아는 사람들을 머릿속에 떠올리며 어설픈 진단을 내리기도 한다.

이상심리학은 대체 무엇을 다루는 학문일까? 이상심리는 정상심리와 대비되는 말로, 정상에서 벗어난 심리, 인간의 이상행동과 정신장애와 관련된다. 즉 이상심리학은 인간의 이상행동과 정신장애를 과학적으로 연구하는 학문이라고 할 수 있다. 이상심리학이 다루는 주요한 연구 주제는 다음과 같다.

- 인간을 고통스럽게 하는 이상행동 및 정신장애에는 무엇이 있는가?
- 이상행동과 정신장애는 어떻게 분류될 수 있는가?
- 이상행동과 정신장애가 발생하는 이유는 무엇인가?
- 이상행동과 정신장애의 경과는 어떻게 되는가?
- 이상행동과 정신장애의 치료법과 예방법은 무엇인가?

이제 이상행동과 정신장애를 구분하는 기준에 대해 알아보자.

적응의 어려움과 역기능

인간은 변화하는 환경에 자신을 맞추기도 하고, 환경을 자신에게 맞게 변화시키기도 하며 적응해간다. 건강한 삶을 살기 위해서는 환경의 요구에 효과적으로 대처하며 적응하는 것이 필요하다. 이런 관점에서 이상행동은 적응을 돕는 심리적 기능이 손상되는 것을 의미한다. 예를 들어 어떤 사람이 지나치게 우울하거나 불안해서 자신이 맡은 일을 완수하지 못하고 무력해졌다면, 적응에 어려움을 겪고 있다고 볼 수 있다. 현재 세계적으로 가장 널리 사용되고 있는 정신장애 분류체계인 『정신장애의 진단 및 통계편람 제5판(DSM-V)』에서는 정신장애를 진단하기 위해서는 현저한 사회적·직업적 기능의 손상이 나타나야 한다고 명시하고 있다.

하지만 이 기준에는 빈틈이 있는데, 적응과 부적응의 기준이 모호할 뿐 아니라 누가 무엇에 의해 적응과 부적응을 판단하느냐 하는 문제도 있다. 또한 우울감이 심각해 고통스럽지만 겉으로 보기에는 기능에 문제가 없이 적응하고 있는 경우도 있다.

주관적인 고통이 심한 경우

사회생활을 하는 데는 크게 문제가 없지만 스스로 느끼기에는 심리적인 고통이 심한 경우가 있다. 예를 들어 열등감이 심하고 완벽주의적인 성향이 강해 뛰어난 직업적 성취를 이룰 수는 있지만, 자기 스스로는 그런 성공을 유지하기 위해 강한 불안감과 우울감에 시달리고 있을 수 있다. 공황장애가 있다고 호소하는 연예인들의 사례도 마찬가지다. 전 국민이 시청하는 TV 프로그램의 진행자가 되거나 드라마의 주인공이 되어 훌륭하게 기능하지만, 갑작스러운 공황발작 때문에 고통스럽다면 치료자를 찾아야 한다.

이 기준의 문제점은 정신병이 있지만 주관적 고통이 심하지 않는 경우가 있다는 것이다. 예를 들어 사회적 규범을 깨트리며 타인에게 해악을 끼치는 반사회성 성격장애자의 경우 본인은 주관적인 고통을 느끼지 않는 경우가 많다. 조증 상태도 마찬가지다. 과대망상으로 인해 자신이 신이라고 주장하며 이상행동을 보이지만, 정작 본인은 고통스럽지 않고 오히려 행복감에 젖어 있는 경우가 이에 해당한다.

문화적 규범의 일탈

저마다 다른 무수히 많은 사람들이 모여 사는 사회에는 문화적 규범이 존재한다. 따라서 자신이 속한 사회에 잘 적응하기 위해서는 문화적 규범에 따르는 것이 중요하다. 그렇다면 무엇이 옳고 그른 것이며, 역할에 맞는 적절한 행동이란 무엇일까? 예를 들어 자녀가 늙고 병든 부모를 보살피지 않고 모른 척한다든지, 학생이 선생님에게 폭력을 쓴다든지, 성인 남성이 초등학생인 소녀를 성적으로 유혹한다든지 하는 행동은 옳지 못한 행동으로 간주된다. 사회의 규범으로는 받아들일 수 없는 일탈행동을 할 때, 정상에서 벗어났다고 분류하는 것이다. 이 기준에 따르면 극악무도한 범죄를 저지르는 반사회성 성격장애자나 폭력이나 절도를 행하는 품행장애 청소년의 경우, 이상행동을 보인다고 할 수 있다.

이 기준의 문제점은 '문화적 규범이 과연 절대적인 기준이 될 수 있는가?'에 대한 의문이다. 문화적 규범이란 시대와 장소에 따라 변하는 상대적인 것이기 때문이다. 한 문화 속에서는 이상행동으로 분류되는 행동이 다른 문화 속에서는 극히 정상적인 행동이 될 수도 있다. 예를 들면 과거에는 동성애가 이상심리로 분류되었지만, 현재는 성적소수자의 자발적 선택으로써 존중받고 있다는 점이 문화적 규범의 상대성의 좋은 예다.

　이 기준의 또다른 문제점은 문화점 규범 자체가 잘못되었을 수 있다는 것이다. 문화적 규범이 기득권층의 이익을 유지하기 위한 것일 때, 아무런 비판의식 없이 맹목적으로 기존의 규범을 받아들이는 것도 문제가 될 수 있다. 이런 경우 새로운 사회를 향한 대안을 제시하는 선각자들의 저항행동을 과연 이상행동으로 볼 수 있을까?

낮은 빈도

대부분의 사람들이 나타내는 특성과는 다른 특성을 보이는 소수의 사람들을 이상으로 분류하는 기준이다. 인간의 어떤 특성을 측정해 빈도분포 그래프를 그리면 종을 거꾸로 엎어둔 것 같은 모양의 정상분포가 그려진다. 대부분의 사람들이 평균치 근처에 모여 있고, 평균에서 멀어질수록 그 빈도는 감소한다. 이때 평균에서 거리가 멀수록 정상에서 벗어났다고 보는 것이다. 대개 2 표준편차 이상과 이하에 속하는 사람들을 이상으로 분류한다. 지능지수를 예로 들면, 평균인 100을 중심으로 2 표준편차 이하인 70 이하를 정신지체로 분류한다. 하지만 이 경우 지능지수가 130 이상인 영재들까지 이상으로 분류하게 되기 때문에 문제가 된다. 통계적 기준으로만 보면 평균에서 크게 벗어나 있어 이상에 분류되지만 지능이 높다고 문제가 되는 것은 아니기 때문이다. 이렇듯 통계적 기준으로만 이상을 분류하는 일도 어느 정도의 허점은 있다.

조현병(정신분열증)Schizophrenia
가장 비극적인 정신장애, 황폐해지는 정신

♥　　　조현병은 우울증Depressive disorder과 더불어 사람들에게 가장 잘 알려진 정신장애다. 조현병은 영화 속에도 자주 등장하며 사람들의 흥미를 당기지만, 실제로 병을 앓는 본인과 가족들에게는 극심한 비극일 수밖에 없다. 조현병은 완치가 어렵고 인간의 정신을 서서히 황폐화시켜 한 개인을 무력한 존재로 만드는 아주 무서운 병이다.

조현병이란 무엇인가?

조현병은 인류의 역사 속에서 가장 오래된 정신장애이자 무엇보다도 심각하고 비극적인 정신장애로, 1899년 독일의 정신과의사였던 에밀 크래펠린Emil Kraepelin에 의해 그 존재가 처음 확인되었다. 크래펠린은 조발성치매라는 용어로 조현병을 진단했는데, 청소년기에 발병해 치매와 비슷하게 인지기능이 퇴화된다는 의미

● 　조현병은 그 명칭이 주는 부정적 인상과 편견 때문에 조현병(調絃病)이라고 지칭하기도 한다. 조현병은 마치 현악기가 정상적으로 조율되지 못한 경우처럼 혼란스러운 상태를 나타내는 질병이라는 의미를 담고 있다. ● 출처: 『현대 이상심리학』(권석만 지음, 학지사, 2013)

가 담겨 있다. 이후 1923년에 스위스의 정신과 의사인 오이겐 블로일러Eugen Bleuler가 조현병이라는 용어를 처음 사용했다. 블로일러는 조현병이 반드시 청소년기에 발병하는 게 아니며 이 병이 심각한 인지기능의 퇴화로 반드시 이어지는 건 아니라는 점을 지적하면서 조발성치매라는 용어가 적절치 않다고 주장했다. 블로일러가 사용한 '정신분열'이란 용어는 마음이 분열된다는 의미가 담겨 있었다. 시간이 흘러 1959년에 독일의 정신과 의사 쿠르트 슈나이더Kurt Schneider는 블로일러의 포괄적인 진단기준의 한계를 느끼고 조현병의 1급 증상과 2급 증상을 제시했다. 증상의 구체적인 행동 특징에 초점을 맞추어 조현병을 진단하고자 한 것이다. 그는 조현병에만 나타나는 1급 증상이 관찰되면 조현병 진단을 내릴 수 있다고 주장했다.

이렇듯 조현병은 20세기에 이르기까지 그 실체에 대한 의견이 분분했다. 오늘날은 정신장애 분류체계인『정신장애의 진단 및 통계편람 제5판』에 의해 조현병을 진단한다. 조현병은 다양한 특성들을 나타내는 증상들의 집합으로 진단되며, 조현병 환자들은 상당히 이질적인 집단으로 여겨진다.

그렇다면 조현병의 증상에는 무엇이 있을까?

망상

망상Delusion은 자신과 세상에 대한 잘못된 믿음을 말한다. 외부 세계에 대한 잘못된 추론을 바탕으로 생겨나며, 명백한 반증 자료가 있음에도 바뀌지 않는 강렬한 믿음이다. 이러한 믿음 때문에 다른 사람들과 공유되기가 어려우며, 현실에 적응하는 데도 도움이 되지 않는다. 망상도 여러 종류가 있다. 타인에게 박해를 받거나 피해를 당한다는 피해망상, 자신이 특별한 능력과 임무를 가진 사람이라는 과대망상, 아무런 근거 없이 주변에서 일어나는 일들을 자신과 관계 지어 생각하는 관계망상, 유명한 인물과 사랑에 빠졌다는 애정망상, 자신의 몸에 병이 있다고 믿는 신체망상 등이 있다.

예를 들어 피해망상과 관계망상을 둘 다 가지고 있는 조현병 환자는 정신병원에 입원해서도 사람들이 자신에게 해를 끼치기 위해 감시하고 있다고 주장한다. 의사들이 수신호를 주고받으며 암호를 이용해 자신에게 해를 끼치기 위한 음모를 꾸미고 있다고 생각하는 것이다.

환각

환각Hallucination은 왜곡된 비현실적인 지각을 말한다. 실제의 외부 자극이 없음에도 소리를 듣거나 물체를 보고 냄새를 맡거나 촉각을 느낀다. 어떤 감각이 지각되느냐에 따라 환각은 환청·환시·환후·환촉·환미로 구분된다.

예를 들어 환청이 들리는 조현병 환자는 자신을 비난하는 목소리가 들린다고 주장한다. 환촉으로 인해 몸에 벌레가 기어 다니는 것 같다는 느낌을 호소하는 환자도 있고, 환시 때문에 실제로 존재하지 않는 사람의 형상을 보며 말을 건네는 환자도 있다.

와해된 언어

와해된 언어Disorganized speech는 혼란스럽고 비논리적이며 지리멸렬한 언어를 의미한다. 와해된 언어를 사용하는 조현병 환자들은 대개 횡설수설하거나 엉뚱한 말을 하는 등 목표를 빗나가는 말을 하기 때문에 무슨 말을 하는 것인지 도무지 이해하기가 어렵다.

심하게 와해된 행동이나 긴장증적 행동

심하게 와해된 행동Grossly disorganized behavior은 이해할 수 없는 매우 부적절하고 엉뚱한 행동을 말한다. 예를 들어 한 달씩 씻지를 않는 다든가, 여름에 겨울옷을 입고 다닌다든가, 장례식장에서 깔깔대며 웃는 행동을 보인다든가 하는 이해할 수 없는 행동을 하는 것이다.

긴장증적 행동Catatonic behavior은 근육이 긴장되고 경직되어 마치 굳은 듯 특정한 자세를 유지하는 것을 말한다. 이 행동은 기괴한 자세로 오랜 시간 꼼짝도 하지 않고 있거나, 특정한 자세를 변화시키려는 시도에 저항하는 등의 모습으로 나타난다. 혹은 정반대로 목적이 없는 과다행동을 보이는 식으로 나타나기도 한다.

음성증상

음성증상Negative symptoms은 정상인에게 나타나는 적응적인 기능이 나타나지 않는 상태를 말한다. 정서적 표현이 줄어들거나 의욕이 감소하고, 언어가 빈곤해지는 증상이 나타난다.

한편 양성증상은 음성증상과 대비되는 것으로, 정상인에게는 나타나지 않는데 환자들에게만 나타나는 증상을 말한다. 앞에서 언급한 4개의 증상(망상, 환각, 와해된 언어, 와해된 행동)이 양성증상에 해당된다.

조현병의 원인은 무엇인가?

그렇다면 조현병의 원인은 무엇일까? 조현병이 발병하는 데는 생물학적·심리적·사회환경적 요인들이 복합적으로 관련된다는 의견이 지배적이다. 조현병의 원인을 설명하는 몇 가지 이론을 살펴보자.

도파민 가설

조현병의 원인과 관련해 가장 주목받고 있는 이론이 바로 도파민 가설이다. 도파민 생성을 자극하는 약물을 다량으로 복용하면 조현병과 유사한 증상이 나타난다고 하는데, 도파민 가설은 이에 기초해 조현병 환자의 뇌에 도파민 수용기가 증가되어 있다고 본다. 따라서 신경전달물질인 도파민의 활동 과다가 조현병의 증상과 연관된다는 추론이 가능하다. 이때 도파민 활동 과다는 주로 양성증상과 관련된다고 한다.

바이러스 유발 이론

바이러스가 조현병을 일으키는 원인이 된다는 주장이다. 조현병 환자들이 늦겨울에서 봄 사이에 태어나는 경우가 많은데, 어머니의 배 속에 있을 때가 여름이었기에 바이러스에 노출될 가능성이 높다는 것이다.

이중구속 이론

조현병 환자의 부모가 이중구속 메시지를 쓰며 의사소통하는 경향이 있다는 주장이다. 이중구속 메시지는 모순되는 메시지로 듣는 이로 하여금 이럴 수도 저럴 수도 없게 만드는 화법을 말한다.

부모가 동일한 사안에 대해 상반된 의견을 말하거나, 한 명의 부모가 하나의 사안에 대해 상반된 메시지를 보내는 것이다. 자녀에게 "공부를 안 해도 괜찮아. 엄마는 널 무조건 사랑해. 하지만 엄마는 네가 명문대에 진학하면 좋겠어."와 같이 말하는 것이 예가 될 수 있다.

표현된 정서

조현병 환자의 가족들은 갈등이 많고 부정적인 감정을 강렬하게 표현하는 경향이 있다고 한다. 환자에게 과도하게 간섭하고 비판적이며 분노를 강하게 표현한다는 것이다. 이렇듯 표현된 정서를 보이는 가족은 조현병 발병 및 재발의 취약 요인이 된다는 이론이다.

우울증 Depressive disorder 과 조울증 Bipolar disorder

감정이 내 마음대로 되지 않을 때

♥　　우울증과 조울증은 가장 널리 알려진 정신장애일 것이다. 우울증은 마음의 감기라는 말이 있을 정도로, 많은 이들이 살아가면서 한 번쯤은 겪는 흔한 마음의 병이다. 그렇다면 우울증은 정확히 무엇을 말하는 것일까? 또 조울증과는 어떤 차이가 있을까?

우울증이란 무엇인가?

인간이라면 누구나 우울감을 느낀다. 원하던 대학에 합격하지 못했다거나 입사시험에서 번번이 낙방할 때, 사랑했던 연인과 이별했을 때, 가까운 사람이 세상을 떠났을 때 등 여러 상황에서 우울감을 느끼게 된다. 원하는 모든 소망이 다 이루어지지 않는 것이 삶이기에 우울감을 느끼는 것은 사람인 이상 자연스러운 경험일 것이다. 이렇듯 우울감은 상실이나 실패에 직면했을 때 인간이 느끼는 정상적인 감정이다. 하지만 우울감이 심각해지고 지나치게 오래 지속되어 일상생활에 영향을 줄 정도가 되면 주의를 기울여야 한다. 정신건강 전문가가 볼 때 자연스럽고 정상적인 우울감을 넘어서 병적인 수준에 이르렀다고 생각되면 우울증을 한 번쯤 지나가는 감기 정도로 치부하고 지나치면 안 된다. 우울감이 깊어지면 자살에 이를 정도로 심각할 수 있기 때문에 정확한 진단과 평가가 필요하며, 결과에 따라 약물치료나 상담치료가 필요하다.

그렇다면 우울증이란 정확히 무엇을 말하는 것일까? 정신장애 분류체계인 『정신장애의 진단 및 통계편람 제5판』에서는 우울장애의 분류하에 여러 종류의 우울증들을 묶어놓았다. 그 중 가장 대표적인 주요우울장애Major depressive disorder의 증상을 살펴보자. 주요우울장애의 경우 다음 증상 중 1항이나 2항을 포함해 5가지 증상이 연속으로 2주 이상 지속된다.

1. 하루의 대부분, 그리고 거의 매일 우울한 기분이 지속된다.

2. 하루의 대부분, 그리고 거의 매일 대부분의 일상 활동에 대한 흥미나 즐거움이 뚜렷하게 줄어든다.

3. 체중조절을 하지 않은 상태에서 체중이 상당히 감소하거나 증가한다(예: 1개월 동안 체중의 5% 이상의 변화). 혹은 거의 매일 식욕이 감소하거나 증가한다.

4. 거의 매일 불면이나 과다수면을 경험한다.

5. 거의 매일 정신 운동성 초조나 지체가 나타난다.

6. 거의 매일 피로나 활력 상실을 경험한다.

7. 거의 매일 무가치감 또는 과도하거나 부적절한 죄책감을 느낀다.

8. 거의 매일 사고력 또는 집중력의 감소를 경험하거나 우유부단함이 나타난다.

9. 죽음에 대해 반복적으로 생각한다. 특정한 계획 없이 자살에 대해 반복해서 생각하거나, 자살시도, 특정한 자살계획이 나타난다.

위와 같은 증상들이 나타나면서 동시에 심각한 고통을 느끼고, 학업이나 직업, 대인관계에 큰 영향을 미칠 때 주요우울증으로 진단한다. 하지만 우울장애로 분류되기 위해서는 조울증이 아니라는 조건이 충족되어야 한다. 우울증과 조울증은 치료 방법이 다르기 때문에 정확한 평가가 필요하다.

우울증과 조울증의 차이점

조울증의 정신의학체계상의 정식 명칭은 양극성 장애다. 양극성 장애의 경우 우울장애처럼 우울 상태도 나타나지만, 정반대의 고양된 기분 상태인 조증 상태도 나타난다. 극과 극의 기분 상태가 번갈아 나타나는 것이다. 조울증의 증상은 다음과 같다.

- 팽창된 자존심 또는 심하게 과장된 자신감
- 수면에 대한 욕구 감소(예: 3시간의 수면으로도 충분하다고 느낌)
- 평소보다 말이 많아지거나 계속 말을 하게 됨
- 사고의 비약 또는 사고가 연달아 일어나는 주관적인 경험
- 주의 산만(예: 중요하지 않거나 관계없는 외적 자극에 너무 쉽게 주

의가 이끌림)

- 목표 지향적 활동의 증가(직장이나 학교에서의 사회적 또는 성적인 활동) 또는 정신 운동성 초조
- 고통스러운 결과를 초래할 쾌락적인 활동에 지나치게 몰두(예: 흥청망청 물건 사기, 무분별한 성행위, 어리석은 사업 투자)

조증 상태의 환자는 우울 상태와는 달리 기분이 고양되고 무엇이든 할 수 있을 것처럼 자신감이 넘치기 때문에 충동적으로 무분별한 일을 벌려 곤란한 상황에 빠지기 쉽다. 예를 들어 갚을 수도 없는 큰돈을 빌리거나, 사업을 무모하게 확장하거나, 위험한 성행위에 빠지거나, 음주운전을 하는 등 자신을 위험에 처하게 하는 행동을 한다. 하지만 조증 상태의 사람은 우울할 때와는 달리 기분이 좋고 기운이 넘치기 때문에 자신이 위험한 상황이라는 사실을 잘 깨닫지 못한다. 따라서 문제의식이 부족하고 치료기관을 찾지 않는 경우가 대부분이다. 양극성 장애는 우울증보다 더 위험할 수 있음에도 쉽게 간과되곤 한다.

우울증의 원인을 설명하는 이론들

다양한 이론들이 우울증의 원인을 설명하고 있다. 프로이트는 정신분석학적 입장에서 우울증을 분노로 설명했다. 사랑하던 대상을

상실했을 때, 인간은 자신을 두고 떠나간 대상에 대해 분노를 느낀다는 것이다. 분노는 부재하는 대상을 향하기에 결국 갈 곳을 잃어버리고, 무의식 속에 잠복하게 된다. 결국 그 분노는 자신에게로 향하며 죄책감과 자기비난을 불러오고 우울증으로 치닫게 된다고 보는 것이다.

앞서 1장에서 살펴본 셀리그만의 학습된 무기력 이론도 우울증을 설명하는 대표적인 이론 가운데 하나다. 좌절 경험을 많이 한 사람은 자신의 힘으로 이 상황을 벗어날 수 없다는 생각을 하게 되고 결국 무기력을 학습하게 된다. 이 경우 자신에게는 어려운 상황을 벗어날 수 있는 통제력이 없다고 느끼며 아무런 노력도 하지 않게 된다. 이 관점에서 우울증은 무기력이 학습된 상태로 간주된다.

우울증의 귀인 이론은 사회심리학의 귀인 이론이 발전된 이론으로, 우울한 사람들이 통제할 수 없는 사건에 대한 원인을 해석하는 습관에 초점을 둔다. 우울한 사람들은 독특한 인지적 특성을 가지는데, 사건의 원인을 해석하는 귀인양식을 드러낸다고 한다. 즉 우울한 사람들은 부정적인 사건에 대해서 자신을 탓하는 경향이 있으며 앞으로도 계속 그럴 것이라고 생각한다. 또한 다른 곳에서도 마찬가지의 사건이 발생할 것이라고 일반화하는 경향이 있다고 한다.

예를 들어 시험에 떨어졌을 경우 자신이 머리가 나빠서 떨어졌으며 앞으로도 계속 시험에 떨어질 것이라고 예상한다는 것이다. 반면 긍정적인 사건에 대해서는 이와는 반대되는 방식으로 해석한다. 예를 들어 시험에 합격해도 충분히 그 상황을 즐기며 자신감을 가지기보다는 이번만 운이 좋아서 붙었고 앞으로는 떨어질 것이라고 예상한다는 것이다.

아론 벡Aron Beck은 우울증에 대한 인지 이론을 개발하며, 우울증의 인지삼제Cognitive triad를 언급했다. 우울증의 인지삼제란 우울한 사람들이 지니는 독특한 사고패턴을 말한다. 즉 자기 자신과 미래, 주변 환경을 부정적으로 바라보는 습관으로, 자기 자신은 못났고, 앞날은 암담하고 희망이 없으며, 세상은 살아가기에는 너무나 힘든 곳이라고 지각한다는 것이다. 이러한 사고패턴은 우울한 사람들의 삶 속에 습관처럼 자리 잡고 있어 자신도 의식하지 못하는 사이에 자동적으로 떠오른다고 한다. 이러한 자동적 사고가 우울한 정서를 유발하고 지속시키는 원인이 된다는 것이다.

우울증의 원인을 설명하는 이론은 이렇듯 다양하다. 인간을 자살로 몰아가기도 하는 마음의 늪인 우울증은 심리학자와 정신의학자들에 의해 오랜 시간 연구되어왔다. 비록 우울증이 사람이라면 누구나 한 번쯤 경험하기에 마음의 감기라며 가볍게 여겨지는 경향이 있기는 하지만, 어찌 되었든 우울증은 우리가 생각하는 것 이상으로 심각한 결과를 불러올 수 있는 마음의 병이기 때문이다.

자기 점검을 해보고 우울증 증세가 있다면 하루빨리 정신건강 전문가를 찾아 도움을 받아야 할 것이다. 또한 주변 사람이 우울증 증세를 보인다면 무심코 넘겨버리지 말고 반드시 도움의 손길을 뻗어야 한다. 마음의 병은 육체의 병처럼 눈에 보이지 않아 간과되기 쉽지만, 그대로 두면 우리의 마음을 갉아먹으며 삶을 황폐화시키는 비극을 불러올 수도 있기 때문이다.

강박장애 Obsessive compulsive disorder

원하지 않는데도 끈질기게 다가오는 불안

♥　　　우리는 일상에서 흔히 "강박증이 있다.""강박적이다."와 같은 말을 사용한다. 강박이란 무엇일까? 정신의학 체계 상에서 '강박'이란 용어가 들어가는 장애는 강박장애와 강박적 성격장애 2가지가 있다. 다음 사례를 통해 강박장애에 대해 알아보자.

정상적인 일상생활을 방해하는 강박장애

전업주부인 지윤은 요즘 집을 나설 때마다 불안하다.

"내가 가스레인지 밸브를 잠그고 나왔던가?"

"현관문은 잠그고 왔던가?"

집을 나섰다가도 가스레인지 밸브와 현관문을 잠그지 않은 것 같아 자꾸만 불안한 생각이 들어, 다시 집으로 돌아가 확인하기 일쑤였다. 잠근 것을 확인하면 잠시나마 불안이 감소했지만, 금세 불안을 일으키는 다른 생각이 덮치곤 했다. 결국 집에 있을 때도 가스레인지와 현관문을 수차례 확인했고, 확인하는 행동은 점차 늘어나기 시작했다. 자신의 행동이 지나치다는 생각을 했지만, 불안한 생각을 떨칠 수 없어 확인 행동을 자꾸만 반복하게 되었다. 그녀는 불안한 생각과 반복되는 확인 행동을 멈출 수 없어 괴로워했으며, 일상생활을 제대로 꾸리지도 못했다. 자신이 뭔가 이상하다는 생각이 들어 정신건강 전문가를 찾은 그녀는 결국 강박장애 진단을 받고 치료를 받기 시작했다.

강박장애는 위의 사례에서처럼 원하지 않는 생각과 행동을 반복하게 되는 정신장애다. 강박장애의 주된 증상은 강박사고Obsessions와 강박행동Compulsions이다. 강박장애의 핵심 증상에 대해 보다 자세히 알아보자.

강박사고란?

강박사고는 원하지 않는데도 반복적으로 의식에 침입해 들어오는 고통스러운 생각과 충동, 심상을 말한다. 자신이 의도하지 않았는데도 원하지 않는 생각이 자꾸만 갑작스럽게 머릿속에 침투해 들어온다면 어떠하겠는가? 더욱이 그 내용이 성적이거나 공격적이고, 혹은 의심이나 오염과 관련된다면 어떠할까? 예를 들어 다음과 같은 생각이 반복된다면 말이다.

- 저 물건을 만질 때 손에 병균이 묻지는 않을까?
- 현관문을 잠그지 않아 강도가 들어오면 어떻게 하지?
- 가스레인지를 끄지 않아 불이 나면 어떻게 하나?

강박사고는 위와 같은 생각뿐 아니라 성적이거나 공격적인 충동이 될 수도 있고 혹은 끔찍하고 고통스러운 이미지가 될 수도 있다. 강박사고를 경험하는 개인은 불안과 고통을 경험하며 강박사고를 없애기 위해 여러 노력을 기울이는데, 강박사고를 중화하려는 노력이 흔히 강박행동으로 나타난다.

강박행동이란?

강박행동은 불안을 줄이기 위해 반복적으로 나타내는 행동을 말한다. 손 씻기나 정리정돈하기, 확인하기 같은 외현적 행동이 될 수도 있고, 속으로 숫자 세기나 기도하기 같이 내현적 정신활동이 될 수도 있다. 강박행동은 두려운 사건이나 상황을 방지하기 위한 것이나, 방지하고자 하는 결과와 행동이 실제로는 연관되지 않거나 명백히 지나치다.

앞의 사례에서 지윤은 가스레인지 밸브와 현관문을 잠그지 않았다는 강박사고가 침투할 때마다 확인하는 강박행동을 반복했다. 하지만 확인을 해도 불안은 일시적으로만 감소될 뿐 강박사고가 지속되었고, 불안 때문에 비합리적인 강박행동은 반복되었다. 강박장애는 이처럼 강박사고와 강박행동이 원하지 않는데도 지속됨으로써 개인에게 고통을 주는 정신장애를 말한다. 강박장애에 시달리는 개인은 고통스러운 생각과 행동을 스스로 통제할 수 없음을 경험한다.

강박장애의 원인

강박장애를 설명하는 이론 가운데 널리 알려진 것이 다니엘 웨그너Daniel Wegner의 '사고억제의 역설적 효과(1987)'다. 독자들은 다음의 그림을 꼼꼼히 살펴본 후 1분 동안 눈을 감고 아무 생각이나 떠올려보자. 1분 동안 무슨 생각을 해도 괜찮다. 단 흰곰에 대한 생각은 절대 하면 안 된다는 것을 명심하자.

어떠한가? 흰곰에 대한 생각이 떠오르지 않았는가? 만약 단 한 번도 흰곰에 대한 생각이 떠오르지 않았다면 당신은 대단한 사람이다. 대부분의 사람들은 이 상황에서 오히려 흰곰을 더 많이 떠올리기 때문이다. 어떤 생각을 하지 않으려는 시도가 그 생각을 더 떠오르게 하는 것을 사고억제의 역설적 효과라고 한다.

강박사고는 이렇듯 우연히 떠오른 불쾌한 생각에 대해 과도하게 의미를 부여하고, 지나친 죄책감이나 책임감을 느끼며 억누르려고 할 때 생겨난다고 한다. 사고억제를 시도하는 결과가 오히려 원하지 않는 사고를 더 많이 불러오고, 결국 병적인 강박사고로 발전하게 된다는 것이다.

강박행동은 불안을 일으키는 강박사고에 대처하려는 행동이 병적으로 발전되었다고 본다. 예를 들어 현관문을 잠그지 않았다는 생각이 반복되기 때문에 자꾸만 확인하는 행동을 반복하게 되는 것이다. 수차례 현관문이나 가스레인지를 확인하는 행동, 손에 병균이 묻었다는 생각 때문에 하루에도 몇 번씩 손을 씻는 행동도 강박장애에서 나타나는 강박행동의 예다.

강박장애의 치료

강박장애를 치료하기 위한 방법으로 약물치료나 행동치료, 인지치료가 자주 쓰이고 있다. 행동치료적인 방법으로는 강박장애 환자가 두려움을 느끼는 자극에 노출시킨 후 강박행동을 못하도록 막는 노출 및 반응방지법Exposure and response prevention; ERP이 효과적이라고 알려져 있다. 예를 들어 오염에 대한 강박사고와 수시로 손을 씻는 강박행동을 보이는 환자에게 더러운 것을 만지게 한 후 손을 씻지 못하게 하는 것이다. 이로써 환자는 강박행동을 하지 않아도 무서운 결과가 나타나지 않음을 깨닫게 된다.

인지치료는 강박사고에 대해 과도한 책임감을 부여하고 사고를 억누르려고 하는 시도를 다룬다. 불쾌하게 침입하는 사고는 누구나 경험할 수 있는 자연스러운 현상임을 깨닫게 하는 것이다.

공황장애 Panic disorder
죽음이 다가오는 숨 가쁜 공포

♥　　　공황장애란 무엇일까? 예전에는 공황장애에 대해 아는 사람들이 별로 없었는데, 언제부터인가 유명 연예인들이 방송을 통해 공황장애를 겪고 있다고 고백하면서 사회적으로 많이 알려졌다. 공황장애를 겪고 있는 사람들은 갑작스럽게 죽을 것 같은 공포를 느낀다. 다음에 소개되는 사례를 통해 공황장애에 대해 좀더 자세히 알아보자.

고3 수험생인 정아는 매사에 잔걱정이 많다. 별것 아닌 일에도 지나치게 신경을 쓰고 사소한 일에 대해서도 곱씹으며 최악의 결과를 예상해보는 습관이 있기 때문이다. 요즘에는 몸 건강이 예전 같지 않아 걱정인데, 지난 수능모의고사에서 성적이 떨어진 이후로 심장 두근거림이 심해졌다. 가슴이 답답하고 뻐근한 느낌에 정아는 '내 몸에 뭔가 문제가 있는 것 같아.'라고 생각하며 자신의 신체증상에 좀 더 주의를 기울였다. 가슴에 통증도 느껴지고 숨도 잘 쉬어지지 않는 것 같아 정아는 부모님을 졸라 병원에서 정밀검사를 받았다. 하지만 의사는 심장에는 아무런 이상이 없다고 했다.

신체검사 결과가 정상이라고 나왔지만 정아는 그 결과를 믿을 수 없었다. 매일 밤마다 심장박동 소리가 크게 들렸고 가슴이 조이는 느낌도 심해졌기 때문이다. 결국 수능을 한 달 앞둔 어느 날, 정아는 극심한 가슴 통증을 느끼고 쓰러졌다. 호흡이 어렵고 숨이 막혔으며 정신이 아득해지면서 이러다 죽는 게 아닌가 하는 공포가 강렬하게 몰려왔다. 정아는 응급차에 실려 병원에 갔고, 다시 정밀검사를 시행했지만 여전히 신체적인 이상은 없는 것으로 나타났다. 결국 정아는 정신건강의학과에 의뢰되어 공황장애 진단을 받았다.

공황장애는 위 사례처럼 갑작스럽게 엄습하는 강렬한 불안, 즉 공황발작을 반복적으로 경험할 때 진단된다. 공황발작Panic attack을 경험하는 사람들은 가슴의 통증과 호흡곤란을 느끼기 때문에 흔히 심장의 이상을 의심한다. 극심한 신체적 불안증상으로 나타나는 공황장애의 특성상 신체적인 질환이라고 생각하기 쉬운 것이다. 따라서 공황장애 환자들은 정신건강의학과에 의뢰되어 정식 진단을 받기 전에 심장과 관련된 정밀검사를 받는 경우가 많다. 별다른 신체적인 질병이 발견되지 않는데도 죽음에 대한 공포를 일으키는 발작이 반복되고, 그 발작 때문에 생활에 변화가 생기고 심각한 고통을 겪는다면 정신과적 장애인 공황장애를 겪고 있을 가능성이 높다.

공황발작이란 무엇인가?

공황장애로 진단하기 위해서는 공황발작이 반복되어야 하는데, 공황발작은 다음과 같은 증상을 말한다. 갑작스러운 강렬한 공포, 강렬한 불쾌감이 몇 분 안에 최고조에 도달하고, 발작이 일어나는 동안 다음 중 4가지 이상의 증상이 나타난다.

- 심장의 두근거림 또는 심장박동수의 증가
- 땀 흘림
- 떨림 또는 전율
- 숨 가쁜 느낌 또는 숨 막히는 감각
- 질식감
- 흉부통증 또는 불쾌감

- 메스꺼움 또는 복부 고통

- 어지럽거나 불안정하거나, 머리가 띵하거나, 또는 기절할 것 같은 느낌

- 오한 또는 얼굴이 화끈 달아오름

- 감각이상증(마비감 또는 찌릿찌릿한 감각)

- 현실감 상실(비현실감) 또는 이인화

- 자제력 상실에 대한 두려움 또는 미쳐버릴 것 같은 두려움

- 죽음에 대한 두려움

위와 같은 공황발작을 자꾸만 경험하게 되면 앞으로도 또다시 발작이 일어나지 않을까 하는 불안을 느끼게 된다. 계속 걱정을 하고 공황발작으로 인해 일어날 수 있는 결과에 대해 염려하다 보니 일상생활 역시 지장을 받는다. 직장을 그만두거나 학교에 나가지 못할 뿐 아니라 집 앞에 산책을 가거나 장을 보러 나가는 간단한 일도 못하게 될 수 있다. 또한 신체적인 병에 걸렸을 것이라는 생각에 집착하며 두려워하는 건강염려증이 생기거나 우울증이 생길 수도 있고, 심각할 경우 심리적 고통을 견디지 못하고 자살이라는 파국적인 결과로 치닫기도 한다. 사람들이 흔하게 겪는 병이라고 해서 쉽게 여겨서는 안 되는 것이다.

공황장애의 원인은 무엇인가?

그렇다면 공황장애는 왜 생기는 것일까? 심장에 이상이 없는데도 마치 심장병이 있는 것 같은 증상이 나타나는 이유는 무엇 때문일까? 공황장애의 원인을 설명하는 여러 이론들에 대해 살펴보자.

생물학적 취약성으로 인해 잘못된 신호를 보낸다

공황발작을 겪는 이들은 호흡기능과 관련된 생물학적 취약성을 가지고 있다는 이론이다. 이들은 생물학적인 결함으로 인해 혈액 속의 이산화탄소 수준을 낮게 유지해야 한다고 한다. 이산화탄소에 대한 지나친 예민성 때문에 혈액 내의 이산화탄소 수준이 높아지면 신체는 질식할 수 있다는 신호를 보내는데, 이 신호가 잘못되었다는 것이다. 잘못된 경보로 인해 호흡이 가빠지고, 이것이 공황발작으로 이어진다고 본다.

신체감각을 잘못 해석하는 것이 원인이다

공황발작를 설명하는 인지적 이론으로 데이비드 클라크David Clark의 인지적 모델이 가장 설득력 있게 받아들여지고 있다. 공황장애 환자들은 평소보다 강한 심장박동이나 가슴 통증, 호흡이 가빠지는 등의 신체적인 변화에 지나치게 주의를 기울이며, 극단적인 결과를 예상하는 경향이 있다는 것이다. 예를 들어 이들은 심장박동이 빨리 뛰는 등의 신체적 변화로 자신에게 심장마비가 일어날 것이라고 예상하고 불안해한다. 죽을지도 모른다는 공포로 불안은 더욱 심해지고, 이에 신체감각은 더 강해진다. 따라서 실제 상태보다 더 극단적으로 해석하는 악순환에 빠진다는 것이다. 즉 불안이 심해지는 파국적인 해석의 악순환에 갇히게 된다.

유아기의 분리불안이 재현되는 것이다

정신분석학적 입장에서는 공황장애를 유아기에 주양육자와 이별할 때 겪었던 극심한 공포가 재현되는 것이라고 설명한다. 어린아이의 입장에서 주양육자와 분리되는 것은 죽음에 가까운 공포로 느껴질 수 있기 때문이다.

공황장애의 치료

공황장애를 치료하기 위해 약물치료와 심리치료가 병행되고 있다. 특히 심리치료 가운데에서는 인지행동치료가 널리 쓰이고 있으며 그 효과도 좋다고 한다. 신체감각을 극단적으로 해석하는 패턴을 바꾸도록 하고, 불안을 조절할 수 있도록 복식호흡이나 긴장이완 훈련을 시행한다. 또한 환자로 하여금 공황발작과 유사한 상황을 의도적으로 만들어 경험하게 함으로써 두려워하는 신체감각에 익숙해지도록 한다. 이때 인지적인 해석의 패턴을 살펴보고 수정하는 절차를 거치기도 한다.

반사회성 성격장애_{Antisocial personality disorder}

죄책감이 부재한 그들

♥　　　　온 나라를 떠들썩하게 하는 심각한 범죄 사건이 일어날 때마다 언론은 범죄자의 심리에 대한 심리학자의 분석을 앞다투어 보도한다. 그 분석 결과에는 반사회성 성격장애가 자주 등장하는데 반사회성 성격장애자들은 어떤 특성을 가지고 있는 걸까? 아래 사례를 통해 알아보자.

　　폭행·사기·납치·협박 등의 혐의로 기소된 영훈은 임상심리학자의 심리평가에 의해 반사회성 성격장애 진단을 받았다. 영훈의 부모는 법원에 선처를 호소했지만, 사실 영훈의 부모는 아들을 두려워했고, 그 두려워하는 마음은 창백해진 낯빛에 명명백백 드러나고 있었다. 천인공노할 짓을 저지르고도 아무런 죄책감을 느끼지 않는 사람, 부모마저 두려움에 떨게 만드는 그는 지금까지 어떤 삶을 살아왔을까?

　　영훈은 가난한 집안의 맏아들로 태어나 경제적으로 어렵게 자랐다. 생계를 유지하느라 일에 치이는 부모님은 언제나 아들에게 냉담했기에 그는 부모의 정을 느끼지 못하고 자랐다. 오히려 알코올 중독에 빠진 아버지는 가족들을 학대하기 일쑤였고, 어머니는 아버지의 폭력을 피해 가출을 하곤 했다. 어린 마음에도 영훈은 자신이 사랑받지 못한다는 사실을 알았고, 부모에 대한 분노로 가득 차 이를 부득부득 갈며 언젠가는 이 고통스러운 피해자의 인생을 끝내리라 결심했다.

어릴 때부터 덩치가 크고 싸움을 잘했던 영훈은 고등학교를 자퇴하고 집을 나가 폭력 조직에 가담해 패싸움을 일삼거나 사람을 납치했다. 또 매매춘에 가담해 여자들을 노예처럼 부리며 성을 팔도록 강요했고, 사람들에게 사기를 쳤으며 도박에 빠져 가지고 있던 돈을 모두 탕진해버리곤 했다. 돈이 다 떨어지면 부모의 집에 찾아와 돈을 달라고 요구했고, 원하는 대로 해주지 않으면 아버지에게 발길질을 하고 어머니의 뺨을 때렸다. 아버지는 아들에게 맞아 갈비뼈가 부러졌고, 자신이 아들을 잘못 키운 것 같다며 눈물 흘렸다. 그가 가진 치명적인 마음의 결함은 무엇으로도 채울 수가 없었다.

성격장애, 그리고 반사회성 성격장애란?

성격장애는 일관되고 지속적이며 잘 변하지 않는 성격 특성이 지나치게 부적응적이고 융통성이 없을 경우 진단되는 정신과적 장애를 말한다. 반사회성 성격장애는 여러 성격장애 가운데 하나로, 충격적인 범죄 사건을 일으키는 이들에게 자주 진단되어 사회적으로 이슈화되곤 한다. 반사회성 성격장애의 주된 특징은 그 이름이 뜻하는 것처럼, 사회적 규범이나 법을 지키지 않으며 무책임하고 폭력적인 행동을 나타낸다는 것이다. 다음 반사회성 성격장애의 진단기준을 살펴보자.

타인의 권리를 무시하거나 침해하는 행동양식이 생활 전반에 나타나며, 이런 특징은 주로 15세부터 시작된다. 아울러 다음 중 3개 이상의 항목을 충족시킨다.
1. 법에서 정한 사회적 규범을 지키지 못하고, 구속당할 행동을 반복한다.
2. 개인의 이익이나 쾌락을 위해 반복적으로 거짓말을 하는 행동, 가명을 사용하거나 타인을 속이는 등의 사기행동을 한다.
3. 충동성을 보이거나 또는 미리 계획을 세우지 못한다.
4. 빈번한 육체적 싸움이나 폭력에서 호전성과 공격성이 드러난다.
5. 자신이나 타인의 안전을 무시하는 무모성을 가진다.
6. 일정한 직업을 가지지 못하거나 채무를 청산하지 못하는 행동 등 무책임성이 지속적으로 나타난다.
7. 자책이 결여되어 있다. 즉 타인에게 상처를 입히거나 학대하거나 절도행위를 하고도 무관심하거나 합리화하는 경향이 있다.

위와 같은 특징을 나타내는 반사회성 성격장애는 18세 이상의 성인을 대상으로 진단되기에, 어린아이들이나 청소년에게는 반사회성 성격장애 진단을 내리지 않는다. 대신 이들은 15세 이전에 품행장애를 보이는데, 품행장애란 타인을 공격하거나 재산을 파괴하고, 사기나 절도, 규칙위반 같은 심각한 품행문제를 나타내는 정신과적 장애로 흔히 아동기나 청소년기에 발병한다. 즉 이들은 성인이 되어 갑자기 무책임하고 폭력적인 행동을 보이는 것이 아니고, 15세 이전의 어린 시절부터 꾸준히 문제행동을 보인다는 것이다.

반사회성 성격장애의 원인과 치료는?

반사회성 성격장애가 발병하는 데는 유전과 환경 요인이 모두 작용한다고 알려져 있다. 이란성 쌍둥이에 비해 일란성 쌍둥이의 범죄 행위 일치율이 훨씬 높고, 입양아의 경우에도 친부모의 반사회적 성향을 닮는다는 연구 결과는 유전적인 요인이 반사회성 성격장애에 관여한다는 사실을 시사한다. 또한 이들 뇌의 각성 수준이 일반 사람들보다 낮다는 연구 결과도 있다. 게다가 이들은 자율신경계와 중추신경계의 각성이 저하되어 있어 일반인에 비해 더 자극적인 것을 찾는 경향이 있으며 폭력적이거나 잔인한 범죄행동을 저지르기 쉽다고 한다.

환경 요인은 어린 시절의 양육 경험과 관련된다고 한다. 반사회성 성격장애자의 어린 시절을 살펴보면 지배적이고 거친 부모에 의해 학대받거나 냉대받았던 경우가 많다. 부모와 안정된 관계를 맺을 때 세상에 대한 기본적인 신뢰가 쌓이고 타인에 대한 공감능력도 생기는데, 이런 과정에서 결함이 있었다는 것이다.

반사회성 성격장애는 치료가 매우 어렵다. 일단 이들은 문제의식이 없는 경우가 대부분이라서 스스로 치료자를 찾는 경우가 드물기 때문이다. 대개는 법원이나 가족들의 명령에 의해 강제로 입원하게 되며, 치료를 받게 된다고 하더라도 진심으로 임하는 경우가 거의 없다. 이들은 법적인 면책으로 인해 치료가 필요한 상황이라면 치료에 임하는 척 연기를 할 수도 있기에 치료시 각별히 주의

해야 한다. 또 권위적인 인물에게 쉽게 적대감을 느끼기 때문에 치료자는 수용적인 태도를 보여주어야 한다.

　반사회성 성격장애를 근원적으로 뿌리 뽑기는 매우 어렵다. 우리 사회가 할 수 있는 가장 현실적인 방법은 장애가 생기지 않도록 예방하는 것이다. 아동이 학대당하거나 방임되지 않도록 사회복지적인 측면의 접근이 필요할 뿐 아니라 부모 교육과 비행청소년에 대한 섬세한 개입이 필요하다.

경계선 성격장애 Borderline personality disorder
"내가 누군지 잘 모르겠어요."

♥　　배우 김혜수 씨가 열연한 〈얼굴 없는 미녀〉의 주인공 지수는 경계선 성격장애를 가지고 있다. 그녀는 만성적인 공허감에 시달리며 자기가 누구인지 혼란스러워한다. 이 영화를 토대로 경계선 성격장애의 특징에 대해 더 자세히 알아보자.

정체감의 혼란, 극심한 기분 변화와 만성적인 공허감
주인공 지수는 악마에서 천사로, 달콤한 아내에서 지독한 악처로, 순간순간 얼굴을 달리하며 급변하는 모습을 보이는 등 지속적인 정체감의 혼란을 겪는다. 경계선 성격장애를 앓는 이들은 자기가 누구인지 모른다. 안정된 자기감이 없기 때문이다. 자기 앞에 있는 대상에 따라 다른 모습을 보이며 자신이 누구인지에 대한 감각도 달라진다. 정체감뿐 아니라 감정적인 기복도 극심하다. 때에 따라 기분이 급변하며, 좋았다 나빴다 사이를 오락가락할 뿐 아니라 심한 불쾌감과 과민성, 불안을 겪고 분노 발작을 드러내기도 한다. 만성적인 공허감과 극심한 기분 변화를 다루기 위해 자신에게 손상을 줄 수 있는 행동, 예를 들어 자해나 위험한 성관계, 무절제한 폭식, 알코올 남용 등이 동반되기도 한다.

버림받는 것에 대한 두려움

지수는 또한 버림받는 것을 극도로 두려워한다. 버림받는 것에 대한 두려움은 경계선 성격장애의 핵심이다. 그녀는 정신과 의사의 최면치료를 통해 과거의 기억을 회상하며, 연인이 자신을 버리고 떠나는 장면을 떠올리고는 흐느낀다.

"바람처럼 그렇게 내 사랑이 떠나가고 있어요."

양육자를 잃은 무력한 어린아이가 겪을 수 있는 극심한 불안, 즉 유기불안이 재현되는 것이다. 지수는 남편이 자신을 버릴까봐 두려워하면서 먼저 이별을 말한다.

"자기도 날 떠나겠지. 날 알게 되면 다들 날 버려. 그리고 아무도 날 기억해주지 않아. 우리 그만 헤어져. 서로 힘들잖아. 헤어지고 싶어."

경계선 성격장애를 앓는 이들의 삶은 무기력하고 약한 자신이 언젠가 버림받을지도 모를 위험한 세상 속에서 벌이는 처절한 투쟁이다. 자신을 사랑해줄 사람은 아무도 없다고 느끼기 때문에 언젠가 사람들이 자신을 떠날 것이라고 생각한다. 친밀한 관계에 집착하나 타인을 두려워하기 때문에 이들의 대인관계는 언제나 불안정하다. 가까워지고 싶지만 버림받을까봐 두려워 지나치게 집착하거나 불신하며 거리를 두고, 혹은 상대를 조종하며 화나게 만들어 상대로 하여금 먼저 떠나고 싶게 만드는 패턴을 보이기도 한다.

악마이거나 천사이거나

이들은 상대방의 좋은 점과 나쁜 점을 한꺼번에 보지 못하기 때문에 상대를 지나치게 이상화하다가도 사소한 단서에 의해 극도로 평가절하하며 분노를 터뜨린다. 경계인**을 대하는 사람들은 이들에게 조종된다고 느끼며 이럴 수도 저럴 수도 없는 무력감을 느낀다. 따라서 화가 나고 지쳐서 실제로 떠나고 싶다고 느끼게 되는데, 이런 과정은 '투사적 동일시 Projective identification'라는 경계인의 방어기제에 의해 일어나는 결과다. 즉 경계인은 자신이 받아들이지 못하는 모습을 다른 사람이 가지고 있다고 여기며 상대를 진짜로 그렇게 만들어버리는 것이다.

예를 들어 "내가 너를 미워할 리가 없어. 이건 내 감정이 아니야. 네가 나를 미워하는 거야."라는 식으로 자신의 내면에 있는 모습을

●● 여기서는 경계선 성격장애를 앓는 사람을 줄여 경계인이라고 표기했다.

상대가 가지고 있다고 전가하는 면에서는 방어기제인 투사와 비슷하나, 투사적 동일시는 상대방을 진짜로 그렇게 만들어버린다는 점에서 차이가 있다.

"이렇게 혐오스럽고 나쁜 모습은 내가 아니야. 네가 나빠. 너는 나를 괴롭혀. 너 때문에 내가 힘들어. 너는 나쁜 사람이야! 네가 그런 말을 한 건 나를 싫어해서인 게 분명해."

경계인의 내면에서 이런 심리적 과정이 일어나는데, 이 때문에 경계인을 대하는 사람들은 자신도 모르게 슬슬 화가 나고, 상대의 말에 공격적으로 받아치게 되며, 이 말도 저 말도 다 의심하는 모습에 무력해지면서 '진짜 화가 난다. 힘들어서 견딜 수가 없다. 떠나고 싶다.'라고 느끼게 된다. 경계인이 가진 내적인 대상, 즉 악마 같은 대상, 화가 난 대상, 나쁜 대상, 버리는 대상이 되어버리는 것이다.

경계선 성격장애는 치료하기가 무척 까다롭다고 알려져 있어 심리학자와 정신과 의사에게 상당히 도전적인 과제다. 환자의 원시적인 방어기제, 투사적 동일시에 의해 자칫 조종될 수 있기에 치료 과정을 견뎌내는 게 심리적으로 매우 힘들기 때문이다. 따라서 치료자는 경계인을 치료할 때 중립적인 태도를 지켜야 하며 '경계'를 잘 지키는 게 필요하다.

경계인이 치료비를 깎아주거나 받지 않기를 요구할 때, 치료자 이상으로 잘해달라고 요구할 때, 휴대폰 번호를 알려달라고 요구할 때, 사생활을 내어주도록 요구할 때, 이를 견뎌내야 치료자와 경계인 모두를 보호할 수 있다. 환자를 정말 돕고 싶다면 치료자가 적절한 거리를 두어야 하는 것이다. 그래야지만 경계인의 극단적인 감정기복, 지나친 이상화, 그리고 평가절하를 왔다갔다 하는 강렬한 대인관계 패턴, 원시적인 방어기제에 의한 심리적 조종의 과정, 자살 및 자해위협 등을 버틸 수 있다. 〈얼굴 없는 미녀〉에서는 환자와 치료자의 경계가 지켜지지 않아 결국 파국적인 결과가 일어나지 않았는가?

경계선 성격장애의 진단기준

대인관계와 자아상 및 정동Affect의 불안정성, 심한 충동성을 보이는 광범위한 행동 양상이 있다. 이런 특성이 성인기 초기에 시작되어 다양한 상황에서 나타나며, 다음 9가지 중 5개 이상의 항목이 충족되면 경계선 성격장애라고 진단한다.

1. 실제적 또는 가상적인 유기(버림받음)를 피하기 위한 필사적인 노력
2. 극단적인 이상화와 평가절하의 극단 사이를 왔다갔다 하는 불안정하고 강렬한 대인관계 양식
3. 정체감 혼란: 심각하고 지속적으로 나타나는 불안정한 자아상 또는 자아감
4. 자신에게 손상을 줄 수 있는 충동성이 최소한 2가지 영역에서 나타남 (예: 낭비, 성관계, 물질 남용, 무모한 운전, 폭식)
5. 반복적인 자살행동, 자살시늉, 자살위협 또는 자해행위
6. 현저한 기분 변화에 따른 정동의 불안정성(예: 간헐적인 심한 불쾌함, 과민성, 불안이 보통 몇 시간 정도 지속되지만 며칠 동안 지속되는 경우는 거의 없음)
7. 만성적인 공허감
8. 부적절하게 심한 분노를 느끼거나 분노를 조절하지 못함(예: 자주 울화통을 터뜨림, 지속적인 분노, 잦은 몸싸움)
9. 스트레스와 관련된 편집증적 사고나 심한 해리증상을 일시적으로 나타냄

위약효과 Placebo effect

가짜 약이 효과를 내는 이유

♥   위약효과는 플라시보 효과라는 용어로도 널리 알려져 있다. 누구나 일상에서 한 번쯤 경험했을 법한 위약효과에 대해 자세히 알아보자.

정신건강의학과에서 임상심리학자로 일하고 있는 정 씨는 전환장애로 의뢰된 환자를 매주 한 번씩 만나 상담을 진행하고 있다. 이 환자는 몇 달 전부터 알 수 없는 이유로 걷지 못했는데, 아무런 의학적 이상이 없는데도 마치 다리가 마비된 것처럼 굳어버렸다고 했다. 환자는 여러 병원을 전전하며 정밀검사를 수차례 받았지만 신체적인 이상이 없다는 결과에는 변함이 없었다. 환자는 상담 시간에 참을 수 없는 가슴 통증을 호소하곤 했는데, 정 씨는 환자의 고통이 심해질 때마다 따뜻한 물에 가루약을 타서 주었다. 심장 통증을 없애고 몸을 편안하게 해주는 약이라며 정 씨가 건넨 그 약은 정말로 환자를 편하게 만들어주곤 했다. 환자는 효과가 좋은 약이라고 믿어 의심치 않았지만, 정 씨가 물에 타준 가루약은 사실 설탕이었다. 가짜 약이 환자의 믿음으로 인해 진짜처럼 효과를 일으킨 것이다. 이런 현상을 어떻게 받아들여야 할까?

위약효과란 위의 사례처럼 실제로는 의학적으로 전혀 효과가 없는 물질인데도 피험자나 환자가 효과가 있는 약물이라고 믿음으로써 실제적인 치료효과를 가져오는 현상을 말한다. 여기서 '위약'은 의학적으로 중성적인 물질을 말한다.

위약효과의 존재는 인간의 심리가 신체에 극명한 영향을 미친다는 사실을 알려주고 있다. 단지 심리적인 기대만으로도 진짜 약물이 작용하는 것처럼 통증이나 피로가 줄어드는 등의 치료효과가 나타나기 때문이다. 진통제와 유사한 위약효과의 원인 가운데 하나는 뇌의 신경전달물질인 엔도르핀Endorphin과 관련된다고 한다. 엔도르핀은 내인성內因性 모르핀이라는 뜻을 지녔으며, 쉽게 말하면 통증을 줄이기 위해 생체에서 분비하는 천연 마약을 뜻한다.

연구자는 위약효과를 주의해야 한다

위약효과에 대해 상식으로 알아두면 일상에서 유용하게 활용할 수 있겠지만, 약물을 개발하는 연구자라면 주의해야 한다. 예를 들어 새로운 혈압약을 개발하려는 연구자가 일부 집단에만 자신이 개발한 약물을 투여해 혈압을 떨어트렸다고 가정해보자. 그 결과가 순전히 그 약의 효과 때문이라고 말할 수 있을까? 위약효과가 존재한다는 사실을 알고 있는 이라면 당연히 의심을 품을 것이다. 단지 피험자가 치료약을 복용했다는 기대를 가졌기에 위약효과가 일어났을 수 있기 때문이다. 따라서 연구자들은 타겟이 되는 실험집단 외에도 비교의 대상이 되는 통제집단을 구성해야 한다. 아무런 치료를 하지 않는 집단과 가짜 약인 위약을 투여하는 집단을 만드는 것이다. 즉 새로 개발된 진짜 약물을 투여하는 A 집단, 아무런 치료를 하지 않는 B 집단, 위약을 투여해 A 집단처럼 치료를 받는다는 기대를 가지게 한 C 집단을 구성해 결과를 비교하는 것이다. 위약효과를 감안해 실제 실험집단에서 효과가 나타났다면, 약물이 효과가 있다는 결론을 내릴 수 있을 것이다.

가짜 약이 환자의 기대로 인해 진짜처럼 작용하는 현상, 인간의 심리가 신체에 미치는 영향은 이처럼 신비롭다. 우리는 일상에서도 인간의 마음이 가져오는 효과를 간단히 실험해볼 수 있다. 통증을 호소하는 친구나 가족에게 비타민C를 진짜 약이라고 주며 그럴듯하게 속여 보는 것이다. 과연 어떤 결과가 일어날까?

취약성 스트레스 모델 Vulnerability-stress model
정신병리의 원인은 무엇인가?

♥　　　취약성 스트레스 모델은 정신병리의 원인을 설명하는 이론 가운데 하나다. 정신병이 생기는 원인이 무엇인지 궁금했던 사람이라면 관심을 가져볼 만한 이론이다.

정신병이 생기는 원인은 무엇일까?

정신병은 무엇 때문에 생기는 것일까? 가령 우울증에 걸린 사람이 있다면 어린 시절의 트라우마가 원인이 된 것일까, 아니면 최근에 겪은 실연이 원인인 걸까? 혹은 우울증에 취약한 기질을 타고나서 그런 것일까? 학자들은 정신병의 원인을 밝히기 위해 많은 노력을 해왔고, 그 과정에서 정신병이 생기는 과정을 설명하는 다양한 이론들이 만들어졌다. 어린 시절의 성장과정에서 겪은 문제를 원인으로 강조하는 이론도 있고, 생각하는 습관 같은 인지적 패턴에 초점을 둔 이론, 기질이나 뇌의 생리학적인 취약성을 강조하는 이론도 있다.

정신병은 단 하나의 원인으로 생기는 것이 아니다

하나의 정신병에 대해서도 그 원인을 설명하는 다양한 이론들이 존재한다는 것은 정신병을 단 하나의 원인만으로는 설명할 수 없음을 뜻한다. 예를 들어 한 개인이 앓는 우울증은 어린 시절의 트라우마, 뇌의 생리학적 취약성, 비관적인 인지적 패턴, 최근의 스트레스 사건 같은 다양한 원인이 복합적으로 작용한 결과일 수 있다. 따라서 정신병이 생기는 과정을 이해하기 위해 환경적 요인이나 생리학적 요인과 같이 단 하나의 관점만 조명한다면 정신병을 충분히 이해할 수는 없을 것이다.

취약성 스트레스 모델은 정신병리를 다양한 관점에서 바라보고 종합적으로 이해하려는 시도에서 만들어졌다. 취약성 스트레스 모델은 인간의 이상행동과 정신병리가 신체적 · 심리적 · 사회적 측면의 다양한 요인에 의해 일어날 수 있다고 가정한다. 즉 정신병이 생기는 원인은 복합적이며, 발병하기까지의 경로가 다양하다는 것이다. 이 모델은 정신병의 원인을 크게 2가지의 요인으로 구분한다. 하나는 개인이 가지고 있는 취약성이고, 다른 하나는 환경에서 오는 심리사회적인 스트레스다.

먼저 개인이 가지고 있는 취약성이라는 것은 무엇을 말하는 것일까? 취약성은 특정한 장애에 걸리기 쉬운 특성으로, 유전적인 소인이나 타고난 기질뿐 아니라 사회와 상호작용하면서 생겨난 심리적 · 신체적 특성까지 포함한다. 따라서 성격적인 특질이나 생리적인 특성도 취약성으로 구분된다. 환경에서 오는 심리사회적인 스트레스는 실직이나 실연, 가족의 사망이나 질병과 같이 삶을 살면서 겪는 다양한 사건을 뜻한다.

반사회성 성격장애가 자주 등장하는데
반사회성 성격장애자들은
어떤 특성을 가지고 있는 걸까?

심리상담은 개인의 심리적 성장을 위해 이루어지는 과정으로, 주로 대화를 통해 이루어진다. 전문적인 훈련을 통해 소양을 갖춘 치료자와 심리적 성장을 위한 내담자의 만남. 심리상담은 이 두 사람이 함께 합의한 목표를 두고 진행된다. 심리상담은 어떤 특징이 있을까? 이번 장에서 알아보자.

9

상담과 심리치료

● 마음을 치유하고 성장시키는 힘, 상담과 심리치료 ●

행동치료 Behavior therapy

마음의 병은 학습의 결과다

♥   상담치료에 심리학의 학습원리를 적용한 행동치료는 과거에 우세했던 정신분석 관점에서 이탈해서 1950년대 말에서 1960년대 초반에 생겨났다. 이 시기의 행동치료는 고전적 조건형성과 조작적 조건형성의 원리를 적용했다는 점에서 다른 치료와 구분된다. 행동치료는 다양하게 변형되고 응용되며 오늘날까지 이어져오고 있다.

행동치료란 무엇일까? 심리학의 학습원리를 적용했다고 하면 왠지 어렵게 들리지만, 우리의 일상에도 스며들어 있는 것이 바로 행동치료의 원리다. 가장 쉽게 이해할 수 있는 것은 상벌제도다. 상과 벌은 개인이 부적절한 행동은 줄이고 바람직한 행동을 많이 하도록 유도하는 데 쓰인다.

선물을 받기 위해 착한 일을 하는 아이들

유치원에서 아이들이 바람직한 행동을 하도록 유도하기 위해 쓰는 방법 가운데 하나가 스티커 제도다. 다른 아이들을 도와주거나 숙제를 잘 해오는 등 착한 일을 하면 스티커를 하나씩 주고 일정한 개수를 채우면 아이들이 좋아하는 선물을 주는 식이다. 어린아이들은 선물을 받기 위해 스티커를 모으려 하고, 어른들이 원하는 착한 행동을 반복하게 된다. 반면 바람직하지 않은 행동을 하면 혼이 나거나 스티커를 빼앗기는 등의 벌을 받게 된다. 이런 식으로 스티커 제도를 통해 어린아이는 자신의 행동에 따라 결과가 달라진다는 것을 배우게 되고, 결국 바람직한 행동을 많이 하고 그렇지 않은 행동은 잘 하지 않게 된다.

어린아이들뿐 아니라 성인도 행동치료의 근간 원리에 의해 움직이고 있다. 매달 월급을 받기 위해 직장에 나가는 행동이나 커피를 한 잔 마시면 도장을 찍어주는 쿠폰을 채우기 위해 특정한 커피전문점에만 가는 행동, 직장상사의 쓴소리를 듣지 않기 위해 지각하지 않고 제 시간에 출근하는 행동 등은 모두 상과 벌에 의해 움직이는 인간의 모습을 보여준다.

이상행동은 잘못된 학습의 결과다

행동치료의 관점에서는 인간의 행동을 학습의 결과로 보기 때문에 부적응적인 행동이나 이상행동 또한 잘못된 학습의 결과로 생겨난다고 간주한다. 예를 들어 어린아이가 지나치게 떼를 쓰는 행동은 부모가 아이의 바람직한 행동에 관심을 주지 않고 떼를 쓰는 행동을 보일 때만 관심을 주었기에 지속된다고 보는 것이다. 즉 아이는 떼를 쓰는 행동이 자신이 원하는 결과를 가져온다는 사실을 학습했다는 것이다.

따라서 행동치료의 관점에서는 잘못된 학습을 교정하고 바람직한 행동을 새롭게 학습함으로써 이상행동이 수정될 수 있다고 전제한다. 그렇기에 문제의 원인이 된 과거의 뿌리를 중시하는 정신분석학적 관점과는 근본적으로 다른 관점을 취하는 것이다. 즉 행동치료는 눈에 보이지 않는 무의식보다는 객관적으로 관찰할 수 있는 외적인 행동에 관심을 가지며, 실제로 얼마나 변화했는가를 중시하기에 객관적인 치료효과를 증명하고자 한다.

> **행동치료의 대표적 특징**
>
> - 행동치료는 과학적 방법의 원리와 절차에 근거한다.
> - 심리치료의 목표를 구체적이고 객관적인 용어로 명확하게 기술해 문제가 되는 행동을 유지시키는 조건을 평가한다.
> - 과거를 중요시 하지 않으며 현재 문제에 초점을 둔다.
> - 내담자는 자신의 문제를 다루기 위해 구체적인 행동을 하게 된다. 즉 새로운 대처 기술을 배우고 연습하며 실습한다.
> - 치료를 학습으로 여기기에 교육적인 측면이 강하며 새롭게 학습한 것은 내담자의 실제 생활 속에서 이루어진다.

노출치료 Exposure therapy 와
체계적 둔감법 Systematic desensitization

공포증을 어떻게 치료할까?

♥　　　심리치료 중 노출치료라는 것이 있다. 노출치료란 무엇일까? 무엇에 노출한다는 뜻일까? 노출치료는 말 그대로 두려워하는 대상에 '노출'시키는 치료법을 말한다. 이전에는 두려워하는 대상을 늘 회피했다면, 회피하던 대상을 반복해서 마주함으로써 차츰 익숙해지고 상상했던 것만큼 두렵지 않다는 것을 깨닫게 되는 원리다.

공포증이란 무엇일까?

공포증을 가진 사람은 특수한 대상이나 상황에 대해 매우 두려워하며 불안을 일으키는 상황을 회피하고자 한다. 공포증의 대상은 여러 가지가 될 수 있다. 비둘기나 뱀, 개와 같은 동물이 될 수도 있고 엘리베이터나 비행기, 터널이나 다리 같은 특수한 대상일 수도 있다. 혹은 천둥이나 번개, 강이나 바다 같은 자연환경이 될 수도 있으며 피나 상처, 주사기도 공포의 대상이 될 수 있다.

　이렇듯 특정 대상이나 상황을 두려워하는 정신장애를 특정공포증Specific phobia이라고 한다. 특정공포증을 경험하는 사람은 두려워하는 대상이 나타날 경우 예외 없이 심한 불안을 느끼고, 극심한 공포와 회피로 인해 심리적인 고통은 물론 대인관계나 일에서도 어려움을 겪는다. 특정공포증을 치료하려면 어떻게 해야 할까?

공포증에 효과적인 치료법, 노출기법

노출치료는 공포증을 치료하는 데 효과적인 행동치료 기법으로, 내담자가 두려워하는 대상에 노출시키는 치료법을 말한다. 공포증이 있는 사람은 자신이 두려워하는 대상을 늘 회피하기 때문에 대상이 실제로는 자신이 생각했던 것만큼 두렵지 않다는 것을 깨달을 기회가 없다. 따라서 내담자는 노출치료를 통해 치료자와 함께 두려워하던 대상에 노출되는 경험을 하고, 회피하던 대상에 차차 익숙해지는 과정을 겪는다. 노출기법은 일정한 기준에 따라 다음 4가지로 분류된다. 실제냐 상상이냐에 따라 실제적 노출법과 심상적 노출법으로, 조금씩 노출시키느냐 아니면 처음부터 강하게 노출시키느냐에 따라 점진적 노출법과 홍수법으로 나뉜다.

실제적 노출법In vivo exposure

공포자극에 실제로 노출시킨다. 이를테면 내담자는 두려워하는 엘리베이터를 타보기도 하고, 특정한 동물을 접하며 만져보기도 한다.

심상적 노출법Imaginal exposure

공포자극을 상상한다. 예를 들어 두려워하는 뱀을 머릿속에 생생하게 떠올려 만져보는 상상을 한다.

점진적 노출법Graded exposure

공포자극에 점차적으로 노출되도록 한다. 예를 들어 뱀공포증 환자의 경우 뱀과 비슷하게 생긴 물건을 상상하는 것에서 시작해 실제로 뱀을 만지는 것까지 연습하게 된다.

홍수법Flooding

현실에서든 상상에서든 공포자극에 강하게 직면시키는 것을 말한다. 내담자는 이 과정을 통해 두려워하는 자극에 긴 시간 집중적으로 노출되며, 애써 회피하지 않아도 두려워하던 재앙이 일어나지 않는 사실을 학습하게 된다.

조금씩 두려움을 줄여나가는 체계적 둔감법

체계적 둔감법은 노출기법을 응용한 행동치료 기법 가운데 하나로, 행동치료의 선구자 조셉 울프Joseph Wolpe가 개발했다. 기본적인 원리는 사람이 느긋하면서 동시에 불안할 수는 없다는 점을 이용한 것이다. 즉 공포를 일으키는 자극을 공포와는 양립할 수 없는 자극과 연합시키는 것이다.

먼저 근육이완훈련을 통해 내담자를 아주 평온하고 긴장이 풀린 상태로 만들고, 공포자극에 점진적으로 노출시킨다. 이 과정을 위해 공포자극을 심한 정도에 따라 위계적으로 분류한다. 즉 가장 덜 두려운 상황부터 가장 두려운 상황까지 공포자극의 위계목록표를 작성하는 것이다. 예를 들어 뱀을 두려워하는 사람의 경우 위계목록표는 뱀과 비슷한 밧줄을 보는 것부터 시작해 실제로 뱀을 만져보는 것까지 세분화될 수 있다. 내담자가 완전히 이완된 상태에서 치료자는 가장 약한 자극을 먼저 제시하고, 별로 불안을 느끼지 않는다고 하면 점차 강한 자극에 노출시킨다. 만약 내담자가 두려움을 느끼면 노출을 멈추고 다시 완전히 이완시킨다. 충분히 이완되었을 때 다시 약한 공포자극부터 제시한다.

혐오치료 Aversion therapy

알코올 중독, 어떻게 치료할까?

♥ 　　혐오치료는 바람직하지 않은 행동패턴을 없애기 위해 쓰이는 행동치료적 방법으로, 공포증 치료법인 둔감법과는 정반대의 방법을 사용한다. 바람직하지 않은 행동패턴을 없애기 위해 바람직하지 않은 행동과 고통스러운 자극을 짝짓는 것이다.

알코올 중독자의 치료 과정

과음이나 과식, 노출증 같은 변태 성욕이 혐오치료의 대상이 될 수 있다. 그 중 알코올 중독자를 치료하는 과정을 살펴보자. 알코올 중독자는 평소에 술에 강한 매력을 느낀다. 즉 자신이 통제할 수 없을 정도로 술에 끌리게 되는데, 이때 과한 음주가 결국 자신을 파괴하는 고통스러운 결과를 가져온다는 사실을 인식시킴으로써 술에 중독된 행동패턴을 끊어내는 것이다. 다시 말해 치료자는 내담자를 대상으로 술이라는 매력적인 대상을 혐오스러운 자극으로 만드는 과정을 되풀이 한다. 예를 들어 환자로 하여금 구토제를 복용한 상태에서 술을 마시게 한다. 술맛을 느끼는 동시에 구역질이 나서 견딜 수 없는 과정을 되풀이 하다 보면, 환자는 더이상 예전처럼 술에

346

끌리지 않게 된다. 결국 술은 구역질이 나는 고통스러운 경험과 연합되어 혐오자극이 되어버리는 것이다.

인지치료 Cognitive therapy

생각을 바꾸면 마음의 병도 낫는다

♥　　우울증이나 불안장애 같은 마음의 병을 앓는 사람들은 세상을 특정한 방식으로 해석하는 경향이 있다고 한다. 심리학자들은 정신장애에 취약한 이들이 가지고 있는 전형적인 인지적 패턴, 즉 사고하는 습관을 밝혀냈고, 그 인지를 다룸으로써 마음의 병이 나아질 수 있다는 것을 보여주었다.

생각하는 습관이 다른 사람

민경과 옥정은 같은 해 같은 대학에 입학해 오랜 시간 우정을 쌓아왔다. 둘은 대학 졸업을 앞두고 걱정에 빠졌다. '대학교 4학년생은 예비 실업자'라는 TV 뉴스 앵커의 멘트가 귀를 울리며, 취업난이라는 거대한 파도와 씨름하고 있는 느낌이었다. 두 사람은 여러 차례 회사에 입사원서를 냈지만, 면접전형에는 가보지도 못하고 서류전형에서 떨어지기만 여러 번이었다.

하지만 이 같은 상황을 받아들이는 민경과 옥정의 자세는 천지 차이였다. 민경은 취업스터디팀을 만들어 원하는 회사에 대해 더 철저히 알아보고 준비했으며, 면접 때 좋은 인상을 만들기 위해 자신이 발표하는 모습을 녹화해 다시 보며 수차례 연습했다. 민경은 희망을 잃지 않고 자신을 갈고닦아 하루하루 더 나아지고 있었고, 거듭된 실패 속에서도 웃음을 잃지 않았다. 반면 옥정은 불합격 소식을 들을 때마다 더욱 의기소침해졌다.

"난 안 될 거야. 또 해봤자 실패할 게 뻔해."

"내 인생은 끝났어. 이렇게 하다 보면 결국 나는 영영 실업자가 되고 말겠지."

옥정은 민경과 달리 파국적인 결과를 상상하며, 자신감을 잃은 채 우울의 늪에 빠지고 있었다.

감정과 행동은 인지에서 나온다

앞의 사례에서처럼 같은 사건을 두고도 저마다 다른 감정을 느끼고 다른 행동을 하게 되는 이유는 무엇일까? 인지치료적 관점에서는 그 차이가 바로 '생각의 차이'에 있다고 본다. 민경은 불합격이라는 결과를 스스로를 갈고닦을 수 있는 도전의 기회로 생각했지만, 옥정은 극복할 수 없는 파국적인 사건으로 해석했다. 같은 사건에 대해서도 어떻게 생각하느냐에 따라 감정도 달라지고 대처하는 방식도 달라졌던 것이다.

이처럼 인지적 관점에서는 사람들의 감정과 행동이 인지에서 나온다는 입장을 취한다. 따라서 마음의 병을 앓는 사람이 세상에 적응할 수 있도록 도울 수 있는 가장 효율적인 방법은 생각을 변화시키도록 돕는 것이다. 즉 인지치료는 내담자가 가지고 있는 '인지'를 변화시킴으로써 정서와 행동이 변화하도록 하는 치료적 과정이다.

인지적 입장을 취하는 치료법들은 다양하다. 최근에는 인지적 관점에 행동수정 기법을 함께 적용해 '인지행동치료'라는 이름으로 통칭된다. 여기에서는 인지치료 가운데 가장 널리 알려진 대표적인 치료법 2가지만 알아보자.

앨버트 엘리스의 합리적 정서치료

앨버트 엘리스Albert Ellis에 의해 창시된 합리적 정서치료Rational-emotive therapy는 인지적 입장의 선구적 치료법이라고 할 수 있다. 엘리스는 본래 정신분석적인 훈련을 받은 치료자였으나, 정신분석 상담에 한계를 느끼고 대안으로 합리적 정서치료를 발전시켰다.

엘리스는 사람들이 근본적으로 비합리적인 신념을 가지고 있기 때문에 사건을 부정적인 방식으로 왜곡해서 해석하고 결국 우울이나 불안 같은 정서문제를 겪는다고 보았다. 왜곡된 생각의 뿌리에는 비합리적 신념이 깔려 있다는 것이다. 그렇다면 비합리적인 신념이란 무엇을 의미할까? 다음 비합리적 신념의 예시를 살펴보자.

등장 시기	이론 명칭	창시자	강조점
1962	합리적 정서치료 Rational-Emotive Therapy	앨버트 엘리스 Albert Ellis	인지적 재구성
1963	인지치료 Cognitive Therapy	아론 벡 Aaron Beck	인지적 재구성
1971	자기교습 훈련 Self-Instructional Training	도널드 마이켄바움 Donald Meichenbaum	인지적 재구성
1971	불안관리 훈련 Anxiety-Management Training	리처드 쉰 Richard Suinn & 프랭크 리처드슨 Frank Richardson	대처기술 훈련
1971	문제해결치료 Problem-Solving Therapy	토머스 주릴라 Thomas Zurilla & 마빈 골드프라이드 Marvin Goldfried	문제해결
1971	문제해결치료 Problem-Solving Therapy	조지 스피백 George Spivack & 미르나 슈어 Myrna Shure	문제해결
1973	스트레스 면역 훈련 Stress Inoculation Training	도널드 마이켄바움 Donald Meichenbaum	대처기술 훈련
1974	체계적 합리적 재구성 Rational Systematic Restructuring	마빈 골드프라이드 Marvin Goldfried	대처기술 훈련
1974	개인 과학 Personal Science	만다 마호니 Manda Mahoney	문제해결
1975	합리적 행동치료 Rational Behavior Therapy	맥시 몰츠비 Maxie Maultsby	인지적 재구성
1977	자기통제치료 Self-Control Therapy	린 렘 Lynn Rehm	문제해결
1983	구조적 심리치료 Structural Psychotherapy	비토리오 귀다노 Vittorio Guidano & 지오바니 리오티 Giovanni Liotti	인지적 재구성

▲ 인지행동치료 이론들의 종류

* 출처: 『상담심리학의 기초』(이장호 · 정남운 · 조성호 지음, 학지사, 2005) 재인용

- 나는 항상 모든 사람에게 인정을 받아야만 한다.
- 나는 항상 모든 사람에게 사랑받아야 한다.
- 나는 항상 모든 면에서 성공해야 한다.
- 내가 바라는 대로 일이 되지 않으면 결과는 파국뿐이다.

위와 같은 신념들을 보면 공통적으로 이루어질 수 없는 소망을 반드시 담고 있다. 누구에게나 인정받고 사랑받는다는 것은 상상만 해도 좋은 꿈이다. 항상 성공하고, 늘 최고로 인정받으면서 산다는 꿈은 무조건적인 부모의 사랑을 갈망하던 어린 우리들의 꿈속에 여전히 남아 있을지도 모른다. 그러나 그러한 신념들은 본래 이루어질 수 없는 것이기에 부적응적이다. 비합리적인 신념은 대개 다음과 같은 특징을 가지고 있다.

- 융통성이 부족하다. '항상, 반드시, 꼭, 모든, 당연히 ＿＿ 해야만 한다.'라는 생각이 들어 있다.
- 현실성이 부족하다. 현실적으로 실현하기 불가능한 생각들인 것이다.
- 행복하게 살아가는 데 도움이 되지 않는다.

결국 합리적 정서치료의 핵심은 비합리적인 신념을 합리적인 신념으로 대체하는 것이다. 현실적으로 달성하기 불가능하며 융통성이 부족하고 살아가는 데도 도움이 되지 않는 생각을 조금 더 도움

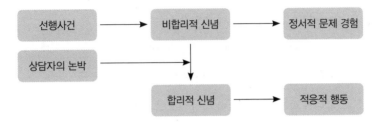

▲ 합리적 정서치료의 진행 과정

이 되는 유연한 생각으로 바꾸는 것이다.

이런 과정을 위해 상담자는 내담자의 비합리적 신념을 발견하고 규명해 직접 논박한다. 비합리적 신념을 대체할 수 있는 합리적 신념의 예를 제시하고 시범을 보이며, 이 신념의 대체 과정을 반복해서 연습한다. 결국 합리적인 대안행동을 할 수 있도록 실천에 옮기며 적응적인 행동을 하도록 독려하는 것이다. 이런 과정을 상담자와 반복하면서 내담자는 점차 비합리적인 신념을 버리고 적응적인 신념을 통해 세상을 건강하게 살아가는 법을 배운다.

아론 벡의 인지치료

아론 벡 역시 엘리스처럼 정신분석 훈련을 받았으나 기존의 정신분석적 상담에 한계를 느끼고 독창적인 우울증 치료법을 개발해갔다. 그것이 바로 현재 널리 알려진 인지치료법이다. 아론 벡이 주창한 인지치료의 핵심적인 개념들을 알아보자.

① 역기능적 인지도식

사람들은 살아가면서 자신과 세상을 해석할 수 있는 자기만의 틀을 발달시킨다. 과거 경험이 차곡차곡 쌓이면서 자신과 세상에 대한 지식이 덩어리를 이루게 되며, 이것이 체계화되면서 해석적 틀로 자리 잡는다. 이것이 바로 인지도식Schema으로 삶을 살아가면서 겪는 경험을 해석하고 이해하는 기본적인 틀이 된다.

사람들은 저마다 다른 인지도식을 가지고 있는데, 부적응적인 내용의 인지도식을 가지고 있을 경우 정서문제에 취약해질 수밖에 없다. 같은 사건을 경험해도 자신이 가진 인지도식에 따라 해석하는 방식이 달라지고 그에 따라 감정과 대응 방식도 달라지기 때문이다. 불안장애를 지닌 사람들은 위험에 예민한 인지도식을, 우울증에 취약한 사람들은 실패나 상실에 예민한 인지도식을 가지고 있다. 부적응적인 인지도식의 예는 다음과 같다.

- 세상은 나 혼자 살아가기에는 위험한 곳이다.
- 다른 사람의 사랑이 없이는 행복해질 수 없다.
- 나의 가치는 다른 사람의 평가에 달려 있다.
- 사람들은 언제든 배신할 수 있기에 믿을 수 없는 존재다.

② 자동적 사고

자동적 사고Automatic thoughts는 스트레스 사건을 경험했을 때 자동적으로 떠오르는 생각들을 말한다. 머릿속에 자동적으로 떠오르는 생각들이 부적응적일 경우 사람들은 정서문제에 취약해질 수 있다. 예를 들어 대학입시에 실패한 청년이 우울증을 겪는다면 그 이유는 대학입시 실패라는 객관적인 사건보다는 그 사건에 대한 청년의 생각들 때문이라는 것이다. 대학입시에 실패한 두 사람이 같은 사건을 두고 떠올리는 생각을 비교해보자.

- 민수의 자동적 사고: 대학입시에 실패했다니 나는 바보같아. 내 앞날은 희망이 없어. 앞으로도 분명히 떨어질 거야. 나는 계속 이렇게 실패만 하겠지. 역시 나는 무가치한 인간이야. 세상은 정말 살기 힘든 곳이야.
- 수한의 자동적 사고: 대학입시에 한 번에 성공하지 못했군. 하지만 이 실패는 분명 나한테 의미가 있는 과정일 거야. 다시 재수를 한다면 결과가 더 나아질 수도 있어. 한두 해 입학이 늦어진다고 해도 큰일은 아니야. 다시 철저하게 공부하는 과정을 통해 나는 더욱 성장할 거야. 열심히 한다면 앞으로 더 좋은 기회가 오겠지. 그러니 입시 실패는 사실상 실패가 아닌 더 강해지기 위해 다시 배우는 과정이야.

이처럼 아론 벡은 사람들이 경험하는 심리적 문제는 스트레스 상황에 직면했을 때 떠올리는 자동적 사고에 의해 유발될 수 있다고 보았다. 그는 우울증 환자를 대상으로 연구하며, 우울증을 경험하는 이들의 전형적인 자동적 사고를 밝혀냈다. 그 내용은 3가지(자기에 대한 비관적인 생각, 앞날에 대한 비관적인 생각, 세상에 대한 부정적인 생각)로 구성되며 이는 우울증의 인지삼제라고 한다.

③ 인지적 오류

인지적 오류는 어떤 사건을 해석하는 과정에서 생기는 판단의 오류를 말한다. 아론 벡은 우울증에 취약한 사람들이 현실을 특정한 방식으로 왜곡하는 인지적 오류를 범하는 경향이 있다고 했다. 즉 인지적 오류를 통해 잘못된 결론에 도달하고, 잘못된 판단 때문에 고통스러운 감정을 경험하며 부적응적인 삶을 살아간다는 것이다. 객관적인 사실과 그에 대한 해석은 다른데도 사람들은 자신의 해석을 마치 진실인 양 믿으며 살아간다. 이에 아론 벡은 왜곡된 인지를 교정함으로써 심리적 문제를 치료할 수 있다고 보았다. 인지적 오류에는 다음과 같은 것들이 있다.

- 흑백논리: 성공 아니면 실패, 사랑 아니면 미움 식의 이분법적인 사고를 말한다. 예를 들어 흑백논리적 사고를 하는 사람이 원하는 대학에 입학하지 못했을 경우 그 사람은 인생 전체가 실패했다고 생각하며 중립지대를 인정하지 않는다.
- 과잉일반화: 하나의 사건을 근거로 결론을 내리는 것을 말한다. 예를 들어 한 번 실연을 겪었을 뿐인데도 이를 과잉일반화해 다른 사람들에게마저 버림받을 것이라고 결론을 내려버리는 경우가 이에 해당된다.

- 선택적 추상화: 일부 단서에만 주의를 기울여서 전체적인 결론을 내린다. 예를 들어 자신이 발표를 할 때 대부분의 사람들이 긍정적인 반응을 보이고 한 명이 하품을 했다면, 한 명의 행동을 보고 자신의 발표가 형편 없었다고 결론을 내리는 것이다.

인지치료, 어떻게 할까?

상담자는 내담자의 부정적인 자동적 사고를 찾아내 적응적인 사고로 대체한다. 또한 내담자의 인지적 오류를 찾아내 수정하고, 궁극적으로는 뿌리 깊은 역기능적인 인지도식을 찾아내 적응적이고 현실적인 것으로 바꾼다.

상담자는 직접적으로 논박하기보다는 소크라테스식 대화법을 이용해 내담자가 스스로 자기 생각의 오류를 깨닫도록 유도한다. 예를 들어 상담자는 내담자에게 "다르게 해석할 수 있는 방법은 없을까요?" "그렇게 생각한 근거가 무엇이죠?" "다른 사람들도 그 상황에서 똑같이 생각할까요?" "그런 생각이 삶에 어떻게 도움이 되죠?"와 같은 물음을 던진다. 내담자는 물음에 답하면서 스스로 자신의 생각이 과장되었음을 깨닫게 된다.

인간중심치료 Person-centered therapy

무엇보다 사람이 먼저다

♥ 인간중심치료에서 치료의 중심은 치료자가 아닌 내담자다. 인간중심치료는 특정한 치료 기법보다도 내담자가 가진 자기실현경향성을 발현할 수 있도록 조력자로서의 상담자의 태도가 중요하다고 강조했다.

인간중심치료 이론은 심리학자인 칼 로저스Carl Rogers에 의해 창시된 상담 이론이다. 로저스는 사람들은 누구나 스스로를 탐색하고 변화할 수 있는 능력을 가지고 있다고 믿었다. 그렇기에 상담자의 역할은 내담자가 스스로 성장할 수 있는 토양을 만들어주는 것이라고 했다. 그 방법의 핵심은 바로 상담자와 내담자가 가지는 치료적 관계다.

로저스는 1940년대에 비시적 상담Non-directive counseling을 시작했으며, 내담자에 대한 직접적인 충고와 해석, 지시를 피하고 내담자가 말하는 것을 경청하며 반영해주는 기법을 강조했다. 1950년대에는 내담자를 중요시한다는 점을 강조하며 내담자중심치료라는 새로운 이름을 사용했고, 1970년대 이후에는 로저스의 이론이 상담을 넘어서서 교육·산업·사회·국제관계 등에 폭넓게 적용되며 인간중심치료라는 이름으로 정착했다.

심리적 문제가 발생하는 과정

인간중심치료 이론에 따르면 인간은 모두 타고난 잠재력을 실현하려는 경향성을 가지고 있으며 동시에 긍정적 본성을 지닌 존재로 무한한 가능성을 가진다. 그런데 왜 사람들은 타고난 잠재력을 실현하지 못하고 심리적인 문제를 겪게 되는 것일까? 그 원인은 사람들이 살아가면서 자신의 경험을 있는 그대로 받아들이지 못하고 왜곡하고 부정하는 데 있다. 이해를 돕기 위해 의과대학에 진학하기를 원하는 부모를 둔 준한의 경우를 살펴보자.

> 준한은 어려서부터 대중가요에 관심이 많아 작곡가가 되고 싶어했지만, 그의 부모는 준한이 어릴 때부터 '너는 꼭 의사가 되어야 한다.'라며 강조해왔다. 준한은 좋은 성적을 거두어 의대에 가겠다고 말할 때마다 부모의 표정이 밝아진다는 것을 깨닫는다. 동시에 가수들에게 관심을 가지거나 가요를 들을 때면 부모가 실망한다는 사실을 경험한다.
> 준한은 작곡가에 대한 자신의 꿈을 포기하고 부인하며 부모의 바람대로 의대에 진학한다. 준한은 부모의 기대에 따르기 위해 공부에 매진하고자 하나 도통 공부에 집중이 되지 않고 의욕이 없다. 삶의 이유를 잃어버린 채 우울감과 무기력감만 쌓여 학교 적응마저 힘들어진다.

여기서 준한이 우울증에 걸리는 과정을 보면, 음악에 대한 그의 흥미는 부모의 기대와 맞지 않아 부정되었다. 부모의 바람에 맞추어 긍정적인 존중을 얻고자 하는 욕구 때문에 자신의 경험을 있는 그대로 받아들이지 못했던 것이다. 이렇듯 사람들은 중요한 타인의 칭찬과 인정, 애정과 존중을 받기 위해 자신의 경험을 있는 그대로 받아들이지 못하고 왜곡하고 부정한다. 하지만 이렇게 부정되는 경험들은 쌓이고 쌓여 결국 심리적 증상들로 나타난다.

여기서 중요한 타인이 부여하는 기대가 '가치의 조건Conditions of worth'에 해당된다. 가치의 조건은 가치가 있는지 없는지를 규정하는 외적인 조건들을 의미한다. 우리는 모두 중요한 타인에게 받아들여지고자 하는 욕구가 있기 때문에 이러한 가치의 조건들로부터 자유롭지 못하다. 자신이 진정으로 원하는 것을 부정하며 외적인 가치 조건에 얽매인 삶을 살아가는 사람들이 얼마나 많은가? 이것이 바로 '자기와 경험의 불일치'다. 가치의 조건에 맞추고자 자기의 경험을 받아들이지 못하는 자기와 경험의 불일치가 반복되면 잠재력을 실현하지 못할 뿐 아니라 심리적인 문제까지 겪게 된다.

인간중심치료의 과정과 방법

따라서 인간중심치료의 과정은 부정되고 왜곡된 자기의 경험을 받아들여 자기개념을 확장시키는 데 초점을 둔다. 외적인 조건에 얽

매여 밀어내던 자신의 경험을 안전하게 받아들여야 심리적 문제가 해결된다고 보기 때문이다. 또한 궁극적으로는 심리적 문제의 해결을 넘어서서 타고난 실현경향성을 발휘하고 인간적인 성장을 이루어내도록 돕고자 한다. '인간중심치료'라는 이름이 뜻하는 것처럼 내담자가 가진 문제보다는 내담자라는 인간의 존재 자체가 중요하다고 보기 때문이다.

그렇다면 어떻게 해야 내담자가 지금까지는 부정하던 자기의 경험을 받아들일 수 있을까? 예를 들어 부모님의 뜻에 따라 의과대학에 진학한 준한이는 어떻게 해야 작곡가를 꿈꾸던 자신의 참모습을 발견할 수 있을까? 여기서 상담자의 역할은 내담자가 지금까지 쓰고 있던 사회적인 가면을 벗어던지도록 도와주는 것이다. 다시 말해 지금까지 내담자가 그토록 따르고자 애썼던 가치의 조건들로부터 자유로워지도록 안전한 환경을 만들어주어야 한다. 지금 여기에서 받아들이지 못하고 외면하던 자기 경험들을 수용할 수 있어야 내담자는 자신의 참모습을 발견할 수 있다. 즉 상담자의 역할은 이제껏 내담자를 옥죄던 가치의 조건을 해제하는 것이다.

상담자의 역할

상담자는 내담자가 자신의 참모습을 발견할 수 있도록 지금 여기에서 경험하는 감정을 수용할 수 있도록 도와준다. 따라서 내담자가 경험하는 감정을 공감하고 반영해주어 명확하게 인식할 수 있도록 돕는 데 초점을 둔다. 내담자는 상담자와의 관계를 통해 지금까지는 받아들이지 않던 자기 내면의 경험과 접촉하고, 더이상 부인하거나 왜곡하기를 그만두고 자신의 것으로 받아들이게 된다. 특정한 가치의 조건에 따라 판단하거나 비판하지 않고 무조건적으로 수용해주고 존중해주는 상담자의 태도를 통해 내담자는 외적인 구속을 벗어던지게 된다.

가치의 조건을 해제하는 상담자의 태도, 내담자의 성장을 촉진하는 상담자의 태도는 다음과 같다.

- 진솔성: 상담자는 내담자에게 진실한 태도로 대한다.
- 무조건적 긍정적 존중: 내담자를 긍정적으로 존중한다. 어떤 특정한 조건을 갖추었을 때만 조건적으로 수용하는 것이 아니라 있는 모습 그대로 존중한다. '당신은 ＿＿ 할 때만 괜찮은 사람이다.'가 아니라 당신을 있는 모습 그대로 존중하겠다는 뜻이다. 하지만 무조건 긍정적으로 존중한다는 것은 내담자의 모든 행동을 받아들이고 허용한다는 것과는 다름을 유념해야 한다. 그런 감정을 느끼는 내담자를 인간으로서 존중한다는 것이지 하지 말아야 할 행동까지 하도록 내버려둔다는 뜻은 아니다.
- 공감적 이해: 상담자는 내담자의 강점을 공감적으로 이해하며 공감을 통해 내담자와 소통한다. 혼자라는 느낌, 고독의 고통에 머물러 있는 내담자에게 치유적인 환경을 제공하는 것은 상담자의

깊은 공감이다. 상담자는 내담자의 감정을 민감하게 이해할 뿐 아니라 마치 자신의 감정처럼 느낀다. 내담자는 공감받는 경험을 통해 자신의 경험과 접촉하고 그동안 부정하고 왜곡해왔던 감정을 수용해간다.

정신분석치료 Psychodynamic psychotherapy
마음의 상처, 뿌리를 뽑다

♥ 　　정신분석치료는 자신도 알지 못하는 무의식에 의해 우리의 삶이 지배당하는 것을 막기 위해 무의식을 의식화하고 자아를 강하게 하는 것을 목표로 한다. 정신분석학적인 관점에서 심리적 증상이 생기는 과정을 먼저 살펴보자.

심리적 문제가 생기는 과정

건강한 사람이란?
심리적으로 건강한 사람은 어떤 사람을 말하는 걸까? 부정적인 감정을 전혀 느끼지 않고 늘 행복한 사람을 말하는 걸까? 웬만한 일에는 전혀 동요하지 않고 항상 한결같은 표정을 유지하는 사람을 의미하는 걸까?

심리적으로 건강하다고 해서 우울·불안·원한·분노·수치심 같은 고통스러운 감정을 느끼지 않는 건 아니다. 다만 건강한 마음을 가진 사람은 현실을 크게 왜곡하지 않으며, 자신의 감정을 외면하지 않고 그대로 느끼되 현실의 사건에 비례하는 적절한 감정을 느끼는 사람이다. 현재 일어나는 일을 맑은 눈으로 바라보고 과거의 영향에 휘둘리지 않는 것이다. 즉 현재의 사건, 지금 일어난 위기에 맞는 감정을 느끼고 상황이 변하면 감정도 그에 걸맞게 변화한다.

무의식에 휘둘리는 사람

현실을 왜곡해서 바라보고 감정이나 행동이 과장되게 나타나며 지나치게 오래 지속된다면 어떨까? 다른 사람들이 볼 때 현재의 사건에 대한 반응으로 보기에는 도무지 이해할 수 없는 격한 반응을 보이는 경우를 정신분석학적 관점에서는 인생초기의 경험에서 유래된 무의식적인 갈등에 의해 영향을 받고 있다고 해석한다. 현재의 상황이 개인으로 하여금 어릴 때의 어떤 순간으로 퇴행하게 만들며, 퇴행의 수준이 깊을수록 개인의 행동이 더 왜곡되게 나타난다는 것이다.

사람들의 정신세계 안에는 어린 시절부터 형성되어 온 무의식적인 공상이 자리잡고 있고, 이 억압된 무의식적 공상은 불안을 일으킨다. 현재 성인으로서 경험하고 있는 실제의 현실과는 관련이 없지만, 개인은 아동기에 형성된 무의식적 공상의 영향을 받으며 위험하다고 느끼고 불안해지는 것이다. 이 공상의 성질에 따라, 그리고 공상이 얼마나 위험한 것으로 다가오느냐에 따라 개인의 반응은 가벼운 불안부터 공황반응에 이르기까지 다양한 모습으로 나타난다.

이때 개인은 불안을 방어하기 위해 방어기제를 사용한다. 하지만 방어기제를 사용해도 불안이 제대로 다루어지지 않으면 최후의 수단으로 심리적 증상을 형성하게 된다. 심리적 증상은 그 자체가 큰 고통을 주기도 하지만, 무의식적 갈등에 대한 타협의 산물로서 존재하며 개인에게 이득을 가져다주기에 유지된다.

프로이트가 분석한 다음 사례를 통해 공포증이 생기는 과정을 살펴보자.

꼬마 한스(5세)는 말馬에 대한 공포증을 갖고 있었다. 말을 지나치게 두려워해서 기겁하곤 했는데, 언뜻 이해가 되지 않는 일이었다. 그가 왜 그토록 말을 두려워하게 된 것일까? 프로이트의 이론에 따르면 한스가 진정으로 두려워한 것은 말이 아니라 자신이 공상 속에 만들어놓은 아버지의 이미지였다. 한스는 어머니에게 사랑을 느끼며 어머니를 차지하는 공상을 하면서 아버지를 경쟁자로 느꼈고 동시에 성기가 거세당하지 않을까 하는 두려움을 가졌다는 것이다. 한스의 무의식적 공상은 점차 부풀려지고 변형되어 진정한 거세위협을 체험하게 했고, 이런 경험은 감당할 수 없는 불안을 일으켰다. 한스는 방어기제를 동원해 아버지와의 관계를 나쁘게 하는 공포감을 억압하고 이를 말에 투사했다. 아버지를 상징하는 여러 특징을 말이 가지고 있었기 때문에 한스는 말을 회피하면서 무의식적인 갈등이 일으키는 불안을 방어하고 있었던 것이다.

위의 사례에서 한스의 말 공포증은 무의식적 갈등에 기인하는 불안에 대처하는 수단으로 존재한다. 즉 언뜻 이해되지 않는 신경 증적 증상도 그 나름의 존재 이유가 있는 것이다.

내담자의 자아를 강화하며 무의식을 의식화한다

따라서 정신분석가는 내담자의 심리적 증상을 근본적으로 치료하기 위해서는 그의 기저에 깔린 무의식적 갈등을 자각해 해소해야 한다고 주장한다. 즉 자신도 모르게 삶에 영향을 미치는 무의식적 요소를 의식으로 끌어냄으로써 더이상 무의식이 왜곡된 방식으로 영향을 미치지 못하도록 해야 한다는 것이다. 이를 위해서는 무의식에 대한 탐색과 이해가 필요할 뿐 아니라, 자아의 기능을 강화해서 비합리적이고 비이성적인 무의식적 힘에 휘둘리지 않도록 하는 과정이 필요하다. 자신에 대한 무지에서 벗어나서 자신을 더 깊이 이해하게끔 의식의 영역을 확장해야 한다.

그렇다면 무의식을 의식화해 의식의 영역을 확장하기 위해서는 어떤 과정이 필요할까? 정신분석가는 자유연상, 꿈의 해석, 전이와 같은 방법을 통해 내담자의 무의식에 다가가고자 한다. 정신분석 치료 기법의 하나인 자유연상에 대해 살펴보자.

자유연상 Free association

검열되지 않는 생각의 흐름

♥   정신분석치료의 목표가 무의식을 의식화하는 것이라면 무의식에는 어떻게 다가갈 수 있을까? 자유연상은 프로이트가 내담자의 무의식에 다다르기 위해 사용한 방법이다. 자유연상을 위해 분석가는 내담자로 하여금 어떤 대상과 관련해 마음에 떠오르는 것들을 자유롭게 이야기하도록 독려한다. 생각·기억·감정·환상·연상 등 마음속에 떠오르는 것이라면 무엇이든 검열하지 않고 다 말하도록 하는 것이다. 즉 의식적 억제를 최대한 줄여 무의식적 내용들이 떠오를 수 있도록 촉진한다.

내담자는 자유연상을 할 때 보통 긴 소파에 눕고, 분석가는 그 옆이나 뒤에 앉는다. 이렇게 함으로써 내담자는 분석가의 표정을 읽을 수 없으며 무의식적인 갈등의 의식화를 방해하는 자극들은 최소화된다. 자유연상을 통해 심리적인 증상과 관련된 과거의 기억·경험·공상들이 드러나게 되며, 점차 내담자의 증상이 무의식적으로 어떤 의미를 가지는지 밝혀지게 된다. 내담자는 이러한 과정을 통해 자신의 무의식에 다가가게 되고, 자신에 대한 이해를 넓히게 된다.

전이Transference와 역전이Countertransference

프로이트의 소파에서는 무슨 일이 일어났을까?

♥　　　전이는 정신분석치료의 중요한 개념으로, 과거의 중요한 인물에게 경험했던 감정이 지금 눈앞에 있는 사람에게 다시 일어나는 것을 말한다. 정신분석가는 전이를 해석함으로써 내담자가 과거의 영향으로부터 좀더 자유로워지고 현실을 맑은 눈으로 볼 수 있도록 돕는다. 다음 사례를 통해 전이에 대해 구체적으로 살펴보자.

지현은 직장에서 남자 상사들과 마찰을 반복해왔다. 남자 상사와 업무에 대해 이야기할 때면 이유도 없이 화가 났기 때문이다. 다른 사람들이 보기에는 그토록 화낼 만한 상황이 아닌데도 분개하니 사람들은 그녀의 행동에 당황스러워하며 거리를 두었다.

"지현 씨, 지난번 보고서 어떻게 되고 있어요?"

"그 보고서는 아직 마감일이 되지도 않았는데 왜 그러시죠?"

"아, 진행 상황 좀 확인하려고….."

"전 정말 요즘 너무 바쁘게 하고 있습니다만, 과장님 왜 자꾸 그러십니까?"

"아니 누가 지현 씨한테 뭐라 그랬어요? 사람이 왜 이렇게 예민해?"

결국 지현은 사회생활에서 반복되는 문제를 견디지 못하고 정신분석가를 찾게 되었다. 정신분석가는 남자였는데, 지현은 또다시 남자 상사들에게 느꼈던 감정을 그대로 치료자에게 느끼게 되었다. 악의가 담기지 않은 말에도 자신을 비난하는 것이라 느끼며 분석가를 향한 분노를 경험하게 된 것이다.

분석을 통해 지현의 이런 감정은 어린 시절 아버지를 향한 감정이었음이 드러났다. 지현의 아버지는 자녀들에게 지나치게 비판적이고 엄격한 사람이었다. 늘 지현이 도달할 수 없는 높은 기준을 제시했고, 그 기준에 따르면 지현은 실패할 수밖에 없었기에 좌절만 경험해왔다. 지현은 더 잘하지 못한다고 자신을 닦달하고 깎아내리는 아버지의 모습을 연상의 남성들에게 투사했던 것이다.

지현의 성장과정에서 중요한 인물이었던 아버지에게 느꼈던 분노는 남자 상사들과의 관계에서 다시 재현되고 있었다. 지현은 연상의 남성인 치료자와의 관계에서도 아버지에게 느꼈던 감정을 다시 느끼며 고통스러워하고 있었다. 무의식 속에 묻어두었던 분노는 여전히 그녀에게 남아 그녀도 모르는 사이에 삶을 지배하고 있었던 것이다.

전이, 과거의 중요한 인물을 향한 감정이 재현되다

위의 사례에서처럼 어린 시절 자신에게 중요한 대상이었던 사람에게 느꼈던 감정은 무의식 속에 남아 현실에 영향을 끼친다. 내담자는 전이를 통해 무의식을 드러내고 있는 것이다. 그렇기 때문에 분석가와 내담자의 관계에서 일어나는 전이는 내담자의 무의식에 도달하기 위한 중요한 단서가 된다. 치료자는 전이의 의미를 이해하고 해석함으로써 내담자로 하여금 초기 관계가 지금 눈앞에서 일어나는 현실을 왜곡하고 있음을 깨닫게 한다. 이렇듯 적절한 해석과 초기감정의 훈습을 통해 내담자는 오래 지속되어온 행동패턴을 바꿀 수 있게 된다.

전이에서 나타나는 왜곡에는 시점의 왜곡과 대상의 왜곡 2가지가 있다.

- 시점의 왜곡: 내담자가 분석가를 향해 경험하고 있는 감정은 사실 현재의 감정 그 자체가 아니라 과거에 경험했던 감정의 재현이다.
- 대상의 왜곡: 분석가에게 느끼는 내담자의 감정은 실제로 분석가를 향한 것이 아니다. 비록 분석가를 향해 감정을 느끼고 있다고 해도, 그 감정은 사실 다른 사람을 향한 감정이다. 그 사람은 내담자의 삶에서 중요한 의미를 가졌던 대상이다.

역전이, 내담자를 향한 치료자의 감정

분석가도 감정을 느끼는 사람이기 때문에 내담자를 상담하는 과정에서 아무런 감정을 느끼지 않을 수는 없다. 까다롭게 요구하는 내담자 때문에 화가 나기도 하고, 삶의 무게에 지쳐 우울에 빠진 내담자를 향해 연민이나 안타까운 감정을 느끼기도 한다. 역전이란 이렇듯 치료자가 내담자에게 느끼는 감정과 관련된 것으로, 좁은 의미에서는 분석가의 자기 문제가 해결되지 않아 내담자를 향해 생기는 감정을 의미하며, 넓은 의미에서는 내담자를 향한 치료자의 모든 감정을 의미한다. 다음 사례를 통해 역전이에 대해 다시 정리해보자.

분석가의 내적 갈등이 해결되지 않아 내담자에게 느끼는 감정
중년의 치료자인 김 씨는 67세인 한 씨를 내담자로 맞이하게 되었다. 그런데 김 씨는 내담자 한 씨에게서 자신의 성장과정에서 지나치게 엄격했던 어머니의 모습을 발견하게 된다. 한 씨는 자녀들이 어릴 때 자주 매를 들며 사랑한다는 소리를 한 번도 해주지 못했다며 회한에 젖었다. 과거를 떠올리며 눈물 흘리는 한 씨를 보면서 김 씨는 복잡한 감정이 올라오는 것을 느꼈다. 그것은 어린 시절 김 씨를 방임하며 냉정하게 대했던 어머니에 대한 분노이자 사랑받지 못했던 자신에 대한 연민, 그리고 마음속에 갇혀 있던 우울이었다.

내담자를 향한 분석가의 모든 감정

치료자 박 씨는 내담자 전 씨를 상담하며 여러 감정을 느꼈다. "지난번부터 느꼈는데 선생님은 싸구려 물건만 쓰시나봐요. 그 귀걸이는 얼마짜리예요? 제가 지난주에 산 가방 보실래요? 이게 얼마인지 아세요?" 상담 주제와는 상관없이 물건의 가격에만 관심을 가지며 허세를 부리는 내담자의 모습에 울컥 화가 올라온 것이다. 상담의 진전이 없음에 답답함이 느껴지기도 하고, 내담자에게 거리감도 느껴졌다. 치료자 박 씨는 이 감정이 무얼까 고민해보았다. 내담자 전 씨가 고통받고 있는 문제는 대인관계였는데, 치료자가 느끼는 이 감정은 내담자 전 씨의 문제를 이해할 수 있는 단서였기에 중요한 치료적 자료였다. 치료자가 느끼고 있는 이 감정이 바로 내담자가 다른 사람들에게 불러일으키고 있던 감정이었던 것이다.

스트레스 Stress

늘 그림자처럼 따라다니는 존재

"난 김 과장님 때문에 스트레스 받아 못살겠어."

"너는 직장이라도 있지, 나는 우리 아이 때문에 요즘 너무 스트레스 받아."

"이 나이에 학교 다니는 나는 교수님 때문에 스트레스 받아서 아무것도 못하겠어!"

"스트레스 받는다는 말을 너무 많이 들어서 스트레스 받아!"

현대인에게 스트레스는 늘 그림자처럼 따라다니는 귀찮은 존재임에 틀림없다. 장기 경제 불황에 이태백 신조어를 만들어낸 취업난, 전 국민을 우울하게 만든 세월호 사건, 심지어는 외국에서 물 건너와 활개 치는 전염병까지, 요즘 어디를 가든 사람들의 대화 속에는 스트레스가 빼놓지 않고 등장한다.

스트레스는 무엇일까?

그런데 스트레스는 정확히 무엇을 말하는 것일까? 스트레스의 어원은 'strictus'라는 라틴어다. 팽팽하다란 뜻을 가지고 있는 이 단어는 사람들이 스트레스 상황에서 느끼는 답답함, 압박감, 긴장된 상태를 잘 드러내준다. 사람들은 스트레스를 느낄 때 몸과 마음이 이완되지 못하고 팽팽하게 긴장하는 경향이 있기 때문이다. 스트레스에 대한 개념은 다양하지만 흔히 다음 3가지 관점에서 정의된다.

스트레스는 자극이다
스트레스를 객관적인 '외부 자극'의 관점에서 정의하는 관점이다. 눈앞에 닥친 기말고사나 어학시험, 갚아야 할 빚, 마감일이 닥친 일

거리, 전쟁, 자연재해 같은 외부 자극들이 스트레스의 예가 될 수 있다.

스트레스는 반응이다

환경에서 오는 자극에 대한 개인의 생리적인 반응을 말한다. 예를 들어 벅찬 일에 맞닥뜨린 사람이 심장이 뛰고 혈압이 올라가며 몸의 근육이 긴장된다면 스트레스를 받고 있는 것이다.

스트레스는 개인과 환경의 관계에 달려 있다

개인과 환경의 역동적인 상호작용에 초점을 두는 관점으로, 개인이 가진 자원을 넘어서는 외적인 요구가 있을 때 스트레스가 일어난다. 예를 들어 기말고사가 얼마 남지 않아 집중해서 시험공부를 하려고 하는데 생각해보니 내일까지 끝내야 되는 과제가 있었다면, 게다가 부모님이 급하다며 심부름을 시킨다면 마음이 어떻겠는가? 시간은 한정되어 있는데 해야 될 일이 계속 생긴다면 스트레스로 마음이 타들어갈 것이다.

결혼도 스트레스다

심리학자들은 외적 자극으로서의 스트레스, 즉 스트레스원 Stressor 이 종류에 따라서 어느 정도 사람들에게 압박을 주는지 연구했다.

각각의 스트레스원은 삶에서 일어나는 변화로 유쾌한 사건과 불쾌한 사건을 모두 포함한다. 이를테면 부모의 이혼, 친구와의 다툼, 기대보다 낮게 나온 성적 등의 괴로운 사건은 물론, 결혼, 임신과 같은 기쁜 일도 스트레스원이 된다는 것이다. 심리학자들이 만든 스트레스 척도를 보면 스트레스원 옆에는 각각 수치가 쓰여 있는데 이 수치는 스트레스의 양으로, 점수가 클수록 큰 스트레스를 받음을 의미한다.

스트레스 상태가 너무 오래가면?

스트레스를 너무 오래 받으면 우리 몸에서 어떤 일이 벌어질까? 내분비학자인 한스 셀리에Hans Selye는 스트레스를 '반응'의 관점에서 연구했다. 그는 극심한 스트레스 상황이 지속될 때 우리 몸에서 일어나는 현상을 아래와 같이 3단계의 모형으로 보여주었다.

1단계: 경고	2단계: 저항	3단계: 고갈
• 신체적 각성 • 교감신경 활성	• 각성상태가 유지됨 • 스트레스 호르몬이 지속 방출 • 겉으로는 괜찮아 보임	• 에너지가 고갈됨 • 부교감신경 지나친 활성 • 면역체계 약화 • 질병 • 우울증

▲ 일반적 적응 증후군general adaptation syndrome; GAS

예를 들어 내일까지 해야 하는 숙제 때문에 압박감을 받고 있다고 해보자. 이때가 1단계로 몸은 위급 상황을 인지하고 대비 체제에 들어간다. 스트레스 호르몬을 방출해 이 상황과 싸우거나 도망갈 준비를 하는 것이다. 이 단계에서 사람들은 심장이 빠르게 뛰고 혈압이 높아지며 호흡이 가빠진다. "스트레스를 받아서 혈압이 오른다."라는 말이 일리가 있는 것이다. 이런 반응은 자신이 가진 힘을 총동원해 위급 상황을 극복하려는 우리 몸의 적응방식으로 단기적으로는 이롭다. 예컨대 맹수를 만났다면 얼른 도망가든지 싸우든지 해야 할 것 아닌가?

그런데 숙제가 내일도 있고, 모레도 있고, 그다음날도 계속 해서 있다고 가정해보자. 절대 마음 놓고 쉬지 못하는 이 사람은 각성된 상태 속에서 살게 된다. 이때 겉으로는 괜찮아 보이지만 사실 내분비계와 신경계가 변화한 상태에서 몸과 마음은 지쳐가고 있는 것이다. 이 상태가 두 번째인 저항단계다.

이런 상황에서 스트레스가 너무 심하거나 더 오래 지속되면 3단계인 고갈단계에 접어든다. 이때는 적응을 위한 에너지가 고갈되어버려 스트레스를 이겨내는 힘이 약해진다. 또 면역체계가 약해져서 쉽게 병에 걸릴 수도 있으며, 우울증 같은 마음의 병에 걸리기도 한다.

스트레스 대처 Stress coping

문제중심 대처와 정서중심 대처

♥   스트레스는 어떻게 극복할 수 있을까? 스트레스 속에서 살아남으려면 어떻게 해야 할까? 스트레스를 삶에 쓸모 있는 것으로 만들려면 어떻게 해야 될까? 우리 삶에서 스트레스를 피할 수 없다면 스트레스에 대처하는 방법을 모색해봐야 한다. 돌부리가 눈앞에 있다고 걸려 넘어질 수는 없지 않은가? 다음 상황을 보자.

대기업을 그만두고 대학원 입학준비를 했으나 첫 번째 시험에 떨어진 방도훈 씨는 충격에 휩싸였다. 불합격 통보에 "이런 젠장" 소리치고는 이렇게 생각했다. '이제 백수가 되어버렸는데 어떻게 사나. 남들 다 간다는 대학원도 떨어지다니 내가 어딘가 부족한가 보다.' 이후 그는 우울감에 시달리기 시작했다. 시험에 떨어졌다는 사건이 마음의 독감을 일으킨 것이다.

> 대학원 입학시험에 떨어짐 → '이제 백수가 되어버렸는데 어떻게 살지? 남들 다 가는 대학원도 떨어지다니 내가 부족한가보다.' → 우울

원하던 시험에 합격하지 못한 사건은 누구에게나 스트레스가 될 수 있지만, 스트레스가 미치는 영향은 사람마다 다 다르다. 같은 사건도 받아들이는 사람 나름인 것이다. 1984년 리처드 라자러스

Richard Lazarus와 수잔 포크만Susan Folkman은 스트레스를 개인과 환경이 상호작용하는 관점에서 보고 연구했다. 이들의 관점에서는 객관적인 스트레스 사건 자체보다 사건을 받아들이는 이의 해석, 즉 인지적인 평가가 중요하다. 라자러스는 이처럼 스트레스에 대한 인지적 평가를 강조하며 평가의 과정을 구분했다.

스트레스 사건에 대한 해석이 중요하다

자신에게 일어난 사건을 어떻게 해석하느냐에 따라 그 사건이 스트레스가 될 수도, 그렇지 않을 수도 있다. 그렇다면 어떻게 사건을 해석하고 받아들여야 할까? 아래 예시를 통해 알아보자.

시험에 불합격한 사건에 대한 인지적 평가

- 1차 평가: 문제 평가하기
  '시험에서 떨어졌구나. 이게 얼마나 심각한 일이지? 내 삶에서 어떤 의미가 있을까?'

- 2차 평가: 대안 찾아보기
  '나는 이 상황에서 무엇을 할 수 있을까? 내가 취할 수 있는 방법이 뭐가 있지? 내가 가진 자원은? 다시 취업할 수 있는 가능성은 얼마나 될까? 대학원 입학을 계속 준비한다면 가능성이 있을까?'

- 재평가: 대안 실행, 스트레스 상황에 대처하면서 다시 평가하기
  '아르바이트를 하면서 대학원 입시 준비를 하니 할 만하구나.'
  '처음에는 큰일이라고 생각했지만, 기본기를 다질 시간이 생겨 좋구나.'

스트레스 사건에 대처하기

당신이라면 다음 상황에서 무엇을 하겠는가?

- 기말고사가 얼마 남지 않았다.
- 원래도 과체중인데 체중이 5kg이나 늘었다.
- 연인과 싸웠다.
- 치매를 앓는 시부모를 내가 모셔야 하는 상황이다.

똑같은 사건을 두고도 어떻게 대처하느냐는 사람마다 다르다. 기말고사를 앞둔 학생에게 가장 이로운 대처는 무엇일까? 바로 시험공부에 임하는 것이다. 체중이 5kg이나 늘어난 과체중의 사람에게는 식습관을 바꾸거나 운동을 하는 대처방식이 좋을 것이다. 그런데 시험을 앞두고 불안해 하다 긴장감을 이기기 못해 '에라 모르겠다.' 하며 잠들어버리거나 친구를 만나 영화를 보러 간다면 어떻게 될까? 체중이 늘었다는 사실에 짜증이 나서 또다시 치킨과 맥주를 실컷 먹고 잠들어버린다면 어떻게 될까? 스트레스를 피하려다가 스트레스가 더 심해지는 악순환에 처하게 될 것이다. 이처럼 어떤 문제를 앞두었느냐에 따라 이로운 대처와 그렇지 않은 대처가 나누어진다. 대처방식은 보통 다음 2가지로 구분된다.

문제중심 대처

직접 문제를 해결하려 함으로써 스트레스 상황을 변화시키려는 시도다. 외적으로 보이는 행동이 될 수도 있고, 내적이고 심리적인 전략이 될 수도 있다. 예를 들어 수능시험을 앞두고 스트레스를 느낀다면 수능시험과 관련된 정보를 모으고 열심히 공부를 하며, 좋은 인터넷 강의를 찾아 듣는 것이 문제중심 대처가 될 수 있다.

정서중심 대처

정서중심 대처는 상황 자체를 변화시키기보다는 그 상황에서 느끼는 정서적인 경험을 조절하는 데 초점을 둔다. 시험을 앞두고 불안에 못 이겨 영화를 보러 가거나 술을 마시는 것, 친구를 찾아 수다를 떨며 마음을 나누는 것, 운동에 몰두하거나 명상하는 것 등이 예가 될 수 있다.

대개는 문제중심 대처가 더 이롭다고는 하지만, 무엇이 더 좋고 나쁜지 확실하게 결론 내릴 수는 없다. 정서중심 대처도 자신이 어찌해볼 수 없는 상황에서 좋은 효력을 발휘하기 때문이다. 각각의 대처방식은 서로를 촉진하며 다양한 전략을 가지고 있을수록 좋다고 하니, 이번 기회에 자신만의 스트레스에 대처 목록을 점검해보는 게 어떨까?

마음챙김 Mindfulness

바로 지금, 여기에 산다는 것

♥　　　3분 동안 머릿속에 떠오르는 생각을 다음 빈 상자 안에 모두 적어보자.

생각의 흐름이 어떻게 흘러가는가? 어제 실수했던 일을 곱씹으며 후회하다가 거실 탁자 위에 내버려 둔 고지서가 떠올라 내일은 꼭 처리하자 결심하고, 이번 주까지 마감해야 할 업무가 생각나 마음이 무거워지고, 가벼워진 통장 잔고에 아이들과 함께 길거리에 나앉는 상상에 소스라치며, 내 삶은 언제까지 고달플지, 왜 이리 고달픈지 한숨이 나오는가?

잠시 자신의 머릿속을 지켜보니 삶에서 해결해야 할 자질구레한 잡동사니들이 떠오르지 않는가? 당신의 마음은 혹시 지금 이 순간이 아닌 과거와 미래 어딘가에서 표류하고 있지는 않은가? 자, 다시 한 번 생각해보자. 당신은 지금 현재를 살고 있는가?

지금 이 순간을 산다는 것

지금 현재를 산다는 것은 당연한 것처럼 들리지만, 대부분의 사람들은 삶의 순간순간을 음미하지 못한 채 살아간다. 자신이 만든 '생각' 속에서 표류하고 있기 때문이다. 우리는 과거를 회상하며 아파하거나 후회하고, 있지도 않은 미래의 일을 떠올리며 걱정하고 불안해한다. 누군가 했던 '말'이 상처가 되었다며 그 말을 곱씹고, 상대가 자신을 미워하는 것이 틀림없다 믿으며 미움의 씨앗을 품는다. 또 자신이 지난번에 한 실수 때문에 상대가 자신을 바보같이 여길 거라 생각해 혼자 얼굴이 벌게져 괴로워하기도 한다.

그런데 잠깐, 당신이 이렇게 불안하고 아프고 슬픈 것은 무엇 때문인가? 단지 당신의 머릿속에서 일어나는 일 때문은 아닐까? 실제 당신의 눈앞에서 어떤 일이 벌어지고 있는지 둘러보라. 봄날의 따사로운 바람이 살결을 스치지 않는가? 당신에게 안겨 있는 강아지의 복슬복슬한 털이 부드럽지 않은가? 사랑하는 사람이 따스한 눈빛으로 당신을 바라보고 있지 않은가?

생각에만 잠겨 있다가 진짜 중요한 이 순간을 놓치고 있지는 않았는가? 지금 이 순간, 자신이 살아 있다는 사실을 알게 해주는 이 순간에 대한 자각 말이다. 마음챙김은 주의Attention를 다스리는 마음 수행법의 하나로, 지금 일어나는 일에 대해 깨어 있는 마음으로 바라볼 것을 강조한다. 순간순간에 대한 자각이 없이 '자동'으로 살던 것을 멈추고, 지금 일어나는 것에 주의를 기울이며 관찰하라는 것이다. 이때 자신의 생각이나 감정, 감각에 대해 판단할 필요는 없다. "이런 생각은 나빠. 이런 감각은 싫어. 이런 고민은 없어져야 돼." 하며 판단하고 평가하는 내면의 목소리는 내려놓고 그저 관찰하면 된다. 우리가 판단하지 않는 마음으로 받아들일 때, 시끄러웠던 내면의 목소리는 오히려 차분해진다.

실제로 마음챙김은 스트레스를 줄일 뿐 아니라 삶의 고통을 해소하는 효과가 있다고 한다. 마음챙김은 수천 년간 인간의 번뇌와 고통을 다루어온 불교의 전통을 가지고 있다. 인류의 지혜가 담긴 수행법인 것이다. 최근에는 마음챙김의 과학적인 효과가 알려지며 심리상담에 활용한 MBSR, MBCT, DBT, ACT 등 여러 종류의 치료법들이 생기게 되었다.

마음챙김 연습: 건포도 먹기

마음챙김수행법 가운데 대표적인 '건포도 먹기'를 연습해보자. 우리는 건포도를 먹을 때 아무 생각없이 주먹으로 꽉 집어서 한입에 털어넣는 경향이 있다. 그런데 마음챙김을 하면서 건포도를 먹어보자. 평소와 달리 주의를 기울여보면 건포도를 먹는 경험이 얼마나 새롭고 깊이 있을 수 있는지 깨닫게 될 것이다. 아래 순서에 따라 건포도를 새롭게 먹어보자.

- 먼저 건포도 하나를 집어서 평소대로 입안에 휙 집어넣어라.
- 이번에는 다른 건포도를 하나 집어서 탁자 위에 올려놓고 요모조모 살펴보라.
- 표면의 주름을 살펴보라.
- 주름이 만들어내는 다양한 모양을 바라보라.
- 두 번째 건포도를 집어서 첫 번째 건포도 옆에 놓아라.
- 그 둘이 얼마나 다른지 주의를 기울여 살펴보자.
- 서로 얼마나 다른가? 크기가 같은가?
- 당신이 있는 방에서, 세상에서, 우주에서 건포도가 차지하는 공간에 대해 생각해보라.
- 건포도와 우주의 상대적인 크기를 비교해보라.
- 이번에는 건포도 하나를 집어서 두 손가락으로 비벼보라.
- 감각에 주의를 기울여 손가락에 느껴지는 결과 끈적거림을 느껴보라.
- 입안에 넣고 혀 위아래로 이리저리 굴려보라. 잇몸과 뺨 사이 틈새에 숨겨 보아라.
- 30초 동안은 씹지 말고 있어 보자.
- 건포도를 씹고 치아에 느껴지는 느낌에 주목해보라.
- 삼킬 때 목구멍으로 미끄러져 내려가는 느낌을 느껴보아라.
- 이제는 두 번째 건포도를 집어 천천히 먹어보아라.
- 천천히, 건포도가 입안에서 잘게 으깨어질 때까지 될 수 있는 대로 여러 번 씹어보아라.
- 방금 전과 비교해서 그 맛이 다른가? 어떻게 다른가?
- 삼킬 때는 어떠한가?
- 평소에 건포도에 주의를 기울이지 않고 먹을 때와 어떻게 다른가?

* 출처: 『마음에서 빠져나와 삶 속으로 들어가라(Get Out of Your Mind and Into Your Life)』(스티븐 헤이스·스펜서 스미스 지음, 학지사, 2010)

마음챙김은 일상에서 할 수 있다

마음챙김은 일상에서 짬을 내 얼마든지 할 수 있다. 건포도를 먹을 때뿐 아니라 출근할 때, 점심을 먹을 때, 차를 마실 때도 가능하다. 자동으로 스쳐지나가던 것들을 멈추고, 지금 일어나는 일에 차분한 마음으로 주의를 기울이면 된다. 마음이 시끄러워지면 그 시끄러워진 마음을 판단하지 않는 마음으로 지켜보자. 그리고 다시 그 마음을 주의를 기울이는 대상으로 가지고 오자. '판단하지 않는다. 지켜보면서 받아들인다.'의 자세를 기억하자. '판단하면 안돼.' 하는 마음이 들어도 그 마음을 그저 지켜보는 것이다. 마음속에서 불안과 우울이 스멀스멀 고개를 든다면 오늘부터 마음챙김을 해보는 건 어떨까?

이 책을 통해 독자분들이

심리학의 즐거움을 흠뻑 느끼시길 기원해봅니다.

- 조영은

『처음 시작하는 심리학』
저자 심층 인터뷰

'저자 심층 인터뷰'는 이 책의 주제와 내용에 대한 심층적 이해를 돕기 위해
편집자가 질문하고 저자가 답하는 형식으로 구성한 것입니다.

Q 『처음 시작하는 심리학』을 소개해주시고, 이 책을 통해 독자들에게 전하고 싶
은 메시지는 무엇인지 말씀해주세요.

A 『처음 시작하는 심리학』은 제목이 뜻하는 것처럼 심리학을 처
음 접하는 분들, 심리학을 즐거운 마음으로 만나고 싶은 분들,
심리학도의 길에 본격적으로 들어서기 전에 심리학의 세계를
탐험하고 싶은 분들을 위한 책입니다. 따라서 심리학 개론을 공
부할 때 꼭 알아두어야 할 기본개념들을 빠짐없이 담으려고 노
력했을 뿐 아니라, 어려운 이론도 되도록 쉽게 풀어서 설명하고
자 했습니다. 심리학 입문서로써, 심리학 대중서와 전공서 사이
를 잇는 가교로써, 이 책이 심리학의 세계에 들어선 독자분들께
믿음직한 등대지기 역할을 했으면 하는 바람으로 이 책을 쓰게

되었습니다.

더불어 이론을 풀어서 설명하는 것에 그치지 않고, 그 이론으로부터 우리가 배울 수 있는 인생의 지혜들도 담으려고 노력했습니다. 심리학은 이론을 넘어서서 우리 삶에 실제로 적용될 때 크게 빛을 발하는 학문인 것 같습니다. 시험에 떨어졌을 때 어떻게 마음을 다스려야 하는지, 아이를 키울 때 어떤 태도를 가져야 하는지, 우울한 마음에서 벗어나려면 어떤 사고방식을 가져야 하는지, 일상의 수많은 물음들에 지혜로운 답을 줄 수 있는 학문이 심리학인 것 같습니다. 그런 의미에서 더 많은 분들이 심리학을 가깝게 접하고 심리학이 주는 삶의 지혜와 재미를 누릴 수 있었으면 좋겠습니다.

Q 처음 심리학을 공부하는 사람들이 이 책을 활용하는 방법에 대해 알려주세요.

A 이 책을 어떤 목적으로 읽느냐에 따라 달라질 것 같습니다. 심리학 대학원 입시를 준비하거나 심리학을 본격적으로 공부하기 전 기초를 다지기 위한 목적으로 이 책을 읽는다면, 본문에 소개된 PQ4R 학습법을 활용해보면 좋겠습니다.

먼저 목차를 보면서 책의 내용을 전반적으로 훑어보고 전체 내용에 대한 지도를 그려봅니다. 그러면서 각 소제목들과 관련되어 질문을 떠올려보면 좋겠습니다. 예를 들어 '내적동기' 라는 소제목을 보고, "내적동기? 공부 잘하는 아이의 비결이라고? 어떻게 하면 되는 거지? 그 비결이 무엇일까?" 하고 진정한 호기심을 품어야 합니다. 궁금증이 생겨 진정으로 알고 싶어져야 공부할 맛이 나고 동기도 충만해지기 때문입니다. 그 궁금한 마음을 간직한 채 본문을 읽어보세요. 숙고하면서 읽고 책을 덮은 후 "내적 동기란 무엇이지? 공부 잘하는 아이들이 가지고 있는 동기가 무엇이더라? 내가 심리학 공부를 더 잘하려면 내적동기를 어떻게 내 삶에 적용할 수 있을까?" 하면서 방금 읽은 내용과 관련해 질문을 떠올립니다. 그러면서 자기 말로 질문에 답해봅니다. 이런 과정을 거쳐서 공부한 내용을 자기 것으로 만들면 기억 속에서 잘 사라지지 않습니다.

한편 취미로 심리학을 접하고자 가벼운 마음으로 이 책을 읽는 다면, 목차를 훑어보면서 가장 마음이 끌리는 장부터 읽어보면 좋겠습니다. 무엇이든 재미있게 하는 것이 비법입니다. 심리학에 대한 즐거움을 흠뻑 느끼려면, 강박적으로 '첫 장부터 순서대로 읽어야해.' 하는 마음을 내려놓고 책을 읽는 것이 좋겠습니다.

Q 우리의 기억은 자주 변하고 사라지는데요. 인간의 기억은 왜 이처럼 불완전한가요?

A 우리는 지금까지 살아온 경험을 자기만의 방식으로 저장하고 왜곡도 하며 잊어버리기도 합니다. 이처럼 인간의 기억은 불완전한데, 생각해보면 불완전할 수밖에 없는 것이 인간의 기억인 것 같습니다. 제 책에 설명된 '망각'을 예로 들어서 설명해보겠

습니다. 만약 태어나서 지금까지의 일이 모두 기억난다면 어떤 일이 벌어질까요? 만일 우리에게 망각이란 것이 존재하지 않는다면 고통스러운 실연이나 상실의 경험을 마치 어제 일처럼 생생하게 다 기억하면서 살아가게 되고 그만큼 삶이 힘들어질 것입니다. 또한 기억하지 않아도 좋은 사소한 일까지 다 기억하며 산다면, 새로운 정보를 받아들이는 것이 그만큼 어려워질 것입니다. "망각이 신의 축복이다."라는 말이 있는 것처럼, 망각하는 데에는 적응적인 이유가 있다고 생각됩니다. 인간의 기억이 불완전한 것은 그만큼 불완전함이 주는 이점이 있기 때문이 아닐까 싶습니다.

Q 누군가는 슬퍼서 우는 것이라고 말하고, 누군가는 울어서 슬픈 것이라고 말합니다. 어느 것이 맞는 건가요?

A '슬퍼서 우는 것일까, 울어서 슬픈 것일까?' 이처럼 단순해 보이는 질문에 대해서도, 심리학자들은 수십 년간 무엇이 진실인지 찾기 위한 연구를 해왔습니다. 미국의 심리학자인 윌리엄 제임스William James와 덴마크의 생리학자인 칼 랑게Carl Lange가 감정에 대한 학설을 발표하기 전까지는 사람들은 감정이 먼저며, 신체적이고 생리적인 반응은 그에 뒤따른다고 생각했습니다. 하지만 제임스와 랑게는 그 반대라고 주장했습니다. 신체적이고 생리적인 반응이 먼저이고 이후에 그것을 지각한 것이 감정이라고 주장했습니다. 예를 들어 시골길을 걷다가 뱀을 만났을 때

근육이 긴장되고 심장이 두근거리는 등 신체적이고 생리적인
변화가 먼저 생기고, 이것을 지각했을 때 '두려움'이라는 정서
가 생긴다고 본 것이죠. 제임스-랑게 이론에 따르면 우니까 슬
픈 것이 되겠네요.

하지만 이것은 하나의 이론일 뿐, 제임스와 랑게의 정서이론을
반박하거나 보다 정교화하는 논의들이 오늘날까지 이어지고 있
습니다. 심리학자들도 의견이 분분한 것이지요. 그래서 전공의
세계에 깊이 들어간 저로서는 무엇이 맞다 그르다 단언할 수가
없습니다. 다만 "정서에 대해 이런 관점이 있으니 같이 생각해봅
시다. 앞으로 심리학자가 될 여러분은 정서와 관련해서 어떤 논
의를 이어가고 싶은가요?" 하며 화두를 던질 수는 있겠습니다.

Q 살다 보면 틀린 것을 알면서도 모두가 "예."라고 말하면 "아니오."라고 말하
기 어려운 상황이 있습니다. 그 이유가 무엇인가요?

A 집단에 소속된 우리는 대세에 따르고자 하며 다른 사람들의 태
도에 동조하고자 하는 경향이 있습니다. 사회심리학자들의 연
구 결과에 따르면 혼자 있을 때는 뚜렷한 자기 의견을 가지고
있던 사람도, 여러 사람들 사이에 있으면 대세에 따라 의견을
바꾼다고 합니다.

이것을 사회심리학에서는 '동조 현상'으로 설명하고, 그 이유
를 '사회적 존재'로서의 인간으로 설명합니다. 사람들은 혼자
살 수 없기에 누구나 어딘가에 소속되고 싶은 욕구를 가지고 있

으며 배척당하거나 소외되고 싶어하지 않는다는 것입니다. 타인에게 수용되고 싶은 바람으로 인해 눈치도 보고 동조도 한다는 것이지요.

Q 여러 미디어를 통해 위험에 빠진 사람을 돕지 않는 사람들에 대한 소식을 접하게 되는데요, 이런 심리적 현상은 무엇인가요?

A 1964년 미국 뉴욕에서는 미국 전체를 충격에 빠트리는 사건이 일어났습니다. 키티 제노비스Kitty Genovese라는 젊은 여성이 주택가에서 잔인하게 살해당했는데, 무려 38명의 목격자가 있었음에도 아무도 돕지 않았습니다. 제발 살려달라고 소리쳤는데 말이지요.

왜 그랬을까요? 사회심리학에서는 이러한 현상을 '책임감의 분산' 현상으로 설명합니다. 사람 수가 많아지면 더 일이 잘 돌아갈 것 같지만, 그렇지 않은 경우가 우리 사회에서 자주 보입니다. 나랏일을 하는 국회의원이나 대통령을 뽑는 선거일에 '나 하나쯤이야.' 하면서 투표하지 않고 놀러가는 경우를 예로 들 수 있겠습니다. 책임감의 분산은 사람 수가 많아지면서 책임을 남에게 미루고 이에 책임감이 희석되는 현상을 말합니다. 위험에 빠진 사람들을 돕지 않는 현상도 마찬가지의 맥락에서 설명할 수 있습니다. 사람들은 '다른 사람이 돕겠지.' 하는 생각에 먼저 나서지 않고 망설이는 경향이 있다는 것입니다.

Q 사람들이 모두 다 다른 이유가 있다고 말씀하셨는데요, 그 이유에 대해 말씀해주세요.

A 사람들이 모두 다 다른 이유를 심리학에서는 '성격'으로 설명합니다. 성격은 개인이 가진 내적 속성으로 그 사람만의 고유한 것이며 일관되고 안정되게 드러난다는 특성이 있습니다. 사람들은 저마다 다른 성격을 가지고 있고, 그렇기 때문에 모든 사람은 다 다릅니다.

이렇게 사람들마다 독특하게 드러나는 특성을 연구하는 학문이 성격심리학입니다. 성격심리학 가운데에서도 제 책에 소개된 '성격의 5요인 이론'은 성격을 5가지 차원으로 설명합니다. 사람들마다 이 5가지 차원의 높고 낮음이 다릅니다. 따라서 이 5가지 차원들이 어떻게 상호작용해서 드러나느냐에 따라 사람이 가진 저마다의 색깔이 달라진다는 것이지요.

Q 우리는 대부분 이성에 의해 판단하고 행동하는데요, 때론 감정이 내 마음대로 되지 않을 때가 있습니다. 왜 그런 것인가요?

A 살다보면 사람들은 누구나 감정이 마음대로 되지 않을 때가 있고, 이성을 중시하려 하나 감정에 휘둘릴 때도 있습니다. 그런 모습이 어느 정도 인간적이기도 하지요. 하지만 감정이 통제할 수 있는 범위를 넘어서서 일상에 심각한 영향을 미치거나 큰 고통을 준다면, 마음의 병이 생긴 것은 아닌지 점검해볼 필요가 있습니다.

우울증이 '마음의 감기'라고 부를 정도로 흔한 병이라고는 하지만, 우울증을 겪는 분들은 가벼운 감기 수준이 아니고 극심한 폐렴을 앓는 정도로 고통스러워합니다. "세상은 마음먹기 나름이야." "긍정적으로 생각해야지." 하는 주변 사람들의 조언에, 마음을 고쳐먹으려고 애써보지만 자기 마음이 마음대로 되지 않는 것이지요. 그럴 때는 우울감이 정상범위를 넘어서서 통제할 수 없는 수준에 이른 것은 아닌지, 전문가의 도움을 받아야 하는 것은 아닌지 점검해보는 게 좋습니다.

Q 가짜 약이 효과를 낸다고 하셨는데요, 그 이유에 대해 설명해주세요.

A 가짜 약이 진짜 약처럼 효과를 내는 현상은 인간의 심리, 마음이 가진 힘으로 설명할 수 있습니다. 심리학에서는 이러한 현상을 '위약효과'라고 부르는데, 이 위약효과는 '플라시보 효과'라는 용어로도 널리 알려져 있습니다. 위약효과는 실제로는 의학적인 효과가 전혀 없는 물질인데도 환자가 효과가 있는 약물이라고 믿음으로써 치료효과를 가져오는 현상을 말합니다. 다시 말해 심리적인 기대와 믿음이 진짜 약물이 작용하는 것처럼 신체증상이나 통증을 줄여준다는 것입니다. 이처럼 위약효과의 존재는 인간의 심리가 신체에 얼마나 큰 영향을 미치는지 알려주고 있습니다.

Q 누구나 마음의 병을 안고 있는데, 사람에 따라 더하거나 덜할 수 있나요? 그 렇다면 그 이유는 무엇인가요?

A 사람에 따라 당연히 더하고 덜할 수 있습니다. 마음의 병을 '이 상 심리'라는 용어로 바꾸어 설명하겠습니다. '이상Abnormal'은 정상에서 벗어난 것을 의미하는데 정상과 이상은 한 차원 위에 서 설명할 수 있습니다.

예를 들어 사람이라면 누구나 우울함을 느끼는 게 당연합니다. 그런데 이 우울감이 얼마나 심하냐, 극심하냐, 보통이냐, 약하냐, 이렇게 정도의 차이가 있습니다. 또한 이런 우울감이 하루 이틀 지속되느냐, 일주일 혹은 이주일 이상 지속되느냐, 한 달 이상 지속되느냐, 이런 식으로 지속기간의 차이도 있습니다. 또한 우 울감 때문에 일상에서 아무런 일도 못하는 사람도 있으나 우울 해도 자기 일은 어느 정도 잘하는 사람도 있습니다. 우울감이 일 상 기능에 미치는 영향도 사람마다 다른 것이지요.

이렇듯 정상적인 감정인 '우울감'이 우울감의 정도와 빈도, 일 상기능의 손상 등 여러 차원에서 적절한 정도를 벗어나 삶에 큰 영향을 미치고 있다면 우울증을 의심합니다. 우울감을 하나의 차원 위에서 보았을 때 어느 선을 넘어서면 '이상'으로 분류하 기는 하나, 알고 보면 하나의 차원 위에서 덜하고 더하고가 있 는 것입니다.

사람들마다 마음의 병이 덜하고 더하고의 차이가 나는 이유 는 다양할 것입니다. 이 질문에 답하고자 한다면 이상심리학에서 '취약성-스트레스 모델'을 참고하면 도움이 될 것 같습니다. 어린 시절의 트라우마, 뇌의 생리학적 취약성, 비관적인 인지적 패턴, 스트레스 사건 등이 다양하게 영향을 미치기 때문에 사람들마다 마음의 병이 드러나는 양상도, 정도도 다를 수밖에 없습니다.

관계의 비밀을 들려주는 심리수업

사람과 사람 사이의 따뜻함이 그립다

이현주·노주선 지음 | 값 15,000원

인간관계로 힘들어하는 사람들을 위해 관계로부터 자유로워지는 심리학을 담았다. 직장내 상하 관계거나 동료 관계 혹은 사적인 관계 모두에서 서로를 향해 통로가 열려 있다고 믿는다면, 갈등 상황에 놓이더라도 해결의 실마리는 함께 찾아나갈 수 있다. 우호적인 관계를 형성하기 위해서는 상대를 아는 것이 첫 걸음이다. 사람들과 제대로 소통하기 위한 심리학의 핵심 노하우들이 이 책에 모두 담겨져 있다.

당신의 마음속에 온기가 스며들다

심리학의 온기

조영은 지음 | 값 15,000원

버거운 하루를 보내고 있을 당신을 위한 심리학 대중서가 나왔다. 삶이 나를 너무 힘들게 할 때 실생활에서의 문제들을 쉽고 재미있게 심리학의 개념부터 치유방법까지 설명한다. 저자는 심리학에 대한 지식이 없는 독자도 쉽게 이해할 수 있도록 풀어냈다. 지치고 힘들 때 잠깐의 쉼표가 필요하다면 이 책을 펼쳐보자.

나르시시즘을 극복하는 심리 치유법

나를 행복하게 하는 자기사랑의 기술

이계정 지음 | 값 15,000원

나를 행복하게 만드는 자기사랑의 기술을 알려주는 책이 나왔다. 이 책은 나르시시즘을 제대로 이해하기 위해 개념부터 치유 방법까지 다룬 심리 치유서다. 다양하고 풍부한 상담사례, 자칫 어렵게 다가올 수 있는 내용을 우리에게 익숙한 영화, 책, 음악을 통해 설명한다. 이 책을 통해 왜곡된 자기사랑으로 인해 고통받고 상처받는 삶에서 진정한 행복을 찾게 되는 자기사랑의 기술을 배워보자!

ACT와 친해지기

꼭 알고 싶은 수용—전념 치료의 모든 것

이선영 지음 | 값 15,000원

이 책은 개인이 느끼는 불안과 고통을 이해하고 극복할 수 있게 도와주는 수용-전념 치료(act)의 전반을 다룬 책이다. 심리학 교수이자 서울 수용과 전념 치료 연구소 소장인 저자는 현장에서의 풍부한 경험과 지식을 바탕으로 치료자와 내담자를 위한 애정 어린 조언을 이 책에 녹여냈다. 과거의 아픔으로 인해 현재의 일상이 흔들리는 현대인이라면 이 책을 꼭 일독하길 바란다.

미술치료 초보자가 꼭 알아야 할 것들

처음 시작하는 미술치료

양지원 지음 | 값 15,000원

미술치료를 처음 공부하는 입문자들을 위해 미술치료의 이론과 기법부터 사례까지 전반적인 내용을 정리한 미술치료 입문서다. 이 책은 미술치료의 목표, 실행방법, 투사적 진단도구로서의 역할에 대한 기본적인 내용은 물론이고, 미술치료에서 사용되는 다양한 매체와 미술기법에 대해서도 상세히 서술하고 있다. 미술치료 전문가뿐만 아니라 미술치료를 처음 접하는 사람이나 미술치료에 관심 있는 사람들에게도 유용한 책이다.

나를 찾아 떠나는 인도 여행

나는 인도에서 인생을 배웠다

권소현 지음 | 값 15,000원

가이드 없이 배낭 하나만 메고 인도 곳곳을 종횡무진 누빈 100% 리얼 여행기다. 다른 여행 에세이처럼 인도 여행 후 느낀 감상을 단순히 써내려가는 것에 그치지 않고, 인도의 계급제도와 인도 내 여성의 지위, 음식문화, 인도에서 택시 타는 방법, 명소 감상법 등 여행시 알아두면 좋을 만한 팁들도 같이 담아 내용을 더욱 풍부하게 구성했다. 이 책과 함께 가장 솔직한 인도를 만나보자.

알코올중독 전문의가 말하는 12단계 중독치료

중독으로부터 회복을 위한 12단계

조근호 지음 | 값 15,000원

'익명의 알코올중독자들' 모임에서 제시한 12단계 프로그램을 알기 쉽게 소개한 책이다. 실제 알코올중독 전문의가 편안하게 이야기하는 에세이 형식으로 서술되어 12단계를 좀더 쉽게 접할 수 있도록 도왔다. 12단계가 궁극적으로 말하는 것은 희망이다. 우리 모두에게 절대 낯선 이야기가 아니며, 실천과 반복을 통해 회복에 이르는 최고의 길이라고 역설하며 중독치료에 대한 희망의 메시지를 전달한다.

자신에게 하는 말을 바꾸면 인생이 달라진다!

행복을 부르는 자기대화법

파멜라 버틀러 지음 | 박미경 옮김 | 값 15,000원

자기 내면의 부정적이고 왜곡된 목소리로 인해 고통받는 사람들에게 긍정적인 자기대화를 하는 방법을 알려주는 심리서다. 이 책에서 소개하는 인지행동치료에 기반을 둔 내적 대화의 기술은 우리 삶에 쉽게 적용해볼 수 있다. 외부 상황이 아닌 부정적이고 왜곡된 자기대화로 인해 고통받는 사람들이 이 책을 통해 자기 내면을 인식하고, 현실적이고 긍정적인 방식으로 자기대화를 바꿔나감으로써 좀더 행복한 삶을 누릴 수 있기를 바란다.

강박장애에 효과적인 인지행동치료의 모든 것

끊임없는 강박사고와 행동 치유하기

크리스틴 퍼든·데이비드 A. 클라크 지음 | 최가영 옮김 | 값 15,000원

강박장애 환자들이 강박사고를 다스리고 정상적인 삶을 되찾기 위해 활용할 만한 효과적이고 실용적인 치료법을 담고 있는 강박장애 전문서다. 10여 년째 강박사고와 강박행동에 대해 연구하고 있는 저자들이 직접 임상 연구를 통해 증명한 훈련법을 소개해독자 스스로 실행할 수 있도록 돕는다. 폭력이나 성(性)에 관한 강박사고, 종교적 강박사고, 그 밖의 강박사고로 고통받는 사람이라면 이 책을 꼭 읽어봐야 한다.

관계 회복의 첫걸음은 바로 당신 안의 용기다!

관계를 회복하는 용기

박대령 지음 | 값 15,000원

현대 사회에서 관계를 맺는 일에 상처를 받았거나 괴로워했던 사람들이 자신을 사랑하고 타인과 원활한 관계를 맺을 수 있는 심리학적 실천 방법을 다룬다. 먼저 나 자신을 사랑하고 스스로 관계를 맺는 방법부터 타인과 소통하는 방법, 더 나아가 세상을 보는 눈을 기르는 방법까지 소개한다. 대인관계 문제로 고민한 적이 있다면 이 책에서 자신의 문제를 발견하고 제시된 해결법을 통해 인생의 새로운 차원을 열 수 있을 것이다.

불안감을 다스리는 데 가장 효과적인 10가지 방법

왜 나는 늘 불안한 걸까

마거릿 워렌버그 지음 | 김좌준 옮김 | 값 16,000원

불안의 고통에서 벗어나는 해답이 담긴 책이다. 심리학 박사이자 현장에서 불안장애 환자를 치료하는 임상심리 전문가인 저자가 불안함을 조절하는 뇌의 작동 원리를 명쾌하게 그리고, 심장에 대한 여러 가지 문제를 의학적으로 설명하면서 실제적인 조언을 전한다. 저자는 불안을 처리하는 신체 작동 원리를 알면 얼마든지 스스로 불안함을 조절할 수 있다고 강조한다.

사람들 사이에 친밀감을 얻는 7가지 방법

왜 나는 사람들과 어울리지 못하는 걸까

매튜 켈리 지음 | 신봉아 옮김 | 값 16,000원

우리 인생에서 가장 중요한 것은 무엇일까? 이 책은 우리의 인생은 사랑에 관한 것이며, 친밀함이 삶의 행복을 결정짓는 가장 중요한 요인이라고 강조한다. 인생은 우리가 소유한 돈·집·차에 관한 것이 아니며, 얼마나 많이 소유했느냐에 따라 인생의 가치가 달라지지 않는다고 설명한다. 이러한 인생의 부차적인 요소가 아닌 가장 중요한 요소는 타인과의 관계라고 제시하고, 인생에서 타인과의 관계가 주는 의미를 통찰한다.

도박중독은 결코 불치병이 아니다!

왜 우리는 도박에 빠지는 걸까

김한우 지음 | 값 16,000원

이 책은 도박중독이라는 늪에 빠져 헤어나지 못하는 도박중독자와 그의 가족들에게 소중한 지침서가 될 것이다. 저자는 도박중독에 대한 사람들의 오해와 편견을 깨뜨리고 도박중독자를 치유의 길로 이르도록 해결 방안을 제시한다. 도박중독에서 벗어나고 싶지만 마음먹은 대로 되지 않거나 혹은 가족 중 누군가가 도박중독으로 힘들어하고 있다면 이 책을 통해 많은 도움을 얻을 수 있다.

허전하고 외로운 이들을 위한 위로와 공감

왜 나는 늘 허전한 걸까

조영은 지음 | 값 15,000원

내면의 허전함이 정신적 상처와 연결될 때 혹은 건강한 충만감을 찾는 방법을 모를 때, 마음속에 자리 잡은 결핍감은 우울증, 열등감 등 마음의 병으로 드러난다. 상담심리가인 저자는 마음의 병을 앓는 사람들을 치유했던 사례를 재구성해 소개한다. 공허한 이들과 진심으로 공감했던 치유과정을 흥미로운 이야기로 전하는 동시에 유용한 정보와 치료방법을 알려준다.

무엇이 유대인들을 특별한 민족으로 만들었는가?

유대인들은 원하는 것을 어떻게 얻는가

박기현 지음 | 값 14,000원

68억 인류 가운데 가장 생명력이 강한 민족이 유대인들이라고 하지만, 우리는 유대인의 한 측면만 보고 배우자고 말하거나 혹은 그들의 외견적 모습만 보고 틀렸다고 판단하는 경우가 많다. 이는 숲을 보지 못하고 나무만 보는 격이다. 유대인에 대한 세간의 오해와 편견에서 벗어나 유대인의 모든 것을 담은 보기 드문 책이다.

나를 사랑하지 못하는 사람들의 심리학

행복을 부르는 자존감의 힘

선안남 지음 | 값 13,000원

상담심리사인 저자는 낮은 자존감 때문에 외롭고 쓸쓸하고 힘든 사람들이 자존감 회복을 통해 세상 밖으로 당당하게 나아갈 힘을 얻기를 바라며 이 책을 집필했다. 자존감이라는 우리 마음의 면역시스템을 탄탄하게 해줄 요소들을 이해하고, 스스로를 소중히 여기고 사랑하는 건강한 마음의 습관들을 가질 수 있을 것이다.

■ 독자 여러분의 소중한 원고를 기다립니다

초록은 독자 여러분의 소중한 원고를 기다리고 있습니다. 집필을 끝냈거나 집필중인 원고가 있으신 분은 khg0109@hanmail.net으로 원고의 간단한 기획의도와 개요, 연락처 등과 함께 보내주시면 최대한 빨리 검토한 후에 연락드리겠습니다. 머뭇거리지 마시고 언제라도 초록의 문을 두드리시면 반갑게 맞이하겠습니다.

■ 메이트북스 SNS는 보물창고입니다

메이트북스 홈페이지 www.matebooks.co.kr

책에 대한 칼럼 및 신간정보, 베스트셀러 및 스테디셀러 정보뿐만 아니라 저자의 인터뷰 및 책 소개 동영상을 보실 수 있습니다.

메이트북스 유튜브 bit.ly/2qXrcUb

활발하게 업로드되는 저자의 인터뷰, 책 소개 동영상을 통해 책에서는 접할 수 없었던 입체적인 정보들을 경험하실 수 있습니다.

초록북스 블로그 blog.naver.com/soulmatebooks

화제의 책, 화제의 동영상 등 독자 여러분을 위해 다양한 콘텐츠를 매일 올리고 있습니다.

메이트북스 네이버 포스트 post.naver.com/1n1media

도서 내용을 재구성해 만든 블로그형, 카드뉴스형 포스트를 통해 유익하고 통찰력 있는 정보들을 경험하실 수 있습니다.

STEP 1. 네이버 검색창 옆의 카메라 모양 아이콘을 누르세요. STEP 2. 스마트렌즈를 통해 각 QR코드를 스캔하시면 됩니다. STEP 3. 팝업창을 누르시면 메이트북스의 SNS가 나옵니다.